교과서 속 인물에게 배우는
최소한의 개념 수업

교과서 속 인물에게 배우는 최소한의 개념 수업

펴낸날 2024년 4월 8일 1판 1쇄

지은이 박성경, 이윤호, 임천웅, 손기태, 엄현지, 이효진, 이희진, 허인선 지음. 정동완 기획
펴낸이 金永先
편집 이교숙
디자인 바이텍스트

펴낸곳 미디어숲
주소 경기도 고양시 덕양구 청초로 10 GL 메트로시티한강 A1-2002호
전화 (02) 323-7234
팩스 (02) 323-0253
출판등록번호 제 2-2767호

ISBN 979-11-5874-922-4 (43300)

미디어숲과 함께 새로운 문화를 선도할 참신한 원고를 기다립니다.
이메일 dhhard@naver.com (원고 투고)

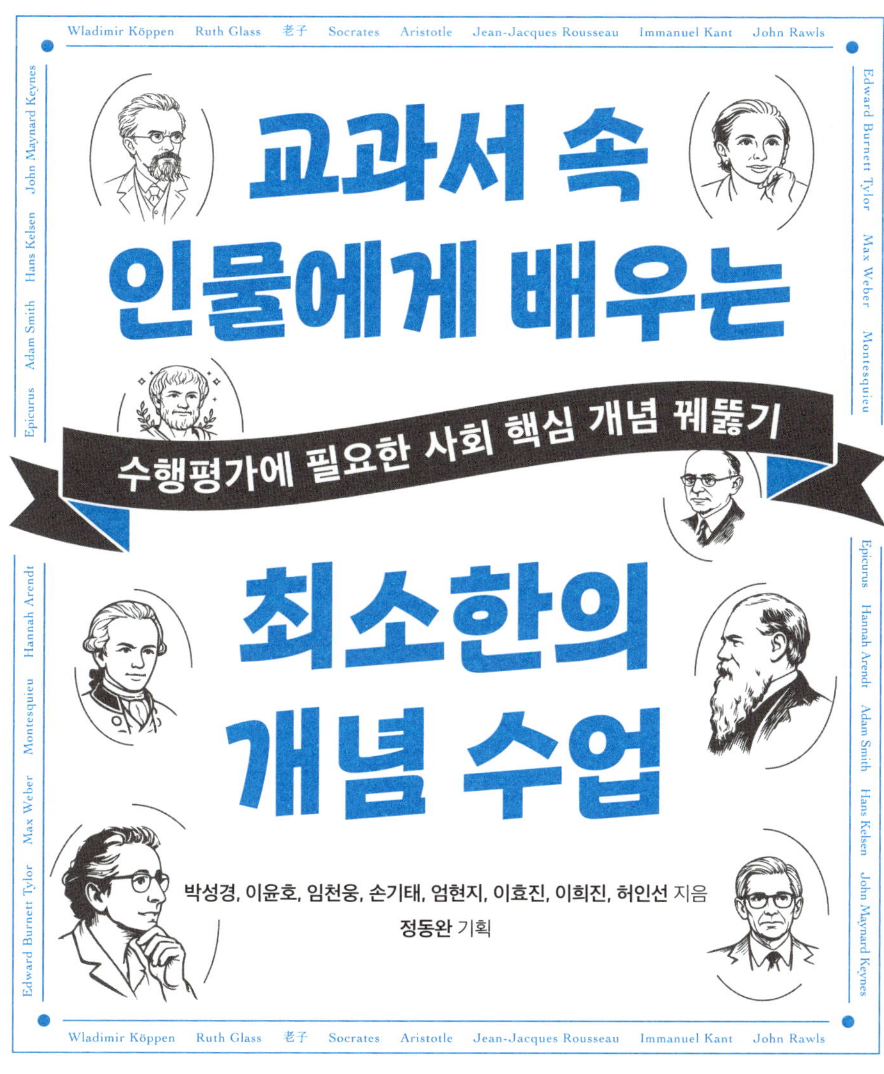

교과서 속 인물에게 배우는 최소한의 개념 수업

수행평가에 필요한 사회 핵심 개념 꿰뚫기

박성경, 이윤호, 임천웅, 손기태, 엄현지, 이효진, 이희진, 허인선 지음

정동완 기획

미디어숲

애덤 스미스, 쾨펜, 루스 글래스, 노자 등 다양한 분야의 인물들이 등장해 복잡한 사회 문제를 쉽고 흥미롭게 풀어낸다. 또한 교과서 속 개념을 마치 살아 있는 대화처럼 전달해 통합사회의 핵심 내용을 한결 친근하게 이해할 수 있도록 돕는다. 사회를 바라보는 시야를 넓히고 싶은 학생들에게 든든한 길잡이가 되어 줄 책이다.

덕원예술고등학교 교사 김재행

이 책은 윤리, 지리, 일반사회 분야에서 교육과정과 밀접한 사상가들을 선별해 통합사회 교과의 이해를 넓히고자 한 책이다. 학자가 독자에게 직접 말을 건네는 듯한 서술 방식 덕분에 친근하게 읽히며, 복잡한 이론도 부담 없이 받아들일 수 있다. 각 사상가의 배경과 핵심 주장을 명확하게 정리해 교과서에서 배운 개념을 한층 깊이 이해하는 데 도움을 준다. 학생은 물론 수업을 준비하는 교사에게도 유용한 아이디어를 제공하는 책으로 추천하고 싶다.

국원고등학교 교사 이혜준

이 책은 지리를 배우는 학생들에게 꼭 필요한 내용을 담아냈다. 우리 주변에서 실제로 마주할 수 있는 다양한 사례를 통해 도시의 여러 모습을 보여 주고, 기후 구분을 단순한 암기가 아니라 자연환경을 읽는 하나의 언어로 이해하도록 이끈다. 또한 학습자가 스스로 질문을 만들고 탐구할 수 있는 활동을 제시해 공간과 환경을 바라보는 안목을 기르는 데 도움을 준다. 수업에서 배운 내용을 더 깊이 이해하고, 이를 일상과 연결해 생각해 보고 싶은 학생들에게 자신 있게 권할 수 있는 책이다.

부산중앙고등학교 교사 신동은

교과서에서 보던 인물이 눈앞에 다가와 말을 건다면 어떤 느낌일까. 지리·사회·윤리 교과서 속 인물들 또한 한 시대를 살아가며 고민하고 판단하며 삶을 이어 갔던 사람들이다. 이 책은 그들의 생각과 목소리를 생생하게 전하며, 독자들이 세상을 바라보는 시야를 자연스럽게 넓혀 준다. 중·고등학생은 물론 사회 교과서에서 한 번쯤 이름을 들어본 인물들의 이야기가 궁금한 독자라면 부담 없이 읽어 볼 만한 책이다.

유신고등학교 교사 송은정

그동안 사회 교과서에서 어떠한 이론을 만든 사람, 혹은 어떤 주장을 펼친 인물로만 접해 왔던 사상가 및 학자들을 가깝게 만날 수 있는 시간을 가지게 되어 기쁘다. 이 책 속에서 만나게 될 사회 교과서의 인물들이 '어떤' 배경 속에서 '왜' 그러한 생각을 품게 되었는지를 '본인 피셜'로 들어본다면, 독자 여러분의 사회 공부가 훨씬 더 깊어지고 풍성해질 것이라고 생각한다.

현대고등학교 교사 임낙균

책을 펼치면 교과서 속 인물들이 오래된 친구처럼 다가와 이야기를 건네 온다. 칸트와 노자가 삶을 성찰하고, 아렌트와 루소가 정치의 의미를 속삭이며, 케인스와 애덤 스미스가 경제의 흐름을 들려준다. 멀게만 느껴졌던 사상가들의 이야기를 읽으며 숨 쉬는 순간, 독서는 배움이 아니라 일상이 된다. 이 책은 교사와 학생, 그리고 삶을 사유하는 모든 이에게 사상가와 함께 걷는 따뜻한 길동무가 되어 줄 것이다.

국립창원대학교 박지은

사회가 어렵게 느껴진다면, 혹은 사회를 더 깊이 알고 싶다면 이 책을 권하고 싶다. 사회의 다양한 분야를 대표하는 학자들이 한자리에 모여 사회 탐구의 안내자처럼 독자를 이끈다. 학생들의 눈높이에 맞춰 쉽게 설명해 부담 없이 읽을 수 있으며, 고등학교 통합사회 과목을 미리 경험해 보는 데에도 적합하다. 사회적 사고력과 감수성을 키우고 싶은 학생이라면 한 번쯤 읽어 볼 만한 책이다. 다양한 학문 분야의 관점을 통합적으로 이해하는 능력은 앞으로의 학습은 물론 세상을 바라보는 힘을 기르는 데에도 도움이 될 것이다.

시험을 준비하다가 "이 인물은 왜 이렇게 중요할까?" 하고 고개를 갸웃해 본 적이 있는가. 『교과서 속 인물에게 배우는 최소한의 개념 수업』은 그런 물음을 조금은 풀어 주는 책이다. 이 책은 시험에서 우리를 어렵게 하던 사회 인물들을 단순히 외워야 할 대상이 아니라, 한 시대를 살아가며 고민했던 사람으로 다시 만나게 한다. 지식을 넘어 이해로 나아가는 과정을 통해 독자가 스스로 생각하고 자신만의 길을 찾아가도록 이끈다. 사회 공부가 부담이 아니라 사유의 출발점이 되기를 바라는 학생들에게 권하고 싶은 책이다.

이 책은 윤리, 일반사회, 지리 등 사회과의 다양한 영역에서 주요 학자들이 직접 말을 건네는 듯한 방식으로 핵심 이론을 풀어낸다. 읽다 보면 마치 토론에 참여한 것처럼 자연스럽게 내용을 따라가며 생각하는 힘을 기를 수 있다. 특히 고등학교 통합사회에서 다루는 학자들의 이론을 쉽고 친절하게 설명해 학습에도 도움이 된다. 이 책과 함께 학자들의 이야기를 읽어 가다 보면 사회를 바라보는 시야가 한층 넓어질 것이다.

교과서 속 인물이 지금, 여기에서 살아 숨 쉬는 존재가 되어 나의 고민을 들어준다면 어떨까. 그들의 선택과 생각을 함께 나누며 대화를 나눌 수 있다면 얼마나 좋을지 한 번쯤 상상해 보았을 것이다. 이 책은 교과서 속 인물의 사상을 단순히 외워야 할 지식이 아니라, 삶을 돌아보게 하는 성찰과 지혜로 이끈다. 그렇게 공부는 자연스럽게 살아 있는 배움이 된다. 이 책은 시대와 역사를 넘어 학생들에게 사회와 윤리, 지리에 대한 흥미를 키워 주고, 스스로 생각하는 힘까지 기를 수 있도록 돕는 책이다.

방콕 한국국제학교 교사 양효진

지식이 곧 힘이 되던 시대를 지나 이제는 배운 지식을 삶에 적용하는 융합적 사고력과 비판적 문제 해결 역량이 더욱 중요해졌다. 이 책은 학교에서 배운 통합사회 지식을 '쓸모 있는 지혜'로 전환하는 길을 안내한다. 통합사회 교과가 넓은 범위를 다루는 과정에서 깊이 살피기 어려웠던 학자들의 사상을 풀어내며, 흩어져 있던 개념을 하나의 큰 흐름 속에서 이해하도록 돕는다. 교과서 속 거장들의 통찰을 통해 세상과 사회를 더 넓게 바라보고 싶은 청소년에게 지적 성장의 든든한 발판이 되어 줄 책이다.

하성중학교 교사 류경민

통합사회에서 윤리 파트가 특히 막막하게 느껴진다면, 철학 내용을 쉽게 설명한 이 책이 좋은 실마리가 되어 줄 것이다. 교과서 속 철학자들의 이론을 바탕으로 현대 사회의 쟁점을 살펴보고, 구조화된 토론 활동을 통해 사고를 자연스럽게 확장할 수 있기 때문이다. 개념을 실제로 적용해 보는 과정에서 수행평가는 물론 이후의 논술 역량까지 함께 기를 수 있는 실전형 교재로 추천하고 싶다.

서울 삼정중학교 교사 윤주은

학생들은 사회 교과서에 등장하는 철학과 사상 분야를 어렵게 느끼는 경우가 많다. 이 책은 교과서 속 주요 인물의 생애와 사상을 바탕으로 내용을 구성해 보다 자연스럽게 접근할 수 있도록 돕는다. 학생이 스스로 질문하고 생각하도록 이끄는 교양서이면서도, 내용이 충실해 일반 독자에게도 깊이 있는 읽을거리를 제공한다. 특히 고등학교 사회 과목의 주제 탐구나 프로젝트 활동에 적합하다는 점이 인상적이다. 공동 집필진의 문제의식과 노력이 고스란히 담긴 이 책을 자신 있게 추천한다.

(주)부모마인드셋연구소 송미정

이 책을 면밀히 검토해 주신 분들

정유리(이매고), 이승진(사직중), 김재행(덕원예술고), 김명희(오마중), 송은정(유신고), 신동은(부산중앙고), 임낙균(현대고), 김영춘(덕영고), 이혜정(광주중앙고), 김창희(경북일고), 여민정(동지여고), 이혜준(국원고), 현윤아(개봉중), 박지윤(진접고), 신유나(국립창원대학교), 박경아(리드인 해운대장산점), 윤혁(광주광역시교육청), 박경아(삼정중), 송미정(부모마인드셋연구소), 장미경(개웅중), 장이슬(경기 저현고), 양효진(방콕한국국제학교), 정종욱(사상고), 윤주은(삼정중), 노민수(상무고), 백형석(서울 대원여고), 백지영(서울 숭인중), 이예빈(신서고), 최소망(옥과고), 천별샘(이천사동중), 박민정(창원안남중), 황아림(천안 중앙고), 오홍택(철암중), 전수연(충북대학교 사범대학 부설중학교), 류경민(하성중), 김성은(함현고), 성준원(UNIST 산업인공지능 석사과정)

교과서 밖으로 나온 사상가들

사회 공부를 하다 보면 이상하게도 자주 마주치는 이름들이 있다. 기후를 배우면 쾨펜이 등장하고, 정의와 공정을 말할 때는 롤스를, 행복을 묻다 보면 아리스토텔레스가 어느새 곁에 서 있다.

이름은 익숙하다. 그러나 그들이 왜 그런 생각에 이르렀는지, 어떤 시대적 고민 속에서 그 개념을 만들어냈는지까지 차분히 살펴볼 기회는 많지 않다. 그래서 사회 과목은 때로 외워야 할 개념과 인물의 목록처럼 느껴지기도 한다. 하지만 정말 그럴까?

만약 그들이 직접 말을 걸어온다면,

만약 교과서 속 인물들이 문제집의 활자가 아니라 우리 앞에 앉아 이렇게 이야기해 준다면 어떨까.

"나는 이런 현실을 보며 질문을 던졌어."

"이 개념은 그 시대 사람들의 삶에서 나온 생각이란다."

이 책은 그런 상상에서 시작되었다. 지리학자, 사회학자, 철학자들이 자신이 살았던 시대와 마주했던 문제를 들려주고, 그 속에서 어떤 질문을 던졌는지를 독자에게 직접 전해 주는 책이다.

사회는 암기가 아니라, 이해의 이야기다

사회 교과는 인간과 사회, 환경과 미래를 함께 다루는 과목이다. 그러나 학교에서의 사회는 종종 개념을 외우고 정답을 고르는 시험 과목처럼 느껴진다. 이 책은 그 개념들이 어디에서 출발했는지, 그리고 왜 지금까지도 의미를 지니는지 사상가들의 생각을 따라가며 풀어낸다. 도시가 왜 변화하는지, 기후가 삶의 방식을 어떻게 바꾸는지, 정의와 불평등이 왜 반복해서 등장하는지. 그 질문들의 출발점에는 언제나 한 사상가의 치열한 고민이 있었다.

이 책을 읽는 가장 쉬운 방법

이 책은 처음부터 끝까지 차례대로 읽지 않아도 된다. 지금 배우고 있는 단원이 있다면 그 인물부터 읽어도 좋고, 제목이 눈에 들어오는 장을 가볍게 펼쳐도 괜찮다. 어떤 장은 '아, 이래서 이런 개념이 나왔구나.' 하고 고개를 끄덕이게 만들 것이고, 어떤 장은 '나라면 어떻게 생각할까?'

하고 스스로 질문하게 만들지도 모른다. 그것만으로도 이 책은 충분한 역할을 하고 있다.

이 책이 바라는 한 가지

이 책은 정답을 제시하는 데 있지 않다. 사회 교과 속 개념을 조금 더 입체적으로 바라보는 시선, 그리고 스스로 질문해 볼 수 있는 용기를 건네는 데 있다. 교과서 속 인물들이 암기를 위한 이름이 아니라, 한 시대를 살아가며 고민했던 사유의 주체였다는 사실을 느낄 수 있다면, 사회는 더 이상 멀고 딱딱한 과목으로 남지 않을 것이다.

이제, 교과서 밖으로 나온 그들이 직접 말을 건넨다!

저자 일동

이 책은 고등학교 1학년 통합사회에서 배우는 중요한 개념을 조금 더 깊이 이해할 수 있도록 만든 책이다. 사회학자, 지리학자, 윤리학자 등 여러 학자의 생각과 실제 사례를 함께 담아 교과서 속 개념이 어디에서 나왔고 어떤 고민에서 시작되었는지를 학생들의 눈높이에서 쉽게 풀어낸다. 이를 통해 사회를 외우는 과목이 아니라 이해하며 생각하는 과목으로 바라보도록 돕는다.

통합사회는 인간과 사회, 환경과 미래를 함께 다루는 과목이지만, 학교에서는 개념 암기나 시험 준비에 치우치기 쉽다. 이 책은 개념의 배경과 학자의 문제의식을 따라가며 사회를 보다 입체적으로 이해할 수 있도록 구성했다. 또한 지리, 일반사회, 윤리 등 사회과 선택 과목에서 다루는 중요한 주제도 함께 담아 배운 내용을 바탕으로 생각을 넓히고 학문 간의 연결을 자연스럽게 살펴볼 수 있도록 했다.

책에서는 루스 글래스 편을 통해 '젠트리피케이션'과 우리 사회의 도시 문제를 연결해 보고, 블라디미르 쾨펜 편을 통해 '기후의 기본 원리'와 '자연환경', '인간의 생활 방식'이 어떻게 이어지는지를 살펴본다.

이처럼 이 책은 학생들이 개념 암기에 머무르지 않고, 학자들의 생각이 나온 흐름을 따라가며 스스로 질문하고 탐구하도록 이끄는 데에 특징이 있다. 통합사회에서 배운 내용을 바탕으로 세상을 더 넓게 이해하고 싶은 학생들에게 의미 있는 길잡이가 될 것이다.

즉, 이 책은 통합사회에서 배운 개념을 한 걸음 더 넓혀 생각할 수 있도록 돕는 안내서다. 학생들이 자신의 호기심을 출발점으로 삼아 교과서 속 개념을 바탕으로 질문을 던지고 탐구를 시작할 수 있도록 이끈다. 또한 이 책은 수행평가나 학교생활기록부 작성을 위한 활동에만 머무르지 않는다. 배운 개념을 실제 사회와 연결해 보며, 스스로 생각하고 탐구하는 경험을 해 보도록 돕는 데에 중점을 두었다.

도서 활용 방안

1) 자기주도적 탐구 역량 기르기

이 책에 소개된 사회 교과의 학자와 이론은 외우는 데서 끝나지 않는다. 여러분은 내용을 읽으며 스스로 질문을 만들고, 그 질문을 바탕으로 탐구를 넓혀 갈 수 있다.

예를 들어, 루스 글래스의 '젠트리피케이션' 개념을 읽은 뒤, "이태원 이외에 우리나라에는 어떤 지역에서 이런 현상이 나타날까?"라는 질문을 던질 수 있다. 이 질문은 현장 조사나 기사 분석으로 이어지며, 자연스럽게 호기심에서 출발한 탐구로 발전한다. 이러한 경험은 학문을 대하는 태도의 기초를 다지는 데 도움이 된다.

2) 논문·도서와 연결한 심화 활동

논문 요약, 발표, 보고서 작성과 같은 심화 탐구 활동의 방향도 제시한다. 예를 들어, 쾨펜 편을 읽은 뒤 관련 자료나 글을 찾아 내용을 정리하고 발표해 보는 활동은 단순한 독서를 넘어 생각을 정리하고 말로 표현하는 연습이다. 이 과정에서 여러분은 탐구 주제를 체계적으로 정리하고, 자신의 생각을 논리적으로 설명하는 힘을 기를 수 있다.

3) 수행평가와 에세이를 위한 생각 넓히기

고등학교 1학년은 다양한 주제를 바탕으로 깊이 있는 생각을 키워 가는 시기다. 이 책은 통합사회에서 배운 개념을 실제 사회 문제와 연결해 보도록 돕는다. 예를 들어, '정의와 불평등'을 공부한 학생이 이 책의 챕터 '도시 불평등을 바라본 루스 글래스'를 읽고, 우리나라의 도시 불평등 문제를 조사해 보고서로 정리할 수 있다. 이 과정에서 여러분은 단순한 관심을 넘어 문제의 원인과 사례를 살펴보며 자신의 생각을 정리해 나가게 된다.

4) 교과를 넘나드는 융합 탐구

통합사회는 지리, 사회, 정치, 문화, 윤리 등 여러 영역이 함께 어우러진 과목이다. 이 책은 쾨펜, 루스 글래스 등 다양한 학자의 관점을 통해 하나의 주제를 여러 방향에서 바라보도록 이끈다. 이를 바탕으로 토론이나 동아리 활동, 프로젝트, 심화 보고서 등으로 생각을 확장할 수 있으며, 학문이 서로 어떻게 연결되는지 자연스럽게 이해할 수 있다.

 이 책은 단순히 읽고 끝나는 책이 아니라 탐구를 시작하게 하는 출발점이다. 학생들은 통합사회에서 다루는 주제를 학자의 시선으로 바라보며, 개념을 더 깊이 이해해 볼 수 있도록 돕는다. 이를 통해 학생은 간접적인 탐구 경험을 쌓고, 스스로 질문을 만들며 탐구를 이어 가는 힘을 기를 수 있다.

무엇보다 이 책은 학생이 자신의 호기심을 출발점으로 삼아 생각하고 탐구하는 과정을 즐기도록 이끈다. 사회를 배우는 일이 시험을 위한 준비가 아니라, 세상을 이해하는 하나의 여정이 될 수 있음을 보여 주는 데에 의미가 있다. 따라서 이 책은 통합사회 학습을 한 단계 더 깊이 이어 가고 싶은 학생들과 탐구 중심의 수업 자료를 찾는 교사 모두에게 든든한 길잡이가 될 것이다.

* 본 도서에 수록된 이미지 중 일부는 AI를 활용하여 재구성되었습니다.

차례

지리 영역 세상을 읽는 시선

세계의 기후를 읽다_블라디미르 쾨펜

도시의 변화를 읽다_루스 글래스

윤리 영역 어떻게 살아야 할까?

자연처럼 산다는 것_노자

일반사회 영역 사회를 움직이는 생각의 힘

문화의 DNA를 찾아서_에드워드 버넷 타일러

근대 사회를 움직인 힘_막스 베버

시민이 주인이 되는 사회_장 자크 루소

악은 평범한 얼굴을 하고 있다_한나 아렌트

시장 경제는 어떻게 작동할까_애덤 스미스

세상을 읽는 시선

세계의 기후를 읽다

블라디미르 쾨펜

지구의 기후는 어떤 가옥에서 어떤 옷을 입고 무슨 음식을 먹고 사는지와 깊이 연결되어 있다. 블라디미르 쾨펜Wladimir Köppen은 기온과 강수량이 식물이 자라는 방식에 영향을 준다는 점에 주목해 세계의 기후를 '열대·건조·온대·냉대·한대'의 다섯 가지로 나누었다. 여기에 알파벳 기호를 더해 복잡한 자연 현상을 누구나 이해할 수 있는 기준으로 정리했다.

쾨펜에게 기후 구분은 외워야 할 지식이 아니라, 사람들이 어떤 환경 속에서 어떤 삶을 살아가는지를 생각하게 하는 도구였다. 그의 분류는 오늘날에도 기후 변화가 우리의 생활을 어떻게 바꿀지 이해하는 데 중요한 기준이 된다.

알파벳 속에 숨은 기후 이야기

"기후 구분이 온통 암호 같아."

수학여행으로 런던에 가는 비행기 안에서 윤호는 교과서를 펼쳐 놓고 한숨을 내쉬었다. 창밖으로는 노을빛 구름이 천천히 흘러가고 있지만, 그의 시선은 책 속에 빼곡하게 적힌 알파벳 기호에 머물러 있었다.

"윤호야, 수학여행 가는데 공부까지 해야 해?"

이슬이가 웃으며 묻자, 윤호는 책을 가리키며 말했다.

"런던 기후가 궁금해서 보는 거야. 비가 자주 온다는데, 여기엔 Cfb라고만 적혀 있어. 이게 무슨 뜻인지 모르겠어."

그 말을 듣고 뒷자리에 앉아 있던 혜진이가 몸을 앞으로 기울였다.

"기후를 알면 여행 준비가 훨씬 수월해지잖아. 런던이 Cfb라면 비가 잦다는 뜻이니까, 우산이랑 겹쳐 입을 옷은 꼭 챙겨야겠지."

윤호는 잠시 생각하다가 고개를 끄덕였다.

"아, 그러니까 저 알파벳이 그냥 외우는 기호가 아니라 실제 생활과 연결된 거구나."

윤호는 다시 교과서를 내려다보았다. 조금 전까지는 복잡해 보이던 알파벳들이 이제는 런던의 날씨와 풍경을 떠올리게 하는 단서처럼 느껴졌다.

"비행기에서부터 학구열이 불타오르다니, 수학여행을 제대로 즐길 모양이구나."

뒷자리에 앉아 있던 선생님이 몸을 일으켜 아이들에게 말을 건넸다. 윤호는 참지 못하고 선생님께 물었다.

"선생님, A가 열대 기후이고 B가 건조 기후, C가 온대 기후라는 건 알겠어요. 그런데 그 뒤에 붙는 f나 w는 무슨 뜻인가요? 왜 기후를 굳이 알파벳으로 나눠서 표현하는 거죠? 선생님은 지리가 외우는 과목이 아니라 이해하는 과목이라고 하셨잖아요. 그런데 이건 왠지 외워야만 하는 암호처럼 느껴져요."

선생님은 미소를 지으며 윤호를 바라보고는 천천히 입을 열었다.

"아주 좋은 질문이야. 너를 헷갈리게 한 이 기후 구분은 약 100년 전, 쾨펜이라는 기후학자가 처음 만들고 이후 여러 학자가 조금씩 보완해 온 개념이란다. 쾨펜은 기후만 연구한 사람이 아니라 식물과 날씨를 함게 연구한 학자였어. 그는 지역마다 자라는 식물의 모습이 기후와 깊이 연결되어 있다는 점에 주목했지. 그래서 식물이 자라는 데 가장 큰 영향을 주는 기온과 강수량을 기준으로 세계의 기후를 나누었단다.”

그때 옆자리에 앉아 있던 혜진이가 고개를 갸웃하며 물었다.

“그럼 A부터 E까지의 알파벳은 식물이 자라는 환경을 기준으로 나눈 다섯 가지 기후를 뜻하는 거예요? 그 뒤에 붙는 알파벳은 더 자세한 특징을 알려 주는 거고요?”

“맞아. A는 열대, B는 건조, C는 온대, D는 냉대, E는 한대 기후를 뜻하지. 그리고 그 뒤에 붙는 알파벳은 그 지역의 기후 특징을 조금 더 자세히 알려 주는 표시란다. 예를 들어 f, s, w 같은 문자는 비가 언제, 어떻게 오는지를 알려 주지. ‘f’는 ‘습윤함’을 의미하는 독일어 ‘feucht’에서 따온 약자로 1년 내내 고르게 비가 온다는 뜻이야. ‘s’는 여름이 건조함을 뜻하는 ‘summer trocken’의 약자로 겨울이 여름보다 습윤함을 뜻해. ‘w’는 겨울이 건조함을 의미하는 ‘Winter trocken’에서 따온 약자지.”

윤호의 얼굴이 조금 밝아졌다.

“그럼 Cw는 온대 기후이면서 겨울이 건조한 지역이라는 뜻이네요? 우리나라는 여름에는 비가 많이 오고, 겨울에는 건조하니까 대부분 지역이 Cw에 해당하겠어요.”

“그래, 아주 잘 이해했구나. 여름에는 습해서 제습기를 쓰고, 겨울에는 건조해서 가습기를 쓰는 것도 바로 그런 기후의 특징 때문이지. 처음엔 기후 구분 문자가 외워야 할 암호처럼 느껴질 수 있어. 하지만 하나하나 뜻을 알고 나면, 그 지역의 날씨와 생활 모습을 한눈에 보여 주는 언어라는 걸 알게 될 거야.”

조용히 듣고 있던 이슬이가 그제야 입을 열었다.

"그럼 다른 나라로 여행 갈 때, 그 지역의 기후 구분만 알아도 날씨 특징이나 사람들의 생활 모습을 어느 정도 짐작할 수 있겠네요. 어떤 옷을 챙겨야 할지도 알 수 있으니까, 여행 가방을 준비하는 데에도 도움이 될 것 같아요."

"맞아. 기후 구분은 교과서 속 지식이 아니라, 여행 가방을 꾸릴 때도 쓰이는 지혜가 될 수 있단다. 그럼 이제, 이런 기후 구분을 처음 만든 쾨펜이라는 학자를 직접 만나 보지 않을래?"

"흠, 내 이야기를 하고 있었나 보군?"

좌석 안쪽에서 희미한 빛이 반짝이더니 수염을 기른 노신사가 모습을 드러냈다.

"누… 누구세요?"

윤호가 눈을 동그랗게 뜨며 묻자, 노신사는 미소를 지으며 고개를 끄덕였다.

"놀라지 마. 내가 바로 너희들이 이야기하던 블라디미르 쾨펜이야."

쾨펜은 허리를 곧게 세운 채 학생들 쪽으로 다가와 말을 이었다.

"내가 기후를 알파벳으로 정리한 이유는 복잡한 기후의 특징을 누구나 쉽게 이해할 수 있도록 하기 위해서였어. 기후를 길게 설명하는 대신 짧은 기호로 핵심만 전하고 싶었지. 예를 들어, 생물의 특징이 아주 적은 수의 기호로 정리된 DNA에 담기듯이 기후도 몇 개의 알파벳만으로 그 지역의 자연환경과 사람들이 살아가는 모습을 함께 보여 줄 수 있지. 알파벳은 외워야 할 암호가 아니라 기후를 읽는 약속된 언어인 셈이야."

이슬이가 눈을 반짝이며 감탄했다.

"기후 구분은 단순한 암호가 아니라, 자연환경을 읽는 하나의 언어라는 말씀이시군요."

"그렇단다. 기후는 그 지역의 자연환경을 보여 주는 중요한 단서야. 어떤 식물이 자라는지, 사람들이 어떤 집에서 어떻게 살아가는지도 기후와 깊이 연결되어 있지. 그래서 내가 만든 기후 구분은 지금도 기후학은 물론 지리학과 생태학, 도시를 설계하는 분야에서도 계속 쓰이고 있단다."

윤호는 알파벳을 다시 떠올리며 혼잣말처럼 말했다.

"Am, BW, Cfb… 이건 그냥 외워야 할 기호가 아니라, 그 지역의 날씨와 생활 모습을 이해하는 열쇠였네요."

"바로 그거야. 지리를 외우는 과목이 아니라 이해하는 과목으로 바라보면 세계는 훨씬 더 또렷하게 보일 거야. 그럼 이제, 이 기후 구분이 실제로 어떻게 쓰이는지 조금 더 자세히 살펴볼까?"

쾨펜의 눈으로 보는 기후의 언어

"기후란 무엇일까?"

기후를 이루는 요소에는 기온, 강수량, 바람 같은 것들이 있어. 그런데 왜 지역마다 기후가 다를까? 그 이유는 위도나 바다와 육지의 분포, 해발 고도 같은 조건들이 서로 다르기 때문이야. 이런 조건을 기후 요인이라고 부르는데, 이 요인들이 기온이나 강수량에 영향을 주어 지역마다 다른 기후가 나타나는 거란다.

그래서 기후 구분이란, 이런 기후 요소와 기후 요인을 함께 살펴 지구 표면을 일정한 기준에 따라 나눈 것을 말해. 기후 구분에는 크게 두 가지 방식이 있어. 하나는 식물이나 토양처럼 기후의 결과로 나타난 모습을 중심으로 살펴보는 방법이고, 다른 하나는 바람의 흐름이나 기단, 전선처럼 기후가 만들어지는 기후 요인을 중심으로 살펴보는 방법이야.

그렇다면 내가 만든 기후 구분은 어느 쪽일까? 힌트를 주자면, 나는 각 지역에 어떤 식물이 자라는지를 유심히 살펴보았단다. 기온과 강수량이 식물의 성장에 큰 영향을 준다고 생각했기 때문이지. 그래서 기후 구분은 기후의 결과에 주목한 경험적 기후 구분에 속한단다.

기후 구분은 몇 단계로 구성될까?

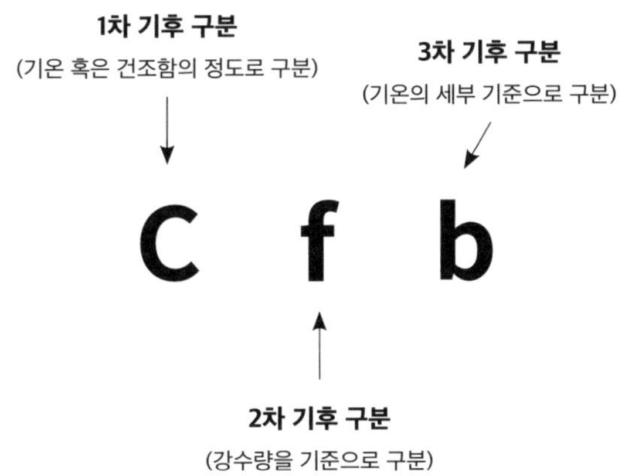

이 세 글자는 앞에서부터 차례대로 1차, 2차, 3차 구분을 뜻해. 먼저 1차 구분은 그 지역이 얼마나 덥거나 건조한지를 기준으로, 나무가 자랄 수 있는 환경인지를 살펴보는 단계야. 2차 구분은 계절에 따라 비가 고르게 오는지, 아니면 특정 계절에 몰려오는지를 기준으로 습한지 건조

한지를 나누지. 마지막으로 3차 구분은 기온의 높낮이나 계절별 온도 차이처럼 조금 더 세부적인 온도 특징을 나타낸단다.

"1차 기후 구분을 가르는 기준은 뭘까?"

1차 기후 구분은 특히 중요하단다. 왜냐하면 이 단계에서 그 지역에 나무가 자랄 수 있는지 없는지가 결정되기 때문이야. 나는 이를 기준으로 기후를 먼저 크게 나누었고, 그 결과 A, B, C, D, E라는 다섯 가지 기호를 사용했지.

이 가운데 A, C, D는 자연 상태에서도 나무가 자랄 수 있는 수목 기후이고, B와 E는 나무가 자라기 어려운 무수목 기후야. B 기후는 비가 너무 적어 나무가 자라기 힘들고, E 기후는 기온이 너무 낮아 식물이 자라기 어렵지.

"2차 기후 구분을 결정짓는 조건은 무엇일까?"

좋아, 이제 2차 기후 구분으로 넘어가 보자. 2차 구분의 기준은 비가 언제, 어떻게 내리는지, 즉 계절별 강수량의 특징이란다. 같은 온대 기후라도 비가 내리는 시기에 따라 사람들의 생활 모습은 크게 달라지기 때문이지. 그래서 2차 구분에서는 비의 패턴을 간단한 알파벳으로 표시해.

f는 1년 내내 비가 비교적 고르게 내리는 기후를, w는 겨울에 비가 적은 기후를, s는 여름에 비가 적은 기후를 뜻한단다. 또 m은 계절풍의 영향으로 우기와 건기가 뚜렷하게 나타나는 경우를 말하지. 이 알파벳들은 1차 기후 구분과 함께 쓰여, 한 지역의 기후 특징을 더 또렷하게 보여

주지. 이렇게 기호를 차례로 읽어 가면, 그 지역의 날씨와 생활 환경을 자연스럽게 떠올릴 수 있단다.

"3차 기후 구분을 결정짓는 조건은 무엇일까?"

마지막으로 3차 구분은 온도의 세부적인 특성에 따라 구분했어. a, b, c, d, h, k 같은 문자를 사용하지. a, b, c, d는 1차 구분 중 A, C, D와 짝을 이루고, h^{heiß}(더운), k^{kalt}(추운)는 B와 짝을 이룬단다. 이렇게 세 글자가 조합되어야 비로소 한 지역의 기후가 완성될 테지. 그럼 Cfb를 예로 들어 볼까? C는 온대 기후, f는 1년 내내 비가 비교적 고르게 오는 기후, b는 여름이 지나치게 덥지 않은 기후라는 뜻이야. 이 세 글자만 보아도, 그 지역이 온화하고 비가 자주 오는 곳이라는 걸 짐작할 수 있지.

이렇게 기후 구분을 읽어 낼 수 있다면, 알파벳은 더 이상 외워야 할 암호가 아니야. 오히려 자연환경을 한눈에 이해하게 해 주는 언어가 되지. 그리고 이 언어를 통해 우리는 그 지역의 환경뿐 아니라, 그 안에서 살아가는 사람들의 생활 모습까지 함께 떠올릴 수 있단다. 이것이 바로 내가 기후 구분을 만든 이유이고, 이 체계가 지금도 계속 쓰이는 이유이기도 하지.

쾨펜은 학생들을 바라보며 흐뭇하게 웃었다.

"좋아, 이제부터 알파벳을 하나씩 읽어 보자. 교과서에 적힌 기후 기호 안에는 그 지역의 날씨와 환경에 대한 정보가 담겨 있단다. 어떤 기후인지, 왜 그런 모습이 나타나는지 함께 추리해 보는 거야."

윤호가 고개를 끄덕이며 말했다.

"Am, Cs, Dw 같은 기호들을 말하는 것이죠? 또 외워야 할 암호 같아서 걱정되는데요."

이슬이가 웃으며 말을 받았다.

"그래도 지금은 기후 탐정이 된 기분인데?"

혜진이가 노트를 들여다보며 눈을 반짝였다.

"각 알파벳에 뜻이 있다는 걸 아니까 전보다 훨씬 재미있습니다."

쾨펜은 고개를 끄덕이며 노트에 기호를 적기 시작했다.

Af, Aw, Am….

"좋아. 먼저 A, 열대 기후부터 살펴보자꾸나. 열대 기후는 보통 적도 근처의 저위도에 분포해. 1년 내내 기온이 높고, 비도 자주 내리지. 그래서 열대 기후는 Af, Aw, Am으로 나뉘는데, 그중에서도 Af는 열대 우림 기후란다."

"우림이면 나무랑 풀이 아주 빽빽한 숲을 말하는 거죠?"

"맞아. 적도 부근에서는 태양 에너지가 강해 공기가 쉽게 위로 올라가고, 그 과정에서 비가 자주 내리게 돼. 그래서 이 지역에서는 늘 푸르고 울창한 숲이 형성되는 거란다. 열대 지방에 가 보면, 오후가 되면 갑자기 굵은 소나기가 쏟아졌다가 금세 그치는 모습을 볼 수 있지."

"그럼 여행 갈 땐 우산이 필수겠네요?"

"그렇지. 열대 기후에서는 비를 피할 준비를 하지 않으면 금방 온몸이 젖어 버리거든."

"Aw는 사바나 기후란다. 이 지역은 여름에는 비가 많이 오는 우기, 겨울에는 비가 적은 건기가 뚜렷하게 나뉘는 것이 특징이지. 그래서 계절에 따라 풍경이 크게 달라져. 비가 오는 시기에는 풀이 무성해지고, 건기가 되면 땅이 바짝 마르기도 하지."

쾨펜은 잠시 말을 멈추고 학생들을 바라보았다.

"TV에서 동물들이 뛰어다니는 넓은 초원을 본 적 있니? 나무보다는 풀이 잘 자라는 곳이라 동물들이 무성한 풀 사이를 달리는 모습이 자주 보이는 거란다."

"그럼 Am은 그 중간쯤 되는 거죠?"

"맞아. Am은 열대 몬순 기후라고 불려. 여름에는 비가 집중적으로 쏟아지고, 겨울에는 비교적 건조해지지. 강수량은 Af보다는 적지만 Aw보다는 많아서 두 기후의 특징을 함께 가진다고 보면 돼."

"그럼 우기엔 길이 잠길 수도 있겠네요. 친구를 만나러 가려면 배를 타야 할지도 모르겠어요."

"이제 B 건조 기후로 넘어가 보자."

쾨펜은 노트에 BW, BS라고 적었다.

"먼저 BW는 사막 기후란다. 이 지역은 비가 거의 내리지 않아서 땅이 늘 메말라 있지. 그래서 나무나 풀이 자라기 어렵고, 넓은 모래나 자갈 지형이 이어지는 곳이 많아."

쾨펜은 잠시 말을 멈추고 학생들을 바라보았다.

"영화에서 끝없이 펼쳐진 모래 언덕을 본 적 있니? 그런 풍경이 바로 사막 기후 지역이야."

"그럼 BS는 스텝 기후겠네요?"

"그렇지. BS는 사막보다는 비가 조금 더 오는 지역이야. 나무가 울창하게 자라지는 못하지만, 키 작은 풀이나 식물이 드문드문 자라지. 그래서 사막의 가장자리에서 초원이 펼쳐진 모습을 볼 수 있어."

"다음은 C! 우리한테 익숙한 기후예요."

쾨펜은 고개를 끄덕이며 노트에 Cfb, Cs, Cw, Cfa를 적었다.

"C 기후는 사람들이 오래전부터 많이 살아온 지역에 널리 분포해 있어. 강수량과 기온이 비교적 안정적이어서 생활하기 좋은 환경이지. 이 기후는 지역에 따라 몇 가지 유형으로 나뉘는데 비가 언제 내리는지, 그리고 계절에 따른 기온 변화가 얼마나 큰지에 따라 구분한단다."

"먼저 Cfb는 1년 내내 비가 비교적 고르게 내리고, 여름과 겨울의 기온 차이도 크지 않아. 흐린 날이 많은 편이고, 전체적으로 기온이 온화한 서안 해양성 기후라고 볼 수 있지."

"다음은 Cs, 지중해성 기후야. 이 기후는 여름에는 덥고 건조하고, 겨울에는 비교적 따뜻하면서 비가 오는 것이 특징이지. 우리나라와는 달리 겨울에 농사를 짓는 지역도 많단다."

"여름에는 어떤 농업이 발달했나요?"

"지중해성 기후 지역은 여름에 비가 적고 햇볕이 강해. 그래서 과일의 당도가 높아지고, 나무에서 열매를 수확하는 농업이 발달하지. 올리브나 포도가 잘 자라서 이 지역의 음식이나 와인이 유명한 이유이기도 해."

"그럼 Cw는 우리나라에 분포하는 기후죠?"

"맞아. Cw는 여름에는 덥고 습하지만, 겨울에는 춥고 건조한 온대 겨울 건조 기후야. 계절에 따라 날씨 차이가 분명해서 옷차림이나 생활 방식도 계절마다 크게 달라지지."

"Cfa는 연중 비가 비교적 자주 오는 온대 습윤 기후야. 특히 여름에는 무덥고 습해서 한여름엔 숨이 턱 막히는 느낌이 들기도 하지."

"그럼 D는… 덜덜 떨리는 기후인가요?"

윤호가 농담처럼 말했다. 이슬이와 혜진이는 고개를 저었지만 이내

웃음을 터뜨렸다.

"어느 정도 맞는 말이구나."

"D 냉대 기후는 겨울이 길고 매우 춥고, 여름은 짧지만 비교적 더워. 그래서 계절에 따라 기온 차이가 아주 크게 나타나는 것이 특징이란다. 냉대 기후에서도 비가 언제 내리느냐에 따라 모습이 조금씩 달라진단다. 이 차이에 따라 Dw와 Df로 나눌 수 있어.

Dw는 겨울에 비가 적은 냉대 겨울 건조 기후야. 여름에는 비가 집중적으로 내리지만, 겨울에는 춥고 건조하지. 그래서 계절에 따른 날씨 변화가 뚜렷하게 느껴진단다. 우리나라 일부 지역에서도 이런 특징을 볼 수 있어. 반면, Df는 1년 내내 비교적 고르게 비가 내리는 냉대 습윤 기후야. 계절마다 강수량 차이가 크지 않아서 Dw보다 습한 환경이 이어지지.

이런 강수 패턴은 사람들의 생활 방식에도 영향을 미친단다. Dw 지역은 겨울이 길고 건조해서 미리 식량을 저장하고 난방을 준비하는 생활이 중요해. 농업도 여름이 짧기 때문에 벼보다는 밀이나 감자처럼 서늘한 기후에 잘 자라는 작물을 주로 재배하지.

반면, Df 지역은 1년 내내 비가 비교적 고르게 내려서 침엽수림이 넓게 형성돼. 그래서 숲을 활용한 임업이 발달했고, 목재나 종이를 만드는 산업이 중요한 역할을 하게 되었단다.

"이제 마지막으로 E 한대 기후를 살펴보자. 한대 기후는 여름에도 기온이 낮아 식물이 자라기 매우 어려운 지역이야. ET는 툰드라 기후로 짧은 여름 동안에만 식물이 자라고, EF는 빙설 기후로 1년 내내 얼음과 눈으로 덮여 있지."

“그래서 한대 기후 지역에서는 사람들의 생활 방식도 자연환경에 크게 맞춰져 있단다. 특히 툰드라 지역에서는 짧은 여름을 활용해 이동하며 살아가는 생활 모습이 나타나지.”

“벌써『세계시민과 지리』에 나온 기후를 다 풀어 봤네요. 이렇게 보니까 생각보다 어렵지 않은 것 같아요.”

쾨펜과의 수업은 머리를 쥐어뜯던 윤호가 자신감을 드러내기 시작한 전환점이 되었다.

“맞아. 이건 단순한 기호가 아니라 각 지역의 기후를 읽어 내는 하나의 언어인 게지.”

“선생님, 기후 구분 체계를 만들게 된 계기를 여쭤봐도 될까요?”

이슬이가 손을 들었다.

“맞아요, 알파벳을 조합해서 기후의 특징을 한눈에 알 수 있게 한 방식이 정말 인상 깊었어요. 어떻게 그런 생각을 하시게 됐나요?”

“나는 러시아의 상트페테르부르크에서 태어났으며, 독일에서 활동한 기상학자이자 생물학자였지. 아버지는 지리학자였고 어려서부터 지도와 자연환경을 가까이에서 접하며 자랐단다. 그래서 자연스럽게 기후와 생물, 그리고 사람들이 사는 환경의 관계에 관심을 갖게 되었지. 기후를 정리하는 방식도 그 과정에서 탄생했단다.”

그는 잠시 창밖을 바라보다가 이야기를 이어 갔다.

“어린 시절 상트페테르부르크의 냉랭하고 흐린 날씨와 크림반도의 온화한 기후를 오가며 자랐어. 같은 나라 안에서도 지역에 따라 기온과 강수량, 식물과 토양의 모습이 이렇게 다를 수 있다는 사실이 무척 신기했지. 아마 그때부터 기후를 체계적으로 이해하고 싶다는 마음이 생겼던 것 같구나. 그래서 1864년, 상트페테르부르크 대학교에서 식물학을 전공했고, 이후 독일로 건너가 기온이 식물의 발아에 어떤 영향을 주는지를 연구했어. 그 연구를 바탕으로 온도와 식물 성장의 관계를 연구한 「열과 식물 발아의 관계」라는 주제의 논문으로 박사 학위를 받았지."

"열과 식물 발아의 관계요? 쉽게 말하면 기온이 식물의 성장에 미치는 영향에 대해 과학적으로 연구하신 거네요!"

"맞아. 이후 나는 여러 관측 기관에서 기후를 연구하는 학자로 일하며 경험을 쌓았지. 그리고 오랜 연구 끝에 1884년 쾨펜 기후 구분을 발표했단다. 이 체계는 단순히 덥고 추운 정도가 아니라, 어떤 기후에서 어떤 식물이 자라는지를 기준으로 한 기후 구분이지."

윤호가 칠판에 적힌 알파벳을 바라보며 말했다.

"기후를 코드처럼 표현한다는 게 낯설었는데, 이제는 자연을 읽는 언어처럼 느껴져요."

"고맙구나. 다만 이 체계는 나 혼자 완성한 게 아니란다. 루돌프 가이거Rudolf Geiger가 내 체계를 다듬었고, 트레와다Glenn Thomas Trewartha가 H 고산 기후를 추가해 지금의 형태로 발전했지."

혜진이가 감탄하며 말했다.

"지리는 단순히 지역의 위치를 배우는 학문이 아니라 자연환경 속에서 살아가는 인간을 함께 바라보는 학문이라는 게 새삼 느껴져요."

"맞아. 기후를 이해한다는 건 인간의 삶의 조건을 이해하는 일이란다. 농업이나 건축, 여행처럼 우리의 일상은 늘 기후와 맞닿아 있지. 그래서 기후를 정리하고 읽어 내는 일은 사람들의 삶을 돕는 일이기도 하지."

기후는 우리 삶에 어떤 영향을 미칠까?

→ 쾨펜을 따라 생각해 보는 심화 탐구

1. 내가 살아가고 있는 지역은 쾨펜 기후 구분 중 어디에 속하는지 조사해 보자.

내가 사는 지역명	
해당 지역의 기후 구분	

> ★ **기후 조사 Tip** ★
> ① '기상청 기상 자료 개방 포털' 누리집 접속하기
> ② '기후통계분석 – 평년값 – 우리나라 기후 평년값 – 그래프 – 종류: 월별평년값' 참고하기

2. 다음에 제시된 축제 개최지 기후의 1차 구분 기호를 바르게 짝지어 보자.

국제 사하라 축제(International Festival of the Sahara)
매년 11월 혹은 12월에 사하라 사막을 횡단하는 대상들의 주요 경유지였던 튀니지 남부 두즈(Douz)에서는 사하라의 모래 언덕을 배경으로 축제가 열린다. 낙타 마라톤 경기, 기마 공연, 전통 음악 및 춤 등 유목 생활과 대상 문화, 사막 문화를 체험할 수 있다.

• A

• B

부뇰 토마토 축제(La Tomatina)
매년 8월 마지막 주 수요일, 스페인 발렌시아 주의 작은 마을 부뇰(Buñol)에서는 토마토 싸움 축제가 열린다. 트럭에 실려 온 토마토가 거리에 쏟아지고, 참가자들은 서로에게 토마토를 던지며 마을 전체가 붉은색으로 물든다. 음악과 퍼레이드, 불꽃놀이 등도 함께 즐길 수 있다.

• C

하얼빈 국제 빙설제((Harbin International Ice and Snow Sculpture Festival)
하얼빈은 여름 기온이 20℃를 넘지만, 겨울에는 -15℃ 이하로 떨어지기도 하여 연교차가 큰 지역이다. 이에 매년 1월 5일경부터 2월 말까지 얼음 축제가 열린다. 얼음으로 성, 탑, 동물 등 다양한 형태의 얼음 조각물을 제작하고, LED 조명으로 장식하여 환상적인 분위기를 체험할 수 있다. 또한 눈썰매, 스케이트, 불꽃놀이, 전통 공연 등 다양한 즐길 거리가 있다.

• D

• E

3. 알파벳 기호만으로 기후를 나타내는 쾨펜 기후 구분은 과연 유용할까?

1) 자신이 생각하는 쾨펜 기후 구분의 장단점을 제시해 보자.

장점	단점

2) 알파벳 기호로 단순화하여 표기하고 싶은 개념을 제시하고, 알파벳 기호를 창안해 보자.

※ 이미 존재하는 사례를 조사해도 좋고, 새로운 체계를 직접 만들어도 좋다.

"쾨펜의 기후 구분처럼, 복잡한 현상을 알파벳 기호로 단순화해 표현할 수 있는 개념에는 무엇이 있을까? 알파벳 기호로 단순화하여 표기하고 싶은 개념을 정해 보고, 자신만의 기호 체계를 창안해 보자."

단순화하고 싶은 개념	
표기 방법	
활용 방안과 의의	

4. 쾨펜 기후 구분의 1차 기후 구분 분포는 기후변화로 인해 어떻게 달라질까?
<그림 1>을 참고하여 밑줄에 알맞은 단어를 써넣어 보자.

국립기상연구소(2011)는 <그림 1>과 같이 기후변화에 따라 21세기 말 (2070~2099년)에는 지구 평균 기온이 현재 (1971~2000년)에 비해 RCP(Representative Concentration Pathways) 미래 온실가스 농도에 따른 기후변화 예측 시나리오로, 감축 수준에 따라 RCP2.6·4.5·6.0·8.5 네 가지 경로로 구분)별로 2.8~4.8℃ 상승하고, 강수량은 약 4.5~6.0% 증가하며, 해수면 고도는 72.7~90cm 상승할 것으로 전망했다.

아시아 티베트고원 지역은 _________ 기후에서 _________ 기후로 바뀌었다. 오스트레일리아에는 _________ 기후가 확장되었다. 유럽에는 _________ 기후가 축소되고 _________ 기후가 확장되었다. 아프리카 남부 지역에는 _________ 기후가 축소되고 _________ 기후가 확장되었다. 북부 아메리카에서는 _________ 기후가 축소되고 _________ 기후, _________ 기후가 확장되었다. 남부 아메리카 브라질에는 _________ 기후가 확장되었다.

결과적으로 미래 기후에서는 전 지구적으로 _________ 기후, _________ 기후의 면적이 감소하고 _________ 기후, _________ 기후, _________ 기후의 면적이 증가할 것으로 전망된다.

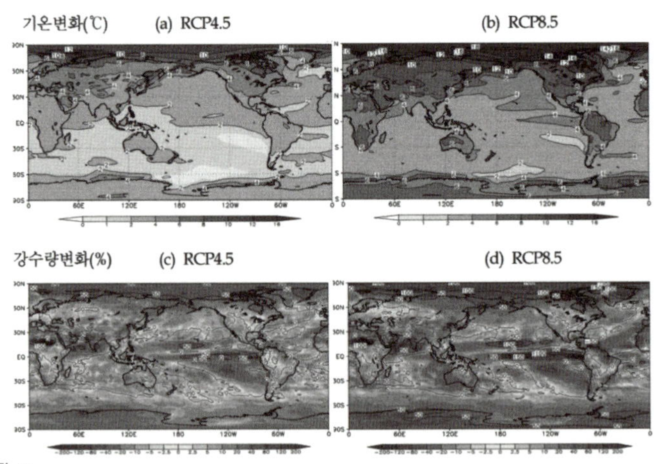

<그림 1>
(a) RCP4.5, (b) RCP8.5 시나리오에 의한 20세기 말 (1971~2000년) 대비 21세기 말 (2070~2099년) 전 지구 기온과 (c) RCP4.5, (d) RCP8.5 시나리오에 의한 20세기 말 (1971~2000년) 대비 21세기 말 (2070~2099년) 강수량 변화.

도시의 변화를 읽다

루스 글래스

루스 글래스Ruth Glass는 도시가 핫플레이스로 변화하는 과정이 사람들에게 어떤 영향을 주는지 연구한 사회학자다. 그는 도시가 개발되면서 새로운 사람들이 들어오는 한편, 오랫동안 그곳에 살던 주민들이 밀려나는 현상이 나타난다는 점에 주목했다.

특히 낙후된 지역에 자본과 중산층이 들어오면서 집값과 임대료가 오르고, 그 결과 오랫동안 살던 주민들이 더 이상 그곳에서 살기 어려워지는 현상을 '젠트리피케이션'이라고 불렀다. 그는 이러한 변화가 겉으로는 도시를 발전시키는 것처럼 보일 수 있지만, 실제로는 사회적 불평등을 야기할 수 있다고 경고했다.

루스 글래스는 도시를 단순히 건물이 모여 있는 장소가 아니라 사람들이 살아가며 관계를 맺는 공간으로 보았다. 그래서 도시가 변할 때에는 그 변화가 누구에게는 도움이 되고, 또 누구에게는 부담이 되는지 함께 살펴보아야 한다고 강조했다.

젠트리피케이션, 누구를 위한 현상인가

지오고등학교 답사 동아리 학생들은 서울의 다문화 공간을 살펴보기 위해 이태원의 세계 음식 거리를 찾았다. 학생들은 거리 곳곳을 걸으며 세계 각국의 전통 음식점과 의류 가게를 통해 문화적 다양성을 직접 확인할 수 있을 것이라 기대했다. 그러나 막상 도착한 거리는 서울 도심 한복판이라고 하기에는 다소 한산했고, 폐업 안내문이 붙은 가게와 텅 빈 건물이 눈에 띄었다. 거리를 둘러보던 수진이는 의아한 표정으로 말을 꺼냈다.

"지리 선생님이 이곳에서 방글라데시나 파키스탄, 튀르키예 같은 여러 나라의 전통 음식을 맛볼 수 있다고 하셨는데, 다문화 공간이라고 하기엔 특색 있는 가게가 많지 않네."

곁에 있던 동아리 학생들도 고개를 끄덕였다. 고개를 갸우뚱거리며 답사를 이어 가던 중, 학생들은 폐업을 앞둔 음식점 앞에서 걸음을 멈췄다. 그곳은 한때 튀르키예 전통 음식으로 이름을 알리며 여행자들이 꼭 들르는 장소로 꼽히던 곳이었다. 그러나 지금은 문을 닫을 준비를 하는 듯 보였다.

"임대료가 너무 올라서 문을 닫게 됐어요. 그래도 언젠가는 꼭 다시 돌아오고 싶습니다."

가게 안에서 주인으로 보이는 남자가 상자를 정리하며 말했다. 그 모습을 바라보던 승윤이가 굳은 표정으로 입을 열었다.

"세계 음식 거리에도 젠트리피케이션이 일어난 게 분명해. 임대료가 급격히 오르면서 그 부담을 감당하지 못한 상인들이 하나둘 떠나고 있는 거야. 이런 상황이 계속되면 이태원이 가진 문화적 다양성도 점점 사라질지 몰라."

승윤의 말을 들은 수진이가 물었다.

"지리 시간에 배운 개념이긴 한데, 젠트리피케이션이 사회 불평등과 어떻게 연결되는 걸까?"

다른 동아리 학생이 말했다.

"그럼 지리 선생님께 직접 여쭤볼까?"

〈이태원 클라쓰〉로 보는 젠트리피케이션

"얘들아, 드라마 〈이태원 클라쓰〉 본 적 있니?"

지리 선생님이 교실을 둘러보며 물었다.

"네, 박새로이가 주인공으로 나오는 웹툰 원작 드라마잖아요."

수진이가 눈을 반짝이며 대답했다.

"이 작품은 이태원에 자본이 유입되면서 나타나는 도시 변화를 보여 주는 이야기야. 박새로이는 이태원에서 작은 가게 '단밤'을 열고, 대기업 '장가'의 불공정한 방식에 맞서 싸우지. 이태원은 원래 외국인 노동자와 이주민, 소상공인, 청년 창업자들이 함께 어울려 살아온 다양성의 공간이었어. 그런데 가게가 유명해지고 상권의 가치가 오르자, 대규모 자본이 유입되면서 기존 상인들이 점점 설 자리를 잃기 시작하지. 이런 모습은 드라마 속 이야기만이 아니야. 실제 도시 곳곳에서도 비슷한 일이 벌어지고 있지. 우리는 이런 현상을 '젠트리피케이션'이라고 부른단다."

"젠트리피케이션이요?"

수진이가 고개를 갸웃하며 물었다.

"젠트리피케이션은 낙후된 도심 지역에 자본과 중산층이 유입되면서 임대료가 오르고, 그 결과 기존의 저소득층 주민이나 소상공인이 지역을 떠나게 되는 현상을 말해. 〈이태원 클라쓰〉에서 대기업 '장가'는 자본과 영향력을 앞세워 기존 상권을 압박하고, 소상공인의 자리를 위협하지. 이런 모습은 젠트리피케이션 과정에서 흔히 나타나는 대기업 중심의 상권 재편과 원거주민의 축출을 상징적으로 보여 줘.

젠트리피케이션은 건물을 새로 고치는 문제에 그치지 않아. 그 지역에 살던 사람들과 공동체, 지역의 정체성까지 바꾸는 복합적인 변화란다. 도시가 활기를 되찾는 긍정적인 면도 있지만, 동시에 누군가는 그 공간에서 밀려난다는 불평등이 함께 나타나지. 그래서 이 드라마는 단순한 청춘 이야기를 넘어 도시 공간 속 자본과 권력, 그리고 이에 맞서는 개인의 선택을 생각하게 해 줘. 이를 통해 우리는 도시 곳곳에서 벌어지는 젠트리피케이션과 그로 인한 공간 불평등과 갈등을 함께 살펴볼 수 있지.”

선생님의 설명이 끝나자 승윤이가 말을 이었다.

“선생님, 비슷한 이야기를 뉴스에서 본 적 있습니다. 〈이태원 클라쓰〉의 배경이 된 이태원에서 요식업을 하던 연예인이 치솟는 임대료 때문에 가게를 닫았다는 내용이었던 것 같아요.”

“맞아. 방송인 ○○ 씨는 14년 동안 운영하던 태국 요리 전문점을 폐업했어. 그는 SNS에 ‘세계 음식 거리는 이제 포차 거리라고 불러야 할 것 같다.’라며 이태원이 문화적 다양성의 공간에서 술집 중심의 거리로 바뀌고 있다는 아쉬움을 전했지. 그는 여러 음식점을 운영하며 이태원 상권 형성에 많은 기여를 했어. 하지만 이태원이 경리단길로 주목받으면서 임대료가 급등하고, 결국 그 역시 젠트리피케이션의 영향을 피해 가지 못한 거야.”

수진이가 호기심 어린 표정으로 물었다.

“선생님, 그럼 젠트리피케이션은 이태원에서만 나타나는 현상인가요?”

선생님이 고개를 저으며 답했다.

“젠트리피케이션은 이태원만의 문제가 아니란다. 신사동 가로수길이나 젊음의 거리로 불리는 홍대입구역 일대, 연남동도 한때는 독특한 분위기로 많은 사람의 사랑을 받았지. 하지만 자본이 몰리면서 임대료가 오르고, 그로 인해 상권이 흔들리거나 지역의 정체성이 약해지는 현상이 나타나고 있어."

그 말을 들은 답사 동아리 학생들이 한목소리로 말했다.

"선생님, 젠트리피케이션이 일어나는 다른 지역도 직접 살펴보고 싶어요."

"서울 같은 대도시에서 소상공인이 떠난 뒤 텅 빈 건물을 본 적 있니? 프랜차이즈 매장이 들어서면서 오랫동안 장사를 해 오던 동네 가게가 문을 닫는 모습도 낯설지 않을 거야. 월세가 올라 이사를 고민하는 사람들 역시 주변에서 어렵지 않게 볼 수 있지."

다음 날 학교에 간 승윤이는 선생님을 찾아가 말했다.

"선생님 말씀을 듣고 나니 젠트리피케이션은 지리 교과서 속에만 있는 개념이 아니라 우리의 일상과 밀접하게 연결된 현실이라는 생각이 들었어요. 누군가의 삶의 터전을 잃게 만들 수 있는 문제이고, 세계시민으로 살아갈 우리가 함께 고민해야 할 과제라는 것도요."

선생님은 미소를 지으며 고개를 끄덕였다.

"그래, 너희가 이 문제를 진지하게 받아들이고 있구나. 그렇다면 1964년에 '젠트리피케이션'이라는 용어를 처음 사용하고, 이 현상이 사회 불평등을 낳는다고 지적한 영국의 사회학자 루스 글래스의 이야기를 들어 볼까?"

"네, 듣고 싶어요."

"좋아. 그럼 이제부터 젠트리피케이션이라는 개념을 제안한 도시 사회학자 루스 글래스와 함께 생각해 보자."

글래스의 눈으로 보는 도시의 두 얼굴

너희가 지오고등학교 답사 동아리 학생들이구나? 만나서 반갑다. 답사 동아리라면 이미 젠트리피케이션이라는 개념도 어느 정도 알고 있겠구나. 오늘 이야기가 조금 길어질지도 모르겠네. 그래도 차근차근 들으면 분명 도움이 될 거야.

"도시는 누구를 위해 변해야 할까?"

이 질문은 내가 도시를 오랫동안 연구하며 나 자신에게 계속 던져 온 물음이야. 개발은 늘 겉으로 보면 긍정적인 변화처럼 보이지. 하지만 그 변화가 과연 누구를 위한 것인지, 그리고 그 과정에서 누가 불편과 고통을 감내하고 있는지에 대해서는 쉽게 묻지 않더구나. 나는 바로 이 지점에서 도시를 다시 바라보고 싶었어.

"젠트리피케이션이라는 용어와 그 배경은 무엇인가?"

1950년대 후반, 나는 런던의 배터시 지역에서 노동자 계층이 살던 주거지가 중상류층의 공간으로 바뀌는 모습을 관찰하며 처음으로 '젠트리피케이션'이라는 용어를 사용했단다. 당시 런던 도심의 일부 지역은 임대료가 낮아 노동자 계층이 많이 거주하고 있었지만, 어느 순간부터 중산층이 이주해 오기 시작했지. 그들은 오래된 집을 사들여 리모델링했고, 그 결과 동네의 분위기는 눈에 띄게 달라졌어. 그런데 겉으로 보기에는 더 깔끔하고 좋아진 것처럼 보였지만, 그 이면에는 불편한 현실이 숨어 있었어. 임대료와 집값이 오르면서 원래 그곳에 살던 사람들은 더 이상 버티지 못하고 하나둘 지역을 떠나게 되었거든.

나는 이 현상을 젠트리피케이션이라고 불렀어. 이 용어는 영국에서 귀족에 가까운 상류 신분을 뜻하는 '젠트리Gentry'에서 나온 말이란다. 이들을 '젠트리파이어gentrifier'라고 부르기도 하지. 대표적인 집단으로는 전문직에 종사하는 젊은 계층인 여피족Yuppie, Young Urban Professional, 그리고 맞벌이를 하며 자녀를 두지 않는 딩크족DINK, Double Income No Kids이 있어. 이들은 문화생활과 자기 계발에 대한 관심이 높아 도심에서의 생활을 선호하는 경향이 크지. 그래서 배터시 같은 도심 지역의 주택을 구입해 리모델링하며 정착하게 되었어. 그 결과 주택 가격과 임대료가 빠르게 오르고, 기존에 살던 주민들은 더 이상 그곳에 머물지 못한 채 다른 지역으로 밀려나게 되었어. 나는 이 과정을 '젠트리의 유입으로 인해 노동 계급의 거주지가 새로운 사회적 공간으로 바뀌는 현상'이라고 정의했단다.

겉으로는 도심이 활성화되는 것처럼 보이지만, 나는 이 변화가 도시 안에서 권력과 자본이 이동하는 방식, 그리고 그 과정에서 사회적 불평등이 심화하고 반복될 수 있다는 점을 경고하고 싶었어. 쉽게 말해 젠트리피케이션이란, 낙후된 도심에 자본이 들어오면서 주택과 상권이 고급화되고, 그 결과 집값과 임대료가 오르며 기존 주민과 소상공인이 밀려나는 현상이야. 그 자리를 대신해 중산층 이상의 계층이 들어오게 되지. 겉으로 보면 동네도 깨끗해지고, 치안도 좋아지며, 세련된 가게들이 생겨서 좋아 보일 수 있어. 하지만 그 과정에서 지역 공동체가 해체되고, 삶의 터전을 잃는 사람들이 생겨난다는 점이 문제야.

그래서 젠트리피케이션이라는 말에는 두 가지 의미가 함께 담겨 있어. 하나는 낙후된 지역이 정비되고 도시 환경이 개선된다는 긍정적인 측면, 다른 하나는 높아진 임대료를 감당하지 못한 기존 주민이 쫓겨난다는 부정적인 측면이지.

예를 들어, 처음에는 임대료가 저렴한 동네에 예술가의 작업실, 작은 카페, 개성 있는 식당과 옷 가게 같은 문화적 색깔을 지닌 공간들이 들어와. 사람들은 그 분위기에 끌려 모여들고, 그 동네는 자연스럽게 '핫플레이스'가 되지. 하지만 사람들이 몰리기 시작하면 상황이 달라져. 건물주들은 임대료와 보증금을 올리고, 그 결과 처음 그 동네의 매력을 만들어 냈던 예술가와 소상공인들은 비용을 감당하지 못하고 떠나게 돼. 결국 그 자리는 대형 프랜차이즈나 대기업이 차지하게 되고, 동네는 점점 어디서나 볼 수 있는 모습으로 변해 가겠지.

결국 겉보기에는 세련된 동네가 되지만, 그 이면에는 불평등이 심화하고 지역 공동체가 무너지는 아픔이 함께 나타나. 나는 바로 이 점이 젠트리피케이션의 가장 큰 문제라고 생각했어. 그래서 젠트리피케이션은 단순한 '도심 재활성화'가 아니라 도시에서 불평등이 어떻게 반복되고 확대되는지를 보여 주는 현상이라는 점을 꼭 기억해야 한단다. 우리가 젠트리피케이션을 떠올릴 때, 도시의 번성이나 고급화만이 아니라 쫓겨나는 원거주민, 해체되는 공동체, 투자 대상이 되어 버린 주거 공간까지 함께 바라보길 바란다.

"젠트리피케이션은 긍정적인 현상일까, 부정적인 현상일까?"

나는 젠트리피케이션을 단순히 도시 재개발을 통해 동네가 발전하고 세련된 긍정적인 현상으로만 보아서는 안 된다고 여러 차례 강조했단다. 오히려 이는 지역 공동체가 해체되고, 계층 간 불평등이 다시 만들어지는 과정에 가깝다고 보았지. 특히 나는 '둥지 내몰림Displacement', 즉 기존에 살던 노동자 계층이 중산층의 유입으로 인해 살던 지역을 떠나게 되는 현상에 주목했어. 이 용어는 이후 학자들이 정리한 개념이지만, 내가 관찰한 젠트리피케이션의 모습과 깊이 연결되어 있단다. 이런 현상이 발생하는 원인은 크게 세 가지로 설명할 수 있어.

첫째, 정부가 공공임대주택 확대나 임대료 규제 같은 보호 장치를 마련하지 않은 채 재개발을 추진하는 경우야. 이럴 때 경제적으로 취약한 계층은 가장 먼저 거주지를 잃게 되지.

둘째, 주택이 삶의 공간이 아니라 투자와 투기의 대상, 즉 상품으로 바뀌는 경우야. 이때 집값과 임대료가 급격히 오르고 주거권보다 부동산 가치가 우선시되기 쉽지.

셋째, 중산층이 대규모로 유입되면서 기존의 노동자 계층이 밀려나는 계급 대체 현상이 나타나. 이는 서로 다른 계층이 같은 공간을 두고 경쟁하는 과정이라고 볼 수 있단다.

이러한 변화가 누적되면 결국 지역 공동체가 약화되고, 공동체가 지탱해 온 사회적 자본도 함께 사라지게 돼. 사회적 자본이란, 지역 사회나 집단 안에서 사람들이 가까이 살며 관계를 맺는 과정에서 형성되는 신뢰와 규범, 네트워크 같은 자원을 말해. 이웃 간의 신뢰와 상호 부조, 공동체 활동, 전통시장 상인들 사이의 협력 관계 등이 대표적인 예이지. 이런 사회적 자본은 지역 사회를 결속시키고 공동의 문제를 해결하는 기반이 되지만, 젠트리피케이션은 이러한 토대를 약화시키는 경향이 있어. 그 결과 고소득층과 저소득층의 거주지가 뚜렷이 갈라지는 공간적 양극화가 심화하고, 이태원 클라쓰의 대기업 '장가'처럼 대형 프랜차이즈가 골목을 채우면서 지역 고유의 문화와 개성은 점점 사라지게 되지. 도시마다 비슷한 풍경만 남게 될지도 몰라.

그래서 젠트리피케이션은 단순한 도시 변화가 아니라 정책·자본·권력·계급·문화가 복합적으로 얽힌 사회 구조적 현상이란다. 이는 공간 불평등과 사회 정의의 관점에서 함께 고민하고 해결해야 할 과제라고 할 수 있지.

"젠트리피케이션의 개념은 어떻게 발전했을까?"

젠트리피케이션 개념을 나 혼자 정립한 것은 아니야. 이후 닐 스미스 Neil R. Smith와 같은 지리학자에 의해 더욱 발전되었어. 내가 도시 경관의 변화와 거주 계층의 이동에 주목했다면, 그는 자본주의 경제 구조 속에서 자본의 흐름과 이윤 추구 활동이 젠트리피케이션을 어떻게 만들어내는지에 집중했단다.

스미스의 관점은 1980년대 이후 신자유주의가 확산하면서 본격적으로 주목받았어. 신자유주의는 정부의 개입을 줄이고 시장 경쟁과 민간의 자율성을 강조하는 경제사상이야. 경제 위기로 기존의 복지국가 모델이 한계를 드러내자 이를 대체하는 이론으로 등장했지. 이 사상이 세계로 퍼지면서 각국 정부는 복지 지출을 줄이고, 민간 투자에 의존해 도시를 개발하는 정책을 추진하게 되었단다.

그 과정에서 부동산은 더 이상 삶의 공간이 아니라 값이 오르면 되파는 투자 상품으로 여겨지기 시작했어. 예를 들어, 낙후된 지역에 지하철역이 들어설 예정이라는 소식이 전해지면 땅값과 집값이 오를 것이라는 기대가 생겨. 그러면 투자자들은 지금은 낡고 수익이 적은 지역이라도 미래의 이익을 기대하며 주택과 토지를 사들이게 되지. 이렇게 주택이 투자 대상이 되면 가격은 계속 오르고, 결국 경제적으로 취약한 사람들은 그 지역에서 밀려나게 돼.

스미스는 바로 이 점에 주목했어. 그는 젠트리피케이션을 자본이 이윤을 얻기 위해 도시 공간을 바꾸는 과정, 그리고 그 결과 불평등이 반복적으로 만들어지는 구조적 문제로 보았지.

그래서 우리는 젠트리피케이션을 단순히 아름다운 건축물이나 도시 이미지 개선으로만 바라봐서는 안 돼. 그 이면에서 자본과 권력이 어떻게 작동하는지를 비판적으로 읽어 내는 지리적 사고의 틀이 필요하단다. 이러한 관점은 오늘날 서울, 뉴욕, 런던 등 세계 여러 도시에서 벌어지는 현상을 이해하는 데 꼭 필요한 시각이야.

"스미스가 제안한 젠트리피케이션의 원인, 지대 격차란 무엇일까?"

스미스는 젠트리피케이션의 원인을 경제적 관점에서 설명했어. '지대 격차rent gap'라는 개념을 제시했는데, 이는 현재 그 지역에서 얻을 수 있는 실제 임대수익을 뜻하는 '실제 지대Actual ground rent'와 재개발 후 기대되는 최대 임대수익을 뜻하는 '잠재 지대Potential ground rent' 간의 차이를 의미한단다. 예를 들어, 지금은 수익이 낮지만 재개발하면 큰 이익을 낼 수 있는 지역이 지대 격차가 크다고 표현할 수 있어. 이 격차가 큰 지역일수록 도시 개발자들과 투자자들의 표적이 되지.

그렇다면 지대 격차는 주로 어디에서 크게 나타날까? 바로 낙후된 도심 지역이야. 실제 지대는 낮지만 교통과 접근성이 좋아 잠재 지대가 높기 때문이지. 이때 도시정부는 도시 경쟁력을 높이기 위해 기업가처럼 행동하며 외부 자본을 유치하려 해. 규제 완화나 세제 혜택 같은 정책을 통해 재개발을 촉진하고, 낡은 주거지와 상업 지역에 대규모 자본을 끌어들이지. 그 결과 주택과 상가에 개발 압력이 커지고 임대료와 집값은 빠르게 상승하게 돼. 이 과정에서 기존의 저소득층 주민과 소상공인들은 더 이상 그 지역에 머물기 어려워지고, 결국 다른 곳으로 밀려나게 되지. 스미스는 이러한 현상을 한때 도심을 떠났던 자본이 다시 돌아와 공간을 재편하는 '자본의 회귀' 과정으로 설명했단다.

루스 글래스, 생애 인터뷰

나는 1912년 베를린의 유대인 가정에서 태어났어. 아버지는 사회주의자이자 노동운동가였고, 그런 환경에서 나는 자연스럽게 사회 문제와 불평등에 관심을 갖게 되었지. 1932년에는 나치의 박해를 피해 영국으로 망명했고, 그곳에서 런던정치경제대학교에서 사회학을 공부했단다.

제2차 세계대전 이후에는 도시 사회학 연구에 본격적으로 뛰어들었어. 특히 이주민과 노동계급의 주거 문제, 그리고 도시 변화가 사회적 약자에게 어떤 영향을 미치는지 주목했지.

나는 런던 북부의 켄티시타운과 해크니 지역을 조사하며, 도시 공간이 바뀌면 사람들의 삶도 어떻게 달라지는지 구체적으로 살펴보았단다. 이러한 연구를 통해 사회학과 도시계획 사이의 거리를 좁히고, 도시정책이 누구에게는 이익이 되고 누구에게는 부담이 되는지를 비판적으로 분석하고자 했어.

1964년 「런던: 변화의 양상」 보고서에서 나는 '젠트리피케이션'이라는 개념을 처음 사용했고, 이를 통해 도시학계의 주목을 받았단다. 중산층인 '젠트리' 계층이 노동계급이 살던 지역으로 들어와 주택을 고치고 새로 꾸미면서 지역의 계급 구조와 분위기가 달라지고 결국 기존 주민들이 밀려나는 현상을 비판적으로 설명했어. 이 변화는 단순한 도시 재개발이 아니라 도시 안에서 계급 구조가 다시 짜이는 사회적 현상이라고 보았단다.

또한 나는 젠트리피케이션의 원인을 단순히 시장의 수요와 공급 문제로만 보지 않았단다. 공공임대 정책이 충분하지 않았던 점, 그리고 민간 개발을 무분별하게 허용한 제도적 책임에서도 그 원인을 찾았지. 도시 개발이 겉으로는 발전처럼 보일 수 있지만, 실제로는 중산층을 우대하고 노동 계층을 소외시키는 제도적 폭력으로 작용할 수 있다고 비판했어. 이러한 문제의식은 이후 닐 스미스와 데이비드 하비David Harvey 같은 비판 지리학자들에게도 영향을 주었단다.

오늘 너희가 꼭 기억했으면 하는 한 가지는 도시는 불평등과 권력의 흐름이 그대로 드러나는 사회적 공간이라는 사실이야. 그 흐름을 읽어 내고, 소외된 사람들의 입장에서 문제를 바라보며 함께 해결책을 찾으려는 태도가 중요하단다.

내가 쌓아 온 이러한 구조적 관점이 너희가 도시와 사회를 바라보는 하나의 출발점이 되기를 바란다.

우리가 사는 동네도 변하고 있을까?

→ 글래스를 따라 생각해 보는 심화 탐구

1. 사례 지역 조사하기

1) 정보 검색 혹은 도서나 논문을 참조하여 젠트리피케이션 발생 지역과 영향을 조사해 보자.

참고 문헌	
사례 지역명	
선정 이유	
젠트리피케이션 발생 원인	

긍정적 영향	부정적 영향

2) 거리뷰를 활용하여 과거 경관과 현재 경관의 특징을 비교해 보자.

※ 국내는 네이버 지도, 국외는 구글 어스를 활용해 보세요.

※ 개인 점포와 대형 프랜차이즈 점포 수 비율을 비교해 보세요.

과거 경관의 특징	현재 경관의 특징

3) 젠트리피케이션을 극복한 다른 지역 사례를 참고하여 해결 방안을 제시해 보자.

비교 사례 지역과 대응 현황	
해결 방안	

★ **문헌 조사 Tip** ★

① '서울의 젠트리피케이션 사례' 등을 검색하여 발생 지역을 조사한다.

② 조사 지역을 선택하고, 'OOO 지역 젠트리피케이션의 장점과 단점' 등을 검색하여 긍정적 영향과 부정적 영향을 조사한다.

- 추천 문헌: 김상일. (2016). 서울시 상업 젠트리피케이션 실태와 정책적 쟁점. 서울연구원.
  - '서울연구원' 사이트에 접속해 문헌 제목을 검색한 후 내려받을 수 있다.
- 추천 사례 지역: 서울(가로수길, 경리단길, 문래동, 연남동, 이태원), 부산(남포동, 서면역 일대) 등

2. '이태원 지역 정체성 클라쓰 Up'을 위한 모의 공청회 역할극이다. 구청 담당자의 이어질 말로 적절한 해결 방안을 제시해 보자.

활동 목표	젠트리피케이션에 따른 갈등을 각 이해당사자의 관점에서 파악하고, 도시 공간의 지속 가능한 발전을 모색한다.
역할	① 건물주: 임대료 인상을 통해 수익을 극대화하고자 함. ② 소상공인 A: 임대료 급등으로 폐업 위기에 놓임. ③ 소상공인 B: 청년으로서 창업을 목표로 함. ④ 프랜차이즈 대표: 대규모 투자로 상권에 진입하고자 함. ⑤ 지역 주민: 이국적인 분위기와 문화적 다양성을 원함. ⑥ 구청 담당자: 이해당사자의 상생 방안을 마련하고자 고민함.
시나리오	**사회자:** 지금부터 '이태원 지역 정체성 클라스 Up을 위한 공청회'를 시작하겠습니다. 각 견해를 들어 보겠습니다. 건물주부터 발언하세요. **건물주:** 저희가 자본을 투자해 리모델링한 건물인데, 당연히 이에 상응하는 임대료를 받고 싶습니다. **소상공인 A:** 저는 이 골목에서 10년째 가게를 운영하고 있습니다. 하지만 최근 2배 가까이 오른 임대료 때문에 가게를 폐업할 위기에 있습니다. 이곳은 제 인생을 바친 삶의 터전이에요. **소상공인 B:** 청년들이 이 지역에 상권을 형성하고 싶지만, 임대료와 경쟁이 너무 치열해요. 젊은 창업자에게 기회를 주세요.

3. 핫플레이스 형성으로 인해 젠트리피케이션이 진행되어 진통을 겪는 이태원의 지역 정체성 보전 방안을 중앙정부, 도시정부, 임대업자(건물주), 소상공인, 지역 주민 중 하나의 입장을 골라 제시하시오.

주체	해결 방안

어떻게 살아야 할까?

자연처럼 산다는 것

노자

현대 사회에서 우리는 더 많이 가지기 위해, 더 높은 자리에 오르기 위해 끊임없이 애쓴다. 하지만 이런 '더함의 삶'은 겉보기에는 풍요로워 보여도 경쟁과 불안을 키워 마음의 평화를 잃게 만든다.

이러한 문제의식 속에서 노자老子의 사상은 중요한 통찰을 준다. 노자는 세상의 근본인 도道의 흐름을 이해하고, 인위적인 도덕규범이나 제도에 얽매이는 삶에서 벗어날 것을 강조했으며, 진정한 평온과 행복은 '덜어냄損'과 '비움虛'에 있다고 보았다.

노자의 철학은 경쟁과 집착에서 한 걸음 물러나 삶의 방향을 점검하게 한다. 무위자연無爲自然은 흐름에 거스르지 않는 삶의 태도를 뜻하며, 이를 통해 우리는 삶을 단순하게 하고 마음의 평화를 찾을 수 있다.

복잡한 세상일수록 단순한 마음으로

고대 중국 춘추시대 말기, 세상이 매우 혼란스러웠던 때에 '꾸밈없이 자연스럽게 사는 삶'이 가장 중요하다고 말한 사상가가 있었다. 그는 바로 도가 사상의 뿌리를 이룬 '노자'다. 노자에 대해 우리가 정확히 아는 사실은 많지 않다. 남아 있는 기록이 적고, 이야기처럼 전해지는 내용이 많기 때문이다. 그럼에도 그가 남긴 가르침은 오늘날까지도 많은 사람에게 깊은 생각거리를 던져 준다.

노자가 살았던 춘추시대는 전쟁이 끊이지 않던 시기였다. 크고 작은 나라들이 서로 다투었고, 그 피해는 백성들의 삶으로 이어졌다. 이런 혼란을 해결하기 위해 여러 학자가 새로운 생각을 내놓았는데, 이들을 '제자백가'라고 부른다. 노자 역시 제자백가 가운데 한 사람으로 그는 '무위자연', 즉 '억지로 애쓰지 말고 자연의 흐름에 따라 살아가자'라는 생각을 강조했다. 이러한 사상을 담은 책이 바로 『도덕경道德經』이다.

노자는 당시의 혼란한 세상을 다른 학자들과는 전혀 다른 시각으로 바라보았다. 사람들은 사회의 문제를 해결하려면 더 많은 규칙과 제도가 필요하다고 생각했지만, 노자의 생각은 정반대였다. 그는 사람들이 억지로 만들어낸 제도와 규칙이 오히려 혼란을 키운다고 보았다.

노자가 보기에 인간은 태어날 때부터 순수하고 꾸밈없는 마음, 곧 자연의 덕을 지니고 있다. 하지만 살아가면서 욕망에 사로잡히고, 경쟁에 몰두하다 보니 정말 중요한 본질을 잊게 된다는 것이다. 그래서 노자는 우리가 본래의 모습을 되찾고, 자연의 흐름에 몸을 맡기며 살아갈 때 비로소 고통에서 벗어나 평화로운 삶에 가까워질 수 있다고 생각했다.

노자도 한때는 중요한 관직에 올랐던 적이 있었다. 그는 주나라 왕실에서 '기록관'으로 일했는데, 기록관은 역사 기록과 책을 정리하고 보관하는 역할을 맡은 사람이었다. 노자는 수많은 기록을 읽고 또 읽으며, 인간의 역사와 세상이 돌아가는 모습을 깊이 살펴보았다. 그 과정에서 그는 세상 만물이 따르는 '도', 즉 자연의 큰 흐름과 질서를 깨닫게 되었다. 하지만 세상이 점점 더 혼란스러워지자, 노자는 '복잡한 제도와 인위적인 질서 속에서 답을 찾기 어렵다'고 느꼈다. 결국 그는 관직에서 물러나기로 결심하고 홀로 세상을 떠나 서쪽으로 길을 나섰다.

그가 국경을 지날 때, 윤희尹喜라는 관문지기가 있었다. 윤희는 노자의 남다른 기운을 단번에 알아보고, 그에게 가르침을 남겨 달라며 간절히 부탁했다. 노자는 그 청을 외면하지 못하고 자신의 생각을 글로 남기게 된다.

이렇게 세상에 전해진 책이 바로 『노자』, 또는 『도덕경』이다. 짧지만 깊이 있는 이 책에는 노자가 평생 고민해 온 '자연의 이치'와 '삶의 태도'가 담겨 있다. 책을 남긴 뒤, 노자는 조용히 자취를 감췄다. 그의 이후 삶과 마지막에 대해서는 지금까지도 정확히 알려진 바가 없다. 마치 어떤 틀에도 얽매이지 말고 자연으로 돌아가라는 그의 사상처럼 노자 자신도 흔적을 남기지 않은 채 사라진 것이다. 그래서 그의 삶은 지금까지도 신비로운 이야기로 전해지고 있다.

노자의 삶과 사상을 이해하는 데 있어 빼놓을 수 없는 흥미로운 일화가 전해진다.

어느 날, 노자는 자신의 스승 상용에게 먼 길을 떠나기 전 마지막 가르침을 부탁했다.

"스승님, 떠나기 전에 꼭 기억해야 할 가르침을 하나만 알려 주세요."

상용은 아무 말 없이 입을 크게 벌려 보였다. 노자가 그 뜻을 몰라 어리둥절해하자, 상용은 치아와 혀를 가리키며 물었다.

"내 입에 치아가 있느냐?"

노자가 "치아는 다 빠져 없습니다"라고 답하자, 상용은 다시 물었다.

"그럼 혀는 있느냐?"

노자가 "네, 혀는 아직 있습니다."라고 말하자, 상용은 더 이상의 설명 없이 자리를 떠났다.

이 말 없는 가르침에는 어떤 의미가 담겨 있을까? 아무리 강하고 단단해 보여도 언젠가는 사라지고, 부드럽고 순한 것이 오래 남는다는 깨달음이다. 이 일화는 노자 사상의 핵심인 '유약승강柔弱勝剛', 즉 '부드러운 것이 강한 것을 이긴다.'라는 생각을 가장 쉽고 분명하게 보여 준다. 이처럼 노자의 삶과 일화에는 유연함과 겸손, 그리고 자연스러운 삶의 태도를 중시한 그의 인간적인 면모가 잘 담겨 있다. 노자는 본래 지니고 있던 순수하고 소박한 마음을 따르고, '자연의 흐름에 자신을 맡길 때' 인간은 불필요한 고통과 혼란에서 벗어나 평온하게 살아갈 수 있다고 보았다.

★ 생각해 보기

• 노자는 사회의 혼란이 왜 생긴다고 보았을까요?
– 춘추시대의 혼란을 노자가 어떤 시각으로 바라보았는지 떠올려 보세요.

• 노자가 말한 '자연스러운 삶'이란 어떤 모습일까요?
– 노자가 말한 '인위'는 무엇이며, 인위가 줄어든 삶은 어떤 모습일지 생각해 보세요.

• 노자는 왜 인간이 '순수함을 되찾아야 한다'고 말했을까요?
– 노자가 보기에 인간은 태어날 때 어떤 마음을 지니고 있었는지 떠올려 보세요.

• 노자는 왜 관직을 내려놓고 세상을 떠나려 했을까요?
– 그의 사상과 삶의 태도를 함께 연결해 생각해 보세요.

• '혀와 치아'에 관한 일화를 통해 무엇을 배울 수 있을까요?
– 유약승강, 즉 부드러운 것이 강한 것을 이긴다는 뜻을 떠올려 보세요.

시대를 넘어 지금까지도 깊은 통찰을 전해 주는 노자의 철학. 이제부터 그의 사상을 조금 더 자세히 살펴보며, 오늘을 사는 우리 삶에 어떤 의미를 건네는지 함께 생각해 보자.

노자의 눈으로 보는 삶의 질서

"도道란 무엇인가요? '도덕적이다.' 할 때의 '도'인가요?"

유교에서는 공자, 맹자, 순자처럼 인간이 지켜야 할 인仁·의義·예禮·지智 같은 도덕적 가치를 중요하게 여겨. 이때의 '도'는 사람이 따라야 할 올바른 길, 즉 규범에 가까워.

하지만 내가 말한 도는 전혀 다른 뜻이야. 도는 천하 만물이 생겨나고 움직이는 근본 원리, 다시 말해 자연과 우주 전체를 관통하는 보이지 않는 흐름을 가리켜. 그래서 도는 '말'이나 '개념'으로 정확히 설명할 수는 없어. 나는 『도덕경』 첫 문장에서 이렇게 말했지.

"도가도 비상도道可道 非常道" 즉, "말로 설명할 수 있는 도는 참된 도가 아니다."

왜냐고? 도는 인간의 경험이나 감각을 초월한 세계에 있기 때문이지. 우리가 느끼고 보는 것은 도의 껍데기에 불과해. 도는 말로 정의할 수 없지만, 세상은 도에 의해, 도에 맞게 움직인다고 보는 거지.

"도는 무無에서 하나一를 낳고, 하나는 음陰과 양陽이라는 둘을 낳으며, 둘은 셋(천지인: 하늘, 땅, 인간)을 낳고, 셋은 만물을 낳는다."

— 『도덕경』

즉, 도는 천하의 어머니이며, 세상의 모든 변화는 도의 작용으로 인해
생겨나는 거란다.

"도가 어떻게 세상을 움직인다는 것인지 조금 더 설명이 필요해요."

그 핵심은 바로 '되돌아감反'이야. 달이 가득 차면 다시 기울고, 해가 떠
오르면 언젠가는 지는 것처럼, 모든 것은 끝에 이르면 반대 방향으로 돌
아가려는 성질을 가지고 있지. 이것이 바로 '도'의 작용이란다. 세상의
변화는 우연이 아니라 도에 따라 자연스럽게 일어나는 '흐름'인 셈이야.
그래서 나는 이렇게 보았어.

'강한 것이 영원히 강할 수 없고, 약한 것이 영원히 약할 수도 없다. 넘
치면 줄어들고, 비워지면 다시 채워진다.' 마치 숨을 들이마셨다면 반드
시 내쉬어야 하는 것처럼 말이야. 이것이 내가 깨달은 세상의 이치란다.

모든 것은 흐르고, 극에 이르면 다시 본래의 자리로 돌아가려 한다.
그러니 한쪽으로 너무 치우치지 말고, 변화의 흐름을 거스르지 않는 것
이 중요하다는 걸 잊지 마렴.

"그렇다면 '도'는 곧 '자연'이라는 뜻일까요? 둘은 어떤 관계인가요?"

훌륭한 질문이야! '도'는 곧 '자연自然'이라고 할 수 있지만, 우리가 흔히
떠올리는 숲이나 강 같은 겉으로 보이는 자연nature만을 뜻하는 것은 아
니란다. 내가 말하는 자연이란 '스스로 그러함自然', 다시 말해 사람의 억
지나 인위가 끼어들지 않은 상태를 의미해.

있는 그대로의 모습으로 존재하는 것, 너는 너답게, 나는 나답게 살아
가는 것, 그것이 바로 도에 따르는 삶이야. 무언가를 억지로 바꾸려 하거

나 남과 비교하지 않고, 자기 자리에서 자연스럽게 살아가는 태도가 중요하다는 뜻이지.

"도에 따르는 삶이라… 저도 그런 삶을 살아보고 싶어요. 어떻게 하면 도에 가까운 삶을 살 수 있는지, 조금 더 알려 주세요."

네가 도에 따르는 삶을 살고 싶다고 하니 참 기특하구나. 그 시작은 바로 '덜어냄'이란다. 우리는 보통 무언가를 배우려면 더 많이 알고, 더 많이 가져야 한다고 생각하지. 하지만 내가 말하는 도를 따르는 길은 조금 달라. 날마다 조금씩 덜어내는 것, 그것이 중요하단다.

무엇을 덜어내야 할까? 살아가면서 쌓아 온 많은 것들이 오히려 본래의 순수한 모습을 가리고 있기 때문이야. 세상을 향한 지나친 욕심, 굳어버린 생각, 남들에게 잘 보이려는 마음, 꼭 지켜야 할 것처럼 느껴지는 인위적인 규칙들 말이지. 이런 것들을 하나씩 내려놓는 것, 그것이 바로 내가 말하는 '덜어냄'이란다. 조금씩 덜어낼수록 마음은 가벼워지고, 삶은 더 자연스러워질 거야.

"덜어냄을 실천할 수 있는 구체적인 방법이 있을까요?"

그 방법으로 나는 허정虛靜, 즉 '비우고 고요하게 함'을 이야기하고 싶구나. 먼저 허虛, '비움'이란 마음을 텅 비우는 것을 말해. 어떤 생각이나 감정, 욕망에 꼭 붙잡히지 않는 거야. 늘 무언가를 가져야 한다는 생각에서 잠시 벗어나는 것부터 시작해도 좋단다.

다음은 정靜, '고요함'이야. 고요함이란 세상이 조용해지는 것이 아니라, 마음이 흔들리지 않는 상태를 뜻해. 바깥이 아무리 시끄러워도, 마음속의 복잡함을 잠시 가라앉히는 거지. 그런 고요함 속에서 세상을 조금 더 깊이 바라볼 수 있게 될 거야.

도는 언제나 비어 있는 곳으로 흐른다고 나는 생각했어. 물이 빈 그릇에 담기듯이 도는 높은 곳이 아니라 낮은 곳, 드러난 곳이 아니라 비워진 자리로 향하지. 그러니 너도 채우기보다는 비우고, 앞서 나가려 하기보다는 한 걸음 물러나 보렴.

그렇게 도를 따른다면 남과 비교할 필요도, 이기려 애쓸 필요도 없어. 그저 있는 그대로, 자연스럽게 살아가면 되는 것이야. 그것이 바로 도의 모습이자, 삶을 가볍게 만드는 진짜 지혜란다.

"그렇다면 지혜를 얻기 위해 더 배운다면 '도'에 가까워질 수 있을까요?"

배움, 즉 위학爲學을 추구한다는 것은 날마다 지식을 쌓고, 새로운 기술을 익히며, 세상의 정보를 하나씩 더해 가는 일이야. 이런 배움은 세상을 이해하고 살아가는 데 분명 도움이 되지. 하지만 나는 여기에 한 가지를 덧붙여 생각했단다. '지식이 지나치게 많아지면 생각은 복잡해지고', 더 많이 가지려 할수록 '욕심과 걱정도 함께 늘어난다'는 거야. 머릿속이 가득 차면 오히려 마음은 더 분주해지고, 본질을 보기가 어려워질 수도 있지.

그래서 나는 인위적인 배움을 멈추고 본래의 순수함으로 돌아가야 한다고 보았단다.

위학: 배움을 위함은 날마다 더해감이다. 爲學日益

위도: 도를 위함은 날마다 덜어냄이다. 爲道日損

나는 위학과 위도를 구별해야 한다고 봐. 위학이 외부적인 지식과 소유를 늘려가는 과정이라면, 위도는 내면의 불필요한 것을 비워내고 본래의 순수함을 회복하는 과정이란다. 나는 네가 위도를 통해 '무위자연'의 삶을 살고, 도에 합일되는 경지에 이르는 삶을 살면 좋겠구나.

"음…, '도'에는 조금 가까워진 것 같아요. 그런데 '덕'은 무엇인가요?"

좋은 질문이구나. 덕은 단순히 착하다거나 훌륭하다는 뜻이 아니야. 덕은 각 존재가 타고난 자연스러움을 따라 살아갈 수 있게 해 주는 힘을 뜻한단다. 구체적으로 말하면, 덕은 모든 존재가 '도'로부터 받은 몫이야. 다시 말해, 각 존재 안에서 자연스럽게 드러나는 도의 힘이나 능력을 덕이라고 할 수 있지.

"도는 만물을 낳고, 덕은 만물을 기른다."

— 『도덕경』

　　각자는 자기만의 타고난 본성, 즉 덕을 가지고 태어나거든. 물은 아래로 흐르고, 나무는 위로 자라며, 새는 하늘을 날고, 호랑이는 사냥을 하지. 사람 역시 사람답게 살아가려는 본성을 가지고 있어. 그래서 나는 '모든 존재는 각자 자기답게 살아갈 때 가장 덕이 드러난다'고 보았지. 덕은 애써 꾸미거나 억지로 닦아 만들어내는 것이 아니야. 본래 지닌 자연스러운 모습을 온전히 따를 때, 저절로 드러나는 것이 바로 덕이란다. 그래서 나는 이렇게 말하지.

"인의예지仁義禮智에 따라 사는 것은 자연스럽지 않다."

　　유교에서는 인, 의, 예, 지를 통해 인간을 도덕적으로 만들려 하지. 하지만 그것은 외부에서 기준을 정해 억지로 끼워 맞추려는 일이야. 그건 나무를 억지로 휘게 만드는 것과 같고, 물을 위로 흐르게 하려는 것과도 같지. 그래서 유교에서 중시하는 인의예지를 '하덕下德', 즉 의식적으로 애써야 드러나는 덕이라고 보았어. 반대로 아무것도 억지로 하지 않아도 자연스럽게 드러나는 덕, 곧 무위의 덕을 '상덕上德'이라 하지.

상덕: 무위(도)로써 행하는 성인의 덕

하덕: 유위(인위)로써 행하는 사람의 덕

ex) 유교의 '인의예지'와 같은 외면적 규범

"도가 쇠하자 인의가 나타나고, 지혜가 나오자 큰 거짓이 생기며, 육친六親(가까운 혈연 관계의 친족)이 불화하자 효자와 자애가 생기고, 나라가 어지러워지자 충신이 나타난다."

― 『도덕경』

유교에서는 '지혜'를 매우 긍정적인 덕목으로 보지만, 나는 오히려 조심해야 할 것으로 바라봤어. 내가 보기에 지知는 사람의 계산과 판단이 많이 섞인 인위적인 것이기 때문이야.

그래서 내가 말하는 무지無知는 아무것도 모른다는 뜻이 아니야. 분별과 판단을 잠시 내려놓고, 자연의 흐름에 자신을 맡긴 상태를 말하지. 그런 모습이야말로 도道와 하나가 된 상태라고 보았단다.

나는 지혜가 지나치게 많아질수록 사람들은 더 계산하고 더 다투며 세상이 오히려 복잡해진다고 생각했어. 반면, 유교에서는 무지를 경계하고, 인의예지를 인간이 반드시 길러야 할 기본 덕목으로 삼지. 여기서의 지혜는 단순한 지식이 아니라, 옳고 그름을 가려 실천하게 하는 힘으로 여겨져. 같은 '지혜'를 두고도 유교와 내가 이렇게 다르게 바라본다는 점이 참 흥미롭지 않니?

관점/특징	노자	유교
'지(知)'의 성격	부정적 (경계함)	긍정적 (중요한 덕목)
'지'에 대한 이해	– 분별하는 인위적인 것으로 봄 – 세상의 혼란을 야기할 수 있다고 여김	– 단순한 지식 이상 – 도덕적 실천에 필요한 분별력이라 여김
'무지(無知)'의 의미	– 긍정적 – 분별과 판단을 내려놓은 자연적 상태 – 도에 합일되는 모습	– 경계해야 할 대상 – 인간의 기본 덕목인 인의예지에 어긋남
궁극적 목표	– '지'를 덜어내고 무위자연의 삶 추구 – 본래의 순수함 회복	– '지'를 통해 도덕적 완성을 이루고 사회 질서 확립

"가장 이상적인 삶이나 사회는 어떤 모습인가요?"

최상의 선善은 물과 같아. 물은 만물을 이롭게 하고利萬物, 다투지 않으며不爭, 낮은 곳에 머무른단다處下. 이게 바로 '상선약수上善若水'야. 사람을 다스릴 때도 마찬가지란다. 나는 무위지치無爲之治, 즉 인위적인 간섭 없이 다스리는 것을 가장 이상적인 정치로 보았어.

나는 나라 다스리는 일을 생선을 굽는 것과 같다고 생각했어. 생선을 구울 때 너무 자주 뒤집거나 간섭하면 생선 살이 부서지듯이 백성들을 지나치게 간섭하면 혼란이 생기지. 진정한 통치는 통치자가 있는 듯 없는 듯, 백성들이 편안하게 제 삶을 사는 것이야.

이런 다스림이 이루어진 사회는 어떤 모습일까? 나는 소국과민小國寡民

이라는 삶을 떠올렸어. 작은 나라에 사람들이 많지 않고, 문명의 이기(편리한 도구)가 있어도 쓰지 않는 사회 말이야. 그곳에서는 사람들이 욕심을 부리지 않고, 각자의 본성에 따라 소박하게 살아가지.

굳이 필요하지 않은 교류는 하지 않고, 이웃 나라에서 닭 우는 소리가 들려도 오가며 간섭하지 않아. 사람들은 지금 가진 것에 만족하고, 자연의 흐름에 맞춰 살아간단다. 그래서 진짜 좋은 다스림은 있는 듯 없는 듯해야 해. 작은 생선을 굽듯이 너무 뒤집거나 건드리지 않아야 하지. 억지로 간섭하거나 강요하지 않는 거야. 그렇게 사람들 스스로 자신의 삶을 책임지고 살아가게 되면, 그 사회는 자연의 이치에 가까운 사회가 될 수 있어.

"자연이나 하늘은 인간과 어떤 관계인가요?"

유교에서는 하늘을 인간에게 도덕을 명령하고 세상의 질서를 바로잡는 존재로 보았어. 하지만 나는 그렇게 생각하지 않아. 하늘은 특별한 목적을 가지고 움직이지 않고, 인간을 더 사랑하거나 인간사에 개입하지도 않지. 그저 자연의 질서를 따라 움직일 뿐이야. 그래서 하늘을 꼭 숭배의 대상으로 볼 필요는 없다고 생각해.

하늘은 낮이 가면 밤이 오고, 시간이 흐르면 계절이 바뀌는 것처럼 자기만의 법칙에 따라 조용히 움직여. 누구를 특별히 더 아끼거나 미워하지도 않아. 그냥 자연스럽게 그렇게 존재할 뿐이지. 하늘이 인간을 세상의 중심에 두지 않듯이 우리도 다른 생명과 함께 조화를 이루며 살아가야 해. 인간이 유독 특별하다고 여기거나, 자연의 흐름을 거스르려 하지 말고, 있는 그대로의 세상과 어울려 살아가는 것이 중요하다는 뜻이야.

억지로 싸워서 얻은 것은 오래가는 진정한 이익이 되기 어렵거든.

"억지로 싸워서 얻는 것은 진정한 이익이 되지 않는다고 하셨는데, 그 게 무슨 뜻인가요?"

사람들은 무언가를 얻으려면 반드시 경쟁하고 싸워야 한다고 생각 해. 하지만 그렇게 해서 얻은 것은 진짜 이익이 되기 어려워. 오히려 스 스로 강하다고 뽐내는 것은 쉽게 부러지고, 부드러운 것은 오래 버티지.

한번 생각해 봐. 물은 언제나 낮은 곳으로 흐르지만, 오랜 시간 동안 바위를 두드려 결국 단단한 바위마저 뚫어 내잖아. 겉으로 보기엔 약해 보여도, 그 안에는 아주 큰 힘이 숨어 있는 거야. 다투지 않는다는 것은 약함이 아니라, 오히려 더 깊고 큰 힘을 지닌 태도라는 걸 알아야 해.

그래서 나는 '부쟁不爭', 즉 다투지 않는 삶의 태도가 중요하다고 생각 해. 여기서 말하는 부쟁은 억지로 앞서려 하지 않고, 남과 자신을 비교 하며 경쟁하지 않는 삶이야. 그렇게 살아갈 때, 우리는 주변과 자연스 럽게 어울릴 수 있고, 결국에는 누구보다 자유롭고 단단한 사람이 될 수 있거든.

"마지막으로 저희에게 꼭 해 주시고 싶은 말씀이 있으신가요?"

그래, 마지막으로 너희에게 꼭 해 주고 싶은 말이 있어. 세상은 계속 변하고, 그 안에서 너희는 많은 고민과 어려움을 만나게 될 거야. 무엇을 선택해야 할지, 어떻게 살아야 할지 헷갈리는 순간도 많겠지.

그럴 때 내가 평생 깨달은 한 가지를 기억해 주면 좋겠어. 억지로 남 과 다투며 무언가를 얻으려 하지 말라는 거야. 가득 차면 자연스럽게 비워지고, 부족하면 다시 채워지는 것이 세상의 흐름이거든. 세상은 누군가가 억지로 밀지 않아도 스스로 돌아가고 있어.

너희도 그 흐름을 거스르려 애쓰기보다 자연스럽게 맡겨 보렴. 그러다 보면 진짜 자기 모습을 찾게 되고, 마음이 한결 편안해질 거야. 내 이야기가 너희의 삶에 작은 도움이 되기를 바란다.

나는 어디까지 내려놓을 수 있을까?

→ 노자를 따라 생각해 보는 심화 탐구

1. 노자는 '상선약수'라 하여 가장 좋은 삶의 태도는 물과 같아야 한다고 말했습니다. 경쟁 중심적 학교생활에서 '물처럼 사는 삶'은 어떻게 실천할 수 있을까요?

노자가 말한 상선약수는 물처럼 겸손하고 다투지 않는 태도를 뜻합니다. 학교생활에서는 성적 경쟁에 매달리기보다 자신의 부족한 부분을 채워 가는 모습으로 실천할 수 있습니다. 또 친구가 좋은 성과를 냈을 때 질투하기보다 그 안에서 배울 점을 찾는 겸허한 자세를 보일 수 있습니다. 협동 학습에서는 앞서 나서기보다 맡은 역할을 성실히 해내고, 동료를 돕는 이타적인 태도를 실천하면 됩니다.

2. 노자는 '무위지치'를 이상적인 통치 방식으로 보았습니다. 지나친 통제나 과도한 개입 없이도 학교의 질서가 유지되려면 어떤 방식이 필요할까요?

학교에서 '무위지치'의 핵심은 학생의 자율성과 책임에 있습니다. 교사는 학생들에게 최소한의 규칙을 제공하되, 학생들이 스스로 문제를 해결하고 결정을 내릴 수 있도록 기다려 주어야 합니다. 예를 들어, 엄격한 규율보다는 자율적인 학생회 활동을 통해 규칙을 스스로 지키도록 유도합니다. 교우 관계 갈등 시에도 교사가 즉각적으로 개입하기보다는 학생들이 스스로 해결 방안을 찾도록 돕고 필요한 경우에만 조언하는 것이 중요합니다.

3. 노자는 '소국과민'을 이상적인 공동체로 보았습니다. 노자의 이상적 공동체와 현대 사회의 모습을 비교해 보고 우리 사회가 어떤 방향으로 나아가야 하는지 토론해 보세요.

노자는 '소국과민'을 이상으로 보았지만, 오늘날의 사회는 끊임없는 발전을 요구하는 기술 사회입니다. 따라서 우리 사회는 이 두 관점을 조화롭게 바라보며 새로운 균형을 찾아야 합니다. 기술이 주는 편리함 때문에 우리의 소박한 본성을 잃어버리고 있는 것은 아닌지 성찰하고, 동시에 인간다움과 지속 가능한 삶이라는 본래의 가치를 지켜 나가는 것이 중요합니다.

 예를 들어, AI 기술을 활용하더라도 인간의 창의성이나 공감 능력처럼 인간만의 고유한 영역은 보호하고 더욱 발전시켜야 합니다. 물질적 풍요만을 목표로 삼기보다 노자가 강조했던 단순하고 소박한 삶의 가치를 다시 생각해 볼 필요도 있습니다. 이러한 태도는 결국 지속 가능한 사회를 만드는 데에도 도움이 될 것입니다.

4. 노자의 '무위자연' 사상과 지금의 자기 계발 문화는 어떤 점에서 부딪히고, 또 어떤 점에서 이어질 수 있을지 비교해 보세요.

노자의 '무위자연'은 자연스러운 흐름을 중시하며, 능동적인 변화를 강조하는 현대의 자기 계발 문화와는 다른 지점을 보여 줍니다. 예를 들어, 노자는 억지로 하는 새벽 운동이나 치열한 경쟁을 인위적인 욕망의 표현으로 보았을지도 모릅니다. 그러나 노자가 말한 '스스로 그러함'은 자신의 내면에 있는 본성이나 진정한 잠재력이 자연스럽게 드러나는 과정으로 이해할 수 있습니다.

만약 자기 계발이 외적인 성과만을 목표로 하는 것이 아니라 자신이 진정으로 즐기고 열정을 느끼는 분야를 찾아 깊이 몰입하는 것이라면, 그것은 억지로 애쓰는 노력이 아닙니다. 이러한 성장은 '스스로 그러함'에 바탕을 둔 자연스러운 성장으로 볼 수 있습니다.

질문하며 사는 삶

소크라테스

의미 있는 삶을 살기 위해서는 내가 무엇을 중요하게 여기는지 스스로 돌아보고, 그 가치를 일상에서 실천하려는 태도가 필요하다. 성적이나 성과처럼 눈에 보이는 기준뿐 아니라, 내가 어떤 사람으로 살아가고 싶은지도 함께 고민해야 한다. 이런 문제의식 속에서 소크라테스Socrates의 철학은 오늘날에도 다시 주목받고 있다.

그는 '나는 내가 모른다는 것을 안다'는 인식에서 출발해 끊임없는 질문을 통해 자신의 생각과 삶을 점검하는 태도를 인간다운 삶의 핵심으로 보았다. 이는 정답을 빨리 찾는 것보다 스스로 묻고 생각하는 과정이 중요하다는 뜻이다. 이러한 생각은 오늘의 우리에게도 무엇을 고민해야 하며, 어떤 기준으로 선택하고 살아가야 하는지를 차분히 돌아보게 만든다.

내 안의 목소리를 듣는 시간

"선생님, 저는 가끔 저 자신이 너무 답답해요. 제가 뭘 좋아하는지도, 뭘 잘하는지도 모르겠어요."

진우가 조심스럽게 말을 꺼내자 교실 안이 잠시 조용해졌다. 그는 자신도 놀랄 만큼 솔직한 마음을 털어놓고 있었다. 고등학교에 올라온 뒤, 친구들은 하나같이 또렷한 목표를 이야기하곤 했다.

"나는 의대에 진학할 거야.", "나는 유학 준비 중이야. 해외에서 일하고 싶어."

그런 말을 들을 때마다 진우는 조용히 고개를 끄덕였다. 겉으로는 태연한 척했지만, 마음 한구석은 무거웠다. 뚜렷한 목표가 없다는 사실이 부끄러웠고, 무엇보다 자기 자신을 잘 알지 못하는 것 같아 초조했다.

'도대체 나는 어떤 사람이지?', '나는 뭘 좋아하는 걸까?', '앞으로 나는 어떤 삶을 살고 싶은 걸까?'

질문은 점점 늘어났지만 답은 쉽게 떠오르지 않았다. 그러다 문득 이런 생각이 스쳤다. 어떤 직업을 가질지 정하는 일보다 '어떤 사람으로 살아가고 싶은지'를 묻는 일이 더 중요하지 않을까. 어떤 선택이 유리한지 계산하기보다 내 마음이 따르고 싶은 길과 내가 옳다고 믿는 길을 먼저 돌아보아야 하지 않을까. 진로를 고민한다고 하면서도 그는 정작 자기 안의 목소리와 양심, 자신이 중요하게 여기는 가치 같은 내면의 기준을 충분히 들여다보지 못하고 있었다.

그때 문득 철학이 이런 질문에 작은 단서가 될 수 있을지도 모른다는 생각이 들었다. 진우는 생각에 잠긴 채 학교 도서관을 찾았다. 진열대에 빼곡하게 꽂힌 책들 사이에서 오래된 작은 책 한 권이 눈에 들어왔다. 조심스럽게 첫 장을 넘기자, 한 문장이 시선을 붙잡았다.

"너 자신을 알라.", "너는 네가 무엇을 모르는지 알고 있니?"

진우의 마음이 철렁 내려앉았다.

'무엇을 모르는지도 모르는 나?', '이게 무슨 말이지?'

바로 그때였다. 책 진열대 뒤쪽에서 누군가가 천천히 모습을 드러내며 그를 바라보고 있었다. 수수한 옷차림의 노인이었지만, 눈빛만큼은 깊고 따뜻했다.

"누구세요?"

“나는 소크라테스다. ‘질문’을 통해 사람들의 생각을 깨우는 일을 했지.”

교과서에서 스쳐 지나가듯 보았던 이름. 하지만 지금 눈앞의 그는 글자가 아니라 살아 있는 한 사람이다. 이상하게도 그를 바라보고 있는 것만으로 마음이 조금 편안해졌다. 그 순간 그동안 미뤄 두고 외면해 왔던 질문들이 한꺼번에 마음속으로 밀려왔다.

★ 생각해 보기

• 나는 나 자신을 잘 알고 있을까?
– 내가 어떤 점은 잘 알고, 어떤 점은 잘 모르는지 구체적으로 떠올려 보세요.

• 내가 선택한 길은 내 진짜 선택일까, 아니면 누군가가 정해 준 길일까?
– 지금의 선택이 부모님, 친구, 사회의 기대가 아닌 ‘나의 선택’인지 생각해 보세요.

• 내가 ‘안다’고 믿는 것은 정말 깊이 성찰해 본 것일까?
– 내가 알고 있다고 말하는 것 중, 실제로 질문을 던져 본 적이 있는 주제를 떠올려 보세요.

• 나는 어떤 사람으로 살아가고 싶은가?
– 직업보다 더 중요한 ‘나의 모습’을 상상해 보고, 그 이유를 적어 보세요.

• 내 안의 목소리(양심)는 어떤 순간에 들려오는가?
– 친구 관계나 선택의 순간에 양심이 나에게 신호를 준 경험이 있다면 떠올려 보세요.

소크라테스의 눈으로 보는 성찰과 대화

내가 청년 시절을 보낸 아테네는 겉으로는 화려했지만, 속으로는 혼란이 깊어 가던 도시였어. 페르시아 전쟁 승리 이후 문화와 정치의 중심지로 성장했고, 페리클레스^{Pericles} 시대에는 민주주의와 예술이 크게 발전했지. 그러나 민주정이 발달할수록 '말을 잘하는 기술'이 정치적 힘이 되었고, 무엇이 진리인가보다 누가 더 설득력 있게 말하느냐가 더 중요해졌단다.

이런 분위기 속에서 돈을 받고 웅변술을 가르치는 소피스트들이 등장했고, 사람들은 점점 '겉만 번지르르한 지성'을 좇게 되었지. 게다가 스파르타와의 전쟁에서 패배하면서 도시는 피폐해졌고, 사람들의 마음도 불안과 이기심으로 가득 차게 되었어. 겉보기에는 똑똑하고 정의로워 보였지만, 속은 비어 있는 삶이 적지 않았단다. 이런 시대를 바라보며 나는 끊임없이 질문하기 시작했어.

'올바른 삶이란 무엇인가?', '정의란 무엇인가?', '내가 믿고 있는 생각은 정말 내 생각일까?' 나는 겉모습만 남은 허울뿐인 생각을 흔들고 싶었고, 그래서 사람들과 대화를 나누며 '알맹이 있는 삶'을 함께 찾고자 했단다.

반성하지 않는 삶: "반성하지 않는 삶을 살아도 괜찮은 걸까?"

나는 '삶을 어떻게 살아갈 것인가'에 대한 질문을 진지하게 고민하지 않는 삶은 가치 없는 삶이라고 생각했어. 내가 살았던 아테네는 겉으로는 찬란해 보였지만, 많은 이가 자신의 삶을 돌아보는 데 시간을 들이지 않았지. 사람들은 스스로 진리라고 믿는 것들을 비판 없이 받아들이며,

“있는 그대로 살면 되는 거 아냐?”, “다들 그렇게 살아.”라는 말에 기대어 한 번도 “왜?”라고 묻지 않았지.

겉으로는 평범해 보일지 몰라도 그런 삶 속에서는 ‘나’라는 존재가 점점 사라져 가. 그저 시키는 대로, 배운 대로 흘러가는 삶은 마치 떠내려가는 것과 같아. 숨 쉬고 먹고 움직이는 것만이 살아 있는 건 아니지 않겠니? 이 점은 지금 시대의 너희에게도 그대로 이어져 있어. 우리는 사회가 정해 놓은 ‘좋은 삶’의 틀을 무의식적으로 따르며 살아가는 경우가 많단다.

쾌락, 돈, 명예, 인기 같은 것들을 좇으면서도 왜 그것을 원하는지, 그 추구가 정말 나에게 만족을 주는지 깊이 생각해 보지 않는 경우가 많아. 어떤 목표를 선택할 때도 ‘이게 맞는가?’보다 ‘다들 이 길을 가니까’라는 이유로 결정하는 경우가 많지. 이런 삶은 나의 기준이 아니라 남의 기준에 맞춰 사는 삶이야. 그래서 우리는 늘 자신에게 질문해야 해.

‘과연 이것이 올바르고 가치 있는 삶인가?’

단순히 살아가는 것보다 어떻게 살아갈 것인지를 물을 때 인간다운 삶이 시작되는 거야. 그래서 나는 사람들에게 이런 질문을 던졌단다.

“당신들은 무엇을 가치 있다고 여기는가?”, “그 가치들은 서로 충돌하지 않고 조화를 이루고 있는가?”, “당신이 사는 방식은 자신의 진짜 신념과 일치하는가?”, “그 생각들은 정말 당신 스스로 생각한 것인가?”

이 질문들은 쉽지 않지만, 나를 ‘나답게’ 만들고 삶을 ‘그냥 사는 것’에서 벗어나 스스로 살아내는 삶으로 이끌어 줄 거야.

문답법: 끝없는 질문을 왜 던져야 할까?

질문 없는 삶을 살아간다는 건 결국 진정한 자신을 잃는 것이야. 그렇다면 어떻게 해야 질문을 통해 내 삶을 스스로 돌아볼 수 있을까? 나는 답을 가르쳐 주는 대신에 질문하는 방법을 사용했어. 그 방법이 바로 문답법Socratic Method(산파법)이야. 문답법은 단순히 대상과 상황에 관해 묻고 답하는 것을 넘어서 상대방 스스로 생각하고, 답을 찾아가게 돕는 대화법이야. 여기서 잠깐, 문답법의 예시가 궁금하다고? 이런 느낌이야!

소크라테스 용기란 뭘까?

학생 두려움을 이기는 거요.

소크라테스 그럼 두려움을 전혀 느끼지 않는 것도 용기일까?

학생 …그건 좀 다른 것 같아요.

소크라테스 왜 그렇게 생각했어?

이런 식으로 계속 질문을 던지면서 상대가 자기 생각을 다시 돌아보고 더 깊이 고민하게 만드는 것이 문답법의 핵심이지. 이 문답법은 산파술(법)이라고도 불렀는데 왜 이런 별칭으로도 불렀을까? '산파'는 산모가 아이를 낳을 때 곁에서 도와주고, 출산 후 탯줄을 자르는 등 출산의 모든 과정을 옆에서 도와주는 사람이야. 나는 아테네 사람들이 생각을 스스로 낳게 하는 산파의 역할을 자처한 것이지. 단순히 지식을 전달하는 것을 넘어 끊임없는 질문을 던짐으로써 상대방이 스스로 깨치게 도와주었어. 이런 측면에서 문답법은 외워서 답을 말하게 하는 게 아니라, 질문을 통해 진리를 찾아가는 힘을 기르는 철학적 훈련인 셈이지.

나는 다양한 사람들과 대화를 나누었어. 정치인도 있었고, 청년도, 장년도, 공예가도 있었지. 여성과 노예처럼 당시에는 목소리를 내기 어려웠던 사람들에게도 마찬가지였어. 나는 누구든 가리지 않고 말을 걸었지. 시장, 체육관, 심지어 길거리에서도 사람들이 모여 있는 곳이라면 어디든 찾아갔어. 그렇게 사람들 곁으로 다가가 대화를 나누곤 했지. 그리고 종종 이런 질문을 던졌어.

"정의란 무엇인가?", "용기란 무엇인가?", "행복이란 무엇인가?"

그러면 사람들은 저마다 자신이 알고 있는 것을 이야기했어. 나는 그 말을 가만히 듣고만 있지 않았지. 다시 묻고, 또 묻고, 생각을 조금 더 밀어붙였어. 이런 과정을 계속 이어 갔어.

질문이 거듭되다 보면 사람들은 어느 순간 자기 안의 모순과 혼란을 마주하게 돼. 스스로 확신했던 생각이 흔들리는 순간을 경험하게 되는 거지.

나는 정답을 알려 주려 한 게 아니야. 다만 스스로 생각하는 법을 깨닫게 하고 싶었을 뿐이지. 물론 이런 방식이 모두에게 환영받은 건 아니었어. 당시 칼케돈 출신의 유명한 소피스트 트라시마코스Thrasymachus는 나의 '산파술'을 비판하며, "스스로 대답하지 않고 남의 말만 논박한다.", "가르침이 없다."라고 나를 공격했지. 그렇게 우리는 결국 다시 한 질문으로 돌아오게 돼.

"정의란 무엇인가?"

소크라테스 자네는 정의가 무엇이라고 생각하는가?

트라시마코스 정의란 '강자에게 이익이 되는 것'입니다. 지배자들은 자신들에게 이익이 되는 것을 정의라고 말하고, 위반하는 사람을 범법자로 처벌하지요. 어떤 나라에서든지 정권에 이익이 되는 것, 더 강한 자의 이익이 정의가 되는 것입니다.

소크라테스 그렇다면 강자가 실수해서 자신에게 불리한 법을 만들고, 백성들이 그 법을 따른다면 정의로운 것인가?

— 플라톤, 『국가』, 제1권

나는 멈추지 않고 질문을 던졌단다. 왜냐하면 진정한 앎은 그럴듯해 보이는 생각 뒤에 숨어 있는 빈틈을 마주하는 데서 시작되니까. "당연히 그런 거지.", "다들 그렇게 하니까."라는 말은 우리의 생각을 멈추게 해. 하지만 나는 그 말들 사이에 이런 질문들을 던지고 싶었어.

'나는 왜 이렇게 행동하는 걸까?', '내가 믿고 있는 건 정말 진실일까?'

무지의 자각: '나는 내가 모른다는 것을 안다'는 말은 대체 무슨 뜻일까?

어느 날, 델포이 신전에서 이런 말이 나왔어.

"소크라테스가 가장 지혜로운 자다!"

나는 솔직히 당황했지. 나는 내가 아무것도 모른다는 걸 누구보다 잘 알고 있었거든. 그런데 당시 아테네에는 "나는 정의가 뭔지 알아.", "나는 좋은 삶이 무엇인지 알아." 하고 자신 있게 말하는 사람들이 많았어. 그런데 조금만 더 깊이 질문을 던져 보면, 그들이 말하는 정의나 선, 행복은 막연하고, 모순된 생각 위에 서 있다는 것이 드러났어. 나는 그걸 지켜보면서 점점 확신하게 되었지.

'정말 지혜로운 사람은 모든 걸 아는 척하는 사람이 아니라, 자기가 모

른다는 사실을 정확히 아는 사람이구나.'

우리가 진정으로 깨달아야 하는 것은 '내가 무엇을 알고 있고, 무엇을 아직 모르는가'라는 자각이야. 이걸 나는 '무지의 자각'이라고 불렀어. 예를 들어, 누군가가 이렇게 말한다고 해 보자.

"나는 친구를 진짜 잘 이해해. 나는 정의로운 편이야." 그런데 "그럼 네가 생각하는 정의는 뭐야?", "친구를 이해한다는 건 구체적으로 어떤 행동일까?" 이렇게 질문을 이어 가면, 생각이 얕거나 모순된 부분이 드러나기도 해. 이때 중요한 건 그 사람이 틀렸다는 걸 지적하는 게 아니야. '내가 모를 수도 있다'는 태도로 다시 질문하고, 더 깊이 생각하려는 자세가 핵심이지. 나는 죽음을 앞둔 재판정에서도 이렇게 말했지.

"스스로 지혜롭다고 믿는 사람들도 사실은 아름다움과 선이 무엇인지 잘 알지 못한다. 나 역시 그것들을 안다고 말할 수는 없다. 하지만 나는 적어도 내가 모른다는 사실을 알고 있다. 그러므로 모르면서도 안다고 믿는 사람들보다 나는 오히려 더 낫다고 생각한다."

— 플라톤, 『소크라테스의 변명』

나는 죽음 앞에서도 특별히 똑똑하다거나, 모든 것을 아는 사람이라고 이야기하지 않고 스스로 무지를 인정하고, 묻고, 탐구하는 삶을 살았어. 너에게도 묻고 싶구나. 혹시 너는 '모른다'고 말하는 걸 두려워하고 있지 않니? 모른다는 걸 인정하는 건 부끄러운 게 아니야. 오히려 '나는 다 알아.', '나는 틀릴 리 없어.' 이런 확신이 클수록 우리는 더 쉽게 오만해지고 배움을 멈추게 되는 건 아닐까? 진짜 똑똑한 사람은 언제나 자기 생각을 의심하고, 다시 돌아볼 줄 아는 사람이라고 생각해.

다이모니온^{Daimonion}: 내 안에서 조용히 속삭였던 '다이모니온', 그건 어떤 존재였을까?

살다 보면 누구나 여러 선택 앞에 서게 되지. 나도 그랬단다. 그때마다 나를 이끈 것은 법이나 권력이 아니라 조용하지만 분명하게 들려오는 내면의 목소리였어. 사람들은 그 목소리가 무엇이냐고 물었고, 나는 그것을 '다이모니온'이라 불렀지. 고대 그리스어로 신과 인간 사이의 존재, 혹은 인간 안의 신적인 직관이나 양심을 의미한단다.

나는 선택의 순간마다 이 다이모니온을 따르려 했어. 이 목소리는 명령하듯 크게 외치지 않았고, 그저 옳지 않은 일을 하려 할 때 조용히 "멈춰!" 하고 알려 주는 신호야. 마치 잘못된 길로 가려는 나의 어깨를 가볍게 붙잡아 주는 느낌이었단다. 그래서 나는 법이나 다수의 의견보다 내 안의 올바름, 곧 양심에 먼저 귀 기울였어. 때로는 그 선택이 사람들을 불편하게 만들었지만, 내면의 목소리를 따르는 것이야말로 철학자답고 인간답게 사는 길이라고 믿었지. 그래서 죽음 앞에서도 신념을 꺾지 않았단다.

"내게는 언제나 신의 신탁과 같은 음성, 즉 다이모니온이 함께했다. 그 음성은 내가 잘못된 길로 들어서려 할 때마다 나를 멈춰 세워 주었다."

— 플라톤, 『소크라테스의 변명』

너도 누군가에게 상처 주는 말을 하려다 문득 멈춘 적이 있지 않니?

또 친구가 잘못된 일을 하자고 할 때, 마음속에서 '이건 아닌 것 같아.'라는 목소리가 들린 적도 있을 거야. 그렇다면 너 안에도 이미 너만의 다이모니온이 존재하는 것인지도 몰라. 그 목소리는 누구도 대신 들어 줄 수 없는, 오직 나 자신만이 느낄 수 있는 내면의 나침반이란다.

양심과 신념: 옳다고 믿는 것을 지키기 위해, 모든 걸 잃어도 괜찮을까?

내가 마지막으로 너에게 들려주고 싶은 이야기가 있어. 죽음 앞에서도 내가 끝까지 포기하지 않았던 것, 그건 바로 내가 옳다고 믿은 신념을 지키는 삶이었어.

기원전 399년, 나는 젊은이들을 타락시켰고 아테네의 신들을 믿지 않았다는 이유로 고소를 당했단다. 그리고 결국 사형 선고를 받았지. 아테네의 시민으로 태어나 그 도시를 누구보다 사랑해 온 나로서는 그 판결이 부당하다고 느낄 수도 있었을 거야. 하지만 나는 그 결정 앞에서 흔들리지 않기로 했어. 사형 선고를 받고 감옥에 있던 어느 날, 오랜 친구 크리톤^{Crito}이 나를 찾아왔지. 그는 조용히 탈옥을 권했어.

크리톤 제발 우리가 하라는 대로 하게. 자네의 탈옥을 도와줄 사람들을 구할 수 있다네. 내 재산은 충분하니 자네를 위해 기꺼이 쓰겠네.

소크라테스 내가 옳다고 여기는 원칙보다 더 좋은 다른 원칙을 발견하지 못한다면, 나는 자네에게 동의할 수 없네. 도망가는 것이 옳다면 나는 도주하겠지만, 옳지 않다면 가지 않겠네. … 아테네 법정이 내린 판결을 거스르고 감옥을 나간다면 나는 나쁜 일을 하는 것이 아닌가? 아테네에 해를 끼치는 것이 아닌가? 우리가 옳다고 인정한 원칙을 포기하는 것이 아닌가?

크리톤의 말이 고맙지 않았던 건 아니야. 하지만 설령 국가가 공정하지 못한 판결을 내렸다고 해도, 나는 그 결정 앞에서 도망치지 않겠다고 생각했어. 그건 단지 '공동체와의 약속'을 지키기 위해서만은 아니야. 내가 평생 철학자로 살아오며 따르려 했던 삶의 태도와 원칙, 즉 '옳다고 믿는 것을 행동으로 실천하는 것'이 나에게는 더 중요했기 때문이야. 말로만 정의를 이야기하면서 정작 불리한 순간에는 등을 돌린다면, 내가 해 온 모든 질문이 스스로를 부정하는 셈이 되지 않겠니?

사실 나는 아테네를 떠날 기회가 여러 번 있었어. 하지만 떠나지 않았지. 이곳에서 살기로 한 것은 누구의 강요도 아닌 나 자신의 선택이었지. 그 선택은 곧 그 사회의 법과 제도를 받아들이겠다는 뜻이기도 했단다.

그러니 내가 사형을 받아들이기로 한 것도 단지 법을 따르기 위해서만은 아니야. 그건 내가 옳다고 믿는 철학에 끝까지 책임을 지는 일이었고, 마지막 순간까지 내 신념을 저버리지 않기 위한 결정이었어.

너는 어떻게 생각하니? 만약 너라면 옳다고 믿는 것을 지키기 위해 모든 것을 잃을 수 있을까? 법이 틀릴 수도 있다는 걸 알면서도 그 법을 따르는 길을 택한 사람이 있다면 그건 비겁한 걸까, 아니면 용기 있는 걸까?

언젠가 너도 너만의 답을 스스로 찾게 되길 바란다.

나는 나 자신을 알고 있을까?

→ 소크라테스를 따라 생각해 보는 심화 탐구

[탐구 주제] 신념을 지키는 삶: 소크라테스의 죽음과 양심

Ⅰ. 탐구 배경

소크라테스는 아테네 시민들에게 질서를 흔드는 인물로 판단되어 사형 선고를 받았지만, 도망치거나 판결에 항의하지 않고 조용히 죽음을 받아들였다. 그는 공동체와 맺은 암묵적 계약보다도, 자신이 옳다고 믿는 철학적 원칙, 즉 불의에는 불의로 대응하지 않는다는 신념을 더 중요하게 여겼다. 자신의 삶 전체를 걸고 실천해 온 이 원칙을 끝까지 지키는 것이야말로 진정한 철학자의 태도라고 믿었다.

오늘날 우리는 갈등 상황에서 '법과 질서를 따르는 것'과 '자신의 양심에 따라 행동하는 것' 사이에서 선택을 고민하게 된다. 특히 공익 제보자나 사회운동가, 내부고발자들은 법이나 조직의 명령보다 자신이 옳다고 믿는 정의를 택하며, 때로는 비난과 불이익을 감수한다. 소크라테스의 죽음은 우리에게 '신념을 지키는 삶'이 언제 윤리적이며, 그 선택이 사회와 어떤 방식으로 연결되는지를 다시 묻게 한다. 이 주제는 '양심과 법의 관계, 시민 불복종, 도덕적 용기, 공공성과 개인의 신념' 등으로 확장할 수 있다.

※ 시민 불복종이란 법이나 제도가 부당하다고 판단될 때 이를 평화적이고 비폭력적인 방식으로 거부하거나 위반하는 행위를 말한다. 예를 들어, 인도의 마하트마 간디는 영국의 식민지 법률에 맞서 소금 행진을 이끌었고, 미국의 마틴 루서 킹 목사는 흑인 차별 법률에 반대해 비폭력 운동을 전개했다. 이러한 사례는 소크라테스가 말한 '양심을 따르는 삶'과 연결하여 생각해 볼 수 있다.

Ⅱ. 논제 제시

소크라테스는 부당한 판결임을 알면서도 감옥에서 탈출하지 않았다. 그는 불의에 맞서 또 다른 불의를 저지르는 것은 옳지 않다고 믿었으며, 공동체의 법보다도 자신이 평생 실천해 온 철학적 원칙과 신념을 지키는 것이 진정한 정의라고 생각했다. 오늘날에도 법적 불이익이나 사회적 비난을 감수하면서까지 자신의 신념을 실천하는 사람들이 있다.

- 자신이 옳다고 믿는 신념을 지키는 삶은 언제 도덕적으로 정당화될 수 있는가?
- 소크라테스의 철학을 바탕으로 법적 질서와 개인의 신념 사이에서 도덕적 판단의 기준에 대해 논술하시오.

(예시 답안) 나는 신념을 지키는 삶이 도덕적으로 정당화되기 위해서는 그것이 단순한 고집이 아니라 끊임없는 성찰과 질문을 거쳐 내면의 양심과 일치할 때 가능하다고 생각한다.

소크라테스는 부당한 판결임을 알면서도 법을 어기지 않았다. 그는 공동체의 법과 자신이 믿는 철학적 원칙(불의에는 불의로 대응하지 않는다)을 동시에 지키려 했다. 그는 단지 '개인의 신념'을 외치는 것이 아니라 공공의 선과 자신의 양심을 조화롭게 실천한 인물이었다. 현대 사회에서도 공익 제보자나 시민 불복종 사례에서 같은 딜레마가 반복된다. 내가 옳다고 믿는 일이 공동체를 위한 것이라면, 불이익을 감수하더라도 실천할 수 있다고 본다.

하지만 신념이 개인의 감정이나 확신에만 머무르고, 타인에게 해가 된다면 그것은 고집이나 자기중심적 판단이 될 수 있다. 신념을 지킨다는 것은 '내가 옳다고 믿기 때문'이 아니라, 그 선택이 타인과 공동체 모두에게도 도덕적으로 설득력 있는가를 함께 판단해야 한다.

Ⅲ. 사례 기반 도덕적 딜레마 제시

청년 A는 대형 건설사의 인턴으로 근무하던 중, 안전 점검 보고서 일부가 실제보다 긍정적으로 작성된 정황을 파악했다. 보고서에 직접 관여하진 않았지만, 복수의 직원과 대화를 통해 '내부적으로 모두 알고 있는 관행'이라는 사실을 알게 되었다.

A는 고민에 빠졌다. 그는 공익 제보자로서 사회적 책임을 다하고 싶었지만, 자신이 본 것이 명확한 불법이라고 단정하기는 어렵고, 문제 제기로 인한 직장 내 낙인, 정규직 탈락, 동료와의 관계 단절 등 현실적인 위험도 너무 컸다. 회사는 내부 이의제기 시스템을 운영하고 있었지만, 실제로 제보 후 불이익을 받은 사례도 들려왔다.

Ⓐ 침묵하고 지켜본다.
Ⓑ 내부 상황을 신고하거나 문제를 제기한다.

▶ 철학적 개념 탐색 및 나의 입장 정리

이제 A와 B 중, 내가 생각하는 '도덕적으로 정당한 선택'에 더 부합하는 입장을 정리해 보자. 단순한 선호를 넘어서 소크라테스의 철학이나 자기 삶의 가치관을 근거로 논리적으로 설명하는 것이 중요하다.

• 소크라테스가 자신의 죽음을 받아들인 이유는 무엇인가?

(예시 답안) 그는 공동체와의 암묵적 계약, 법적 질서, 그리고 자신이 평생 지켜온 신념

과 원칙을 저버리지 않기 위해 죽음을 받아들였다.

· '양심(다이모니온)', '도덕적 용기', '공동체와의 계약' 같은 개념을 설명한다면?

(예시 답안) 다이모니온은 내면의 도덕적 직관이고, 도덕적 용기는 불이익을 감수하더라도 옳다고 믿는 일을 실천하는 태도다. 공동체와의 계약은 법을 통해 구성원이 암묵적으로 동의한 질서라 생각한다.

· 이 개념을 A/B 선택지 각각에 어떻게 적용할 수 있는가?

(예시 답안) A는 공동체 질서를 존중하되 침묵으로 양심을 외면할 수 있다. B는 다이모니온과 도덕적 용기에 따라 움직이는 선택이지만, 공동체의 안정과 갈등을 고려해야 한다.

· A와 B 중 나는 어떤 선택이 더 도덕적으로 정당하다고 생각하는가? 그 이유는 무엇인가?

IV. 탐구 확장 질문

Q. 법과 규칙을 무조건 따르는 것이 도덕적인가, 아니면 상황에 따라 어겨도 되는가?

Q. SNS, 학교, 직장, 정치 등 다양한 공간에서 나의 '양심'과 '조직의 질서'가 충돌할 때, 어떤 선택이 도덕적으로 정당화될 수 있는지 우리는 어떤 기준으로 판단할 수 있을까?

Q. 소크라테스의 선택은 현대 사회의 공익 제보자나 시민 불복종 운동과 어떤 점에서 비슷할까?

균형 잡힌 삶

아리스토텔레스

현대 사회를 살아가는 우리는 무엇이 진짜 행복인지 헷갈릴 때가 많다. 즉각적인 즐거움이나 물질적 성공을 행복의 기준으로 삼다 보니, 오히려 공허함을 느끼는 경우도 늘어나고 있다. 이런 문제의식 속에서 아리스토텔레스의 사상은 다시 생각해 볼 만한 기준을 제시한다.

아리스토텔레스(Aristotle)는 행복을 단순한 쾌락이나 외부 조건이 아니라, '탁월한 영혼의 활동'으로 보았다. 그는 인간이 이성을 바탕으로 덕을 꾸준히 실천할 때 비로소 진정한 행복에 이를 수 있다고 강조했다. 이 관점은 빠르게 변하는 오늘의 사회 속에서 우리가 어떤 삶을 지향해야 하는지, 그리고 그 행복을 위해 무엇을 실천해야 하는지를 생각하게 한다.

행복은 현실 속에 있다

이곳은 고대 아테네에서 학문이 가장 활발했던 장소, 아카데메이아(플라톤이 세운 학교)이다. 학생들은 서로 질문을 주고받으며 철학에 대해 열띤 토론을 이어 가고 있다. 그런 분위기 속에서도 한 남자는 홀로 책상에 앉아 책 읽기에 깊이 빠져 있다. 화려하면서도 세련된 옷차림과 단정한 머리 모양 덕분에 그는 한눈에 보아도 평범한 인물이 아님을 짐작하게 한다. 이 남자가 바로 아카데메이아에서 '최고의 지성'으로 불렸던 철학자, 아리스토텔레스다.

아리스토텔레스는 시골 출신의 평민이었지만, 결코 가난하거나 이름 없는 집안에서 태어난 것은 아니었다. 그의 아버지는 매우 뛰어난 의사로 왕의 건강을 책임지는 주치의로 일했다. 이러한 환경 덕분에 그는 어린 시절부터 학문적 분위기에서 성장할 수 있었다.

그는 열일곱 살이 되던 해, 그리스 학문의 중심지였던 아테네로 떠나 아카데메이아에 입학해 철학을 공부하게 된다. 이 선택은 특별하거나 놀라운 일은 아니었다. 당시 상류층 가정의 자녀들에게 철학, 수학은 한 번쯤 거쳐야 하는 중요한 과정이었기 때문이다.

아카데메이아에 입학한 아리스토텔레스는 곧 플라톤의 눈에 들었다. 뛰어난 지성과 끊임없이 질문하는 태도 덕분에 그는 빠르게 두각을 드러냈고, 플라톤이 가장 아끼는 제자로 주목을 받았다. 플라톤은 그를 가리켜 '아카데메이아의 정신'이라 부르며 능력을 높이 평가하기도 했다. 그러나 플라톤이 미처 헤아리지 못한 점이 있었다. 아리스토텔레스는 스승을 깊이 존경했지만, 그의 철학을 그대로 받아들이지는 않았다는 사실이다. 그는 플라톤의 사상에 의문을 제기하고, 그 주장을 하나씩 따져 보며 자신만의 생각을 차근히 발전시켜 나갔다.

이러한 두 사람의 철학적 차이는 라파엘로의 명화 〈아테네 학당〉에 잘 드러나 있다. 그림의 중앙에는 플라톤과 아리스토텔레스가 나란히 서 있다. 왼쪽에서 손가락으로 하늘을 가리키는 인물이 플라톤이고, 오른쪽에서 손바닥을 땅을 향해 펼치고 있는 인물이 아리스토텔레스다.

출처: 라파엘로, 〈아테네 학당〉 부분, Wikimedia Commons (Public Domain)

이 대비된 동작은 두 철학자의 사상적 방향을 보여 준다. 플라톤은 참된 진리가 우리가 살아가는 현실 세계가 아니라 눈에 보이지 않는 완전한 이상 세계, 곧 '이데아'에 있다고 보았다. 반면, 아리스토텔레스는 진리를 현실과 분리하지 않았다. 그는 우리가 직접 보고 경험하는 세계 속에서 원리를 찾을 수 있다고 생각했다.

앞서 말했듯이 아리스토텔레스는 뛰어난 의사의 아들이었다. 그는 어린 시절부터 인간의 몸에서 흐르는 피와 피부, 근육처럼 눈에 보이는 실제 모습을 자연스럽게 접하며 자랐다. 그래서 생명 현상을 추상적으로 생각하기보다 직접 보고 확인할 수 있는 현실로 이해했다. 그만큼 생물에 익숙했고, 관찰과 경험을 바탕으로 사고하는 태도에도 친숙했다.

이런 배경을 가진 아리스토텔레스에게 플라톤의 주장은 쉽게 받아들이기 어려운 것이었다. 인간의 본질이 현실이 아니라 눈에 보이지 않는 '이데아'에 있다는 생각은 선뜻 납득되지 않았다. 그는 자신에게 질문을 던졌다.

"만약 인간의 원형이 이데아에 있다면, 그 인간은 어떻게 숨을 쉬고, 피와 뼈는 어떤 모습일까?"

이처럼 아리스토텔레스는 추상적인 설명보다 구체적인 현실을 더 중요하게 여겼다. 그래서 플라톤의 이데아론은 그에게 다소 막연하고 현실과 거리가 먼 주장처럼 느껴졌다. 그는 이런 의문을 혼자만 품고 있지 않았다. 직접 플라톤에게 질문을 던지며 토론을 이어 갔다. 당시 철학의 최고 권위자로 여겨지던 플라톤의 생각을 그대로 받아들이기보다 차분히 정리하고 하나씩 따져 보며 비판했다.

니코마코스 윤리학에는 이러한 그의 태도를 잘 보여 주는 문장이 실려 있다.

"플라톤은 소중한 친구이지만, 진리는 그보다 더 소중하다."

이는 아리스토텔레스가 스승을 존경하면서도, 철학자로서 진리를 탐구하는 일에는 결코 타협하지 않았음을 보여 준다.

이후 플라톤이 세상을 떠나자 아리스토텔레스는 자신만의 학당인 '리케이온'을 세우고 학생들을 가르치기 시작했다. 리케이온에는 곧 많은 학생이 모여들었고, 그는 철학뿐만 아니라 과학, 생물학, 정치 등 여러 분야를 탐구하며 많은 저술을 남겼다.

아리스토텔레스는 학문에만 몰두한 인물은 아니었다. 그는 사랑하는 사람과 결혼해 가정을 이루고 아이도 낳으며 안정적인 삶을 살았다. 많은 철학자가 개인적인 삶에서는 불행을 겪었던 것과 달리 그는 비교적 행복한 삶을 이어 갔다. 이는 행복이 추상적인 이상이 아니라 우리가 살아가는 현실 속에 있다고 믿었던 그의 생각과도 일치한다.

이제 우리는 아리스토텔레스가 탐구했던, 그리고 자신의 삶을 통해 보여 준 '행복'의 의미를 함께 살펴보고자 한다.

아리스토텔레스의 눈으로 보는 행복과 탁월성

"행복이란 무엇인가요?"

그대가 말한 '행복'은 내가 평생 고민해 온 질문이기도 하네. 나는 그것을 이렇게 정의했지.

> "행복이란, 인간 고유의 기능인 '이성'이 탁월하게 발휘되는 영혼의 활동이다. 행복은 최종적이고 자족적인 것으로 모든 행위의 목적이다."
>
> — 『니코마코스 윤리학』

이 말이 어렵게 들릴지도 모르겠군. 내가 말한 행복은 단순한 감정이나 기분이 아니네. 삶 전체를 이끌어 가는 '탁월함arete(덕)의 완성'을 뜻하지. 많은 사람은 탁월함을 남보다 뛰어난 능력이나 성과라고 생각하네. 그러나 내가 말한 탁월함은 그런 의미에 머물지 않네. 그것은 인간의 고유한 기능인 이성을 바르게 따르고, 꾸준히 발휘하는 상태를 가리키지.

인간은 생각하는 존재이네. 그러니 이성을 한결같이 발휘하며 살아갈 때, 비로소 행복이 실현된다고 보았지.

"이성적으로 살아야 행복해진다니요? 인간은 감정적인 존재 아닌가요?"

그대의 말이 옳네. 인간은 이성을 가진 존재이지만, 그렇다고 감정을 버리고 이성만으로 살아가라는 뜻이 아니네. 오히려 이성과 감정이 조화를 이룰 때 비로소 우리는 탁월한 삶에 이를 수 있지. 그러니 감정을 억누르려 하지 말게. 다만 이성이 감정을 이끌어 주도록 해 보게.

"비이성적인 감정조차도 이성을 따르게 만들 수 있다."

— 『니코마코스 윤리학』

감정이나 욕구, 그리고 행위는 때와 상황에 따라 적절히 나타나야만 한다네. 이것이 바로 '중용'이지. 중용은 모자라지도, 지나치지도 않는 상태이지. 중용은 산술적 중간이나 평균이 아니라네. 때와 상황에 따라 달라지는 적절함을 말하지. 중용이야말로 행복으로 가는 가장 중요한 열쇠라네.

'용기'라는 덕으로 예를 들어 보겠네. 용기는 멋진 덕목이지만, 너무 지나치면 아무 생각 없이 뛰어드는 '무모함'이 될 수 있지. 반대로 너무 모자라면 겁이 많아 아무것도 하지 못하는 '비겁함'이 될 수도 있고. 그래서 진정한 '용기'는 무모함과 비겁함 사이의 어느 적절한 곳에 있다네. 물론 모든 것에 중간이 있는 건 아니네. 파렴치한 행동이나 시기, 살인 같은 것들은 그 자체로 이미 악한 것이기에 적당히 한다는 것 자체가 성립할 수 없거든. 양극단에 있는 악덕은 멀리하고 중용에 따르는 삶을 살아갈 때 진정한 행복에 닿을 수 있을 걸세.

"중용은 어떻게 얻을 수 있나요?"

중용의 힘을 기르는 것은 덕을 닦는 길과 닿아 있네. 인간의 영혼에는 이성적인 부분이 있고, 비이성적이지만 이성의 영향을 받는 부분도 있다네. 영혼의 이성적인 부분에서는 '지적인 덕'이 형성되지. 지혜와 통찰 같은 덕목이 여기에 속하네. 반면, 비이성적이지만 이성의 영향을 받는 부분에서는 '도덕적 덕'이 길러진다네. 용기와 절제 같은 덕이 바로 그것이지.

이 두 가지 덕이 함께 갖추어질 때, 우리는 비로소 중용에 이를 수 있네.

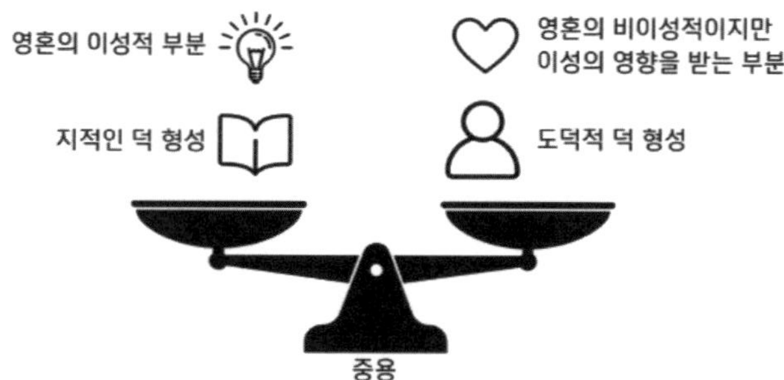

지적인 덕은 교육을 통해 기를 수 있네. 그대가 책을 읽고, 질문하고, 토론하며, 스승의 가르침을 따라 배우다 보면 판단의 명료함을 얻게 될 걸세. 지적인 덕에는 두 가지 지혜가 있다네. 그것은 바로 '철학적' 지혜와 '실천적' 지혜이지.

철학적 지혜는 이론과 학문을 깊이 탐구하는 과정에서 길러진다네. 반면, 실천적 지혜는 삶의 구체적인 상황에서 헤아리고 숙고하는 힘을 통해 자라지. 무엇이 적절한지 판단하게 해 주는 것, 그리고 중용에 이르도록 이끄는 것이 바로 이 실천적 지혜라네.

도덕적 덕, 곧 품성적 덕은 중용을 반복적으로 실천할 때 비로소 형성된다네. 단지 아는 것만으로는 충분하지 않지. 예를 들어, 용기가 무엇인지 이해하는 것과 두려움 앞에서 실제로 용감하게 행동하는 것은 전혀 다른 문제라네. 또한 한 번의 행동으로 완성되는 것도 아니지. 반복을 통해 습관이 될 때에야 비로소 도덕적 덕이 몸에 자리 잡는다네.

이성적 부분

- **기능:** 사고, 판단, 숙고

- **형성되는 덕:** 지적인 덕(철학적 지혜, 실천적 지혜)

비이성적이지만 이성에 따르는 부분

- **기능:** 감정, 욕구, 행동 조절

- **형성되는 덕:** 도덕적 덕(품성적 덕)

"알기만 하면 중용을 행할 수 있는 것인가요?"

소크라테스와 나의 스승 플라톤은 악행의 원인을 '무지'에서 찾았네. 제대로 알기만 하면 바르게 행동할 수 있다고 보았지. 그러나 나는 생각이 다르네. 안다고 해서 곧 습관이 되는 것은 아니지. 반복해 실천하려면 의지가 필요하다네.

여기서 말하는 '의지'란 어떤 일을 하겠다고 마음먹고, 그 결심을 끝까지 밀고 나가는 힘을 뜻하네. 우리가 운동이 건강에 좋다는 사실을 알면서도 꾸준히 실천하지 못하는 이유가 무엇이겠나. 공부가 중요하다는 것을 알면서도 매일 책상에 앉기 어려운 이유도 마찬가지지. 지식만으로는 충분하지 않네.

나는 사람이 무엇이 옳은지 알고 있더라도, 실천 의지가 부족하면 그와 다른 행동을 할 수 있다고 보았네. 예를 들어, 흡연이 몸에 해롭다는 사실을 모르는 사람은 거의 없을 걸세. 그럼에도 많은 이가 담배를 끊지 못하지. 해롭다는 것을 알고 있지만, 끊어 내겠다는 결단과 지속적인 의지가 부족하기 때문이라네.

- **지적인 덕:** 교육과 학문을 통해 기르는 덕. 철학적 지혜와 실천적 지혜로 나뉨.

- **도덕적 덕:** 행동과 감정 조절의 반복·습관화를 통해 길러지는 품성. 중용을 실천함으로써 형성됨.

- **실천 의지:** 아는 것을 행동으로 연결하는 힘. 의지가 없다면 알더라도 중용을 실천할 수 없음.

"저는 가끔 친구 때문에 마음이 힘들어져요. 친구와 함께 있으면 늘 즐거울 줄 알았는데, 요즘은 꼭 그렇지만은 않다는 생각이 들어요. 친구 사이에도 중용이 있나요?"

나는 친구 사이에도 종류가 있다고 보았네. 첫째는 즐거움을 위한 우정이야. 함께 있으면 웃고 즐거운 관계이지. 둘째는 서로에게 유익해서 맺는 우정이라네. 공부를 도와주거나 과제를 함께하며 도움이 되는 사이 말일세. 하지만 즐거움과 유익만으로는 진정한 우정이라 하기는 어렵네. 그런 관계는 상황이 바뀌면 쉽게 멀어질 수 있기 때문이지.

내가 가장 귀하게 여기는 우정은 '선함'을 바탕으로 한 우정이라네. 그 사람이 잘되기를 진심으로 바라며, 그 존재 자체를 소중히 여기는 관계 말일세. 진정한 우정은 서로의 영혼을 돌보는 일과도 같지. 그러려면 먼저 내가 누군가에게 그런 친구가 될 수 있어야 하네. 그 바탕이 되는 덕목이 바로 '자기애'라네. 자기애는 나만을 앞세우는 이기심이 아니라 나 자신을 바르게 존중하는 마음이지. 자신을 올바르게 사랑할 수 있을 때, 타인도 진심으로 존중하고 사랑할 수 있기 때문이네. 이처럼 자기애를 바탕으로 선한 우정을 쌓아 간다면, 친구 관계 속에서도 중용을 실천하며 행복에 가까워질 수 있을 걸세.

"사람은 왜 행복해지려고 할까요?"

훌륭한 질문이네. 내 철학의 가장 깊은 뿌리에 닿는 물음일세. 그대는 이미 철학자의 길 위에 서 있는 듯하군. 그 물음에 대한 나의 답은 이렇다네.

행복은 모든 인간 행위가 향하는 궁극적인 목적이기 때문이네. 행복은 다른 무엇을 위해 필요한 수단이 아니라 그 자체로 바람직한 것, 곧 최고의 '선'이라네. 자네가 "사람은 왜 행복해지려고 할까요?"라고 묻는다면, 나는 이렇게 답하겠네. 우리는 인간이기 때문이라네.

모든 존재는 저마다의 목적을 지니고 있지. 칼은 잘 자를 때 제 역할을 다하고, 눈은 잘 볼 때 제 기능을 완수하며, 말은 생각을 분명히 전달할 때 탁월해진다네. 그것이 곧 그 존재의 '좋음'이지.

그렇다면 인간의 고유한 목적은 무엇이겠는가? 이성에 따라 살아가며, 그 삶 속에서 탁월함을 실현하는 일이라네. 그대가 지성과 감정을 조화롭게 다스리고 중용의 길을 걸을 때, 인간으로서의 본성이 온전히 드러나게 되지. 그리고 바로 그 지점에서 진정한 행복이 자리하게 되는 것이네.

행복은 인간에게 최고의 목적이자, 그 자체로 완전한 목적임을 잊지 말게나.

나는 어떤 습관을 쌓아 가고 있을까?
→ 아리스토텔레스를 따라 생각해 보는 심화 탐구

1. 아리스토텔레스는 중용이라는 '과하지도 모자라지도 않는 적절한 상태'를 덕의 핵심으로 보았습니다. 학생들이 학업에서 '중용'을 실천할 수 있는 구체적 방법을 설명해 보세요.

학업에서의 중용은 '계획적인 학습'입니다. 효율적인 시간 관리를 통해 적절한 휴식과 수면을 보장하면서 집중해서 공부하는 것이죠. 예를 들어, 하루에 정해진 공부 시간 동안은 오로지 공부에만 집중하되, 그 이후에는 충분히 휴식하고 취미 활동을 즐기는 것입니다.

잠을 줄여 가며 늦게까지 공부하거나, 쉬는 시간 없이 오로지 공부에만 매달리는 것은 '과함'의 예시입니다. 처음에는 성적이 오를지 몰라도, 장기적으로는 번아웃, 수면 부족, 건강 악화 등으로 이어져 결국 학업 효율마저 떨어뜨릴 수 있습니다. 반대로 공부를 너무 안 하거나 시험을 아예 포기하는 것은 '모자람'의 예시입니다. 이는 자기 발전을 위한 노력을 게을리하는 것이며, 미래를 위한 준비 부족으로 이어질 수 있습니다.

2. 아리스토텔레스는 덕이 '습관'에서 비롯된다고 했습니다. 행복한 삶을 위해 스스로 실천할 수 있는 '하루 1 습관'을 정하고 이를 통해 기르고 싶은 품성은 무엇인지 이야기해 보세요.

<매일 아침 10분, 오늘 할 일을 정리하고 감사한 일 세 가지 쓰기>
 등교 후 수업이 시작되기 전 아침 시간에 계획표를 꺼내어 오늘의 할 일을 정리합니다. 그리고 감사한 일 세 가지를 쓰며 긍정적으로 하루를 시작합니다. 이를 통해 다음과 같은 품성을 기를 수 있습니다. 첫째, 계획성입니다. 매일 할 일을 정리하며 이성적으로 시간을 계획하고 관리하는 능력을 키우고 싶습니다. 이는 효율적인 일 처리와 책임감 있는 태도로 이어질 것입니다. 둘째, 긍정적인 마음가짐과 감사함입니다. 매일 감사한 일을 떠올리며 일상 속 작은 행복을 발견하는 눈을 기를 것입니다. 이를 통해 스트레스를 줄이고, 주변에도 긍정적인 영향을 미치는 사람이 되고 싶습니다.

3. 아리스토텔레스는 이성적 판단과 감정의 조화를 강조했습니다. 오늘날 SNS나 미디어 속 과도한 자극과 감정적 반응이 흔한 상황에서, 어떻게 하면 '중용'을 지키며 이성과 감정을 균형 있게 관리할 수 있을까요?

오늘날 SNS와 미디어의 자극 속에서 '중용'은 필수적입니다. 이는 이성적인 판단과 감정의 조화를 통해 얻을 수 있습니다. 예를 들어, SNS 속 타인의 화려한 모습에 열등감이 들 때, '저것은 삶의 극히 일부일 뿐'이라고 이성적으로 생각하며 감정에 휩쓸리지 않아야 합니다. 감정이 고조될 때는 잠시 SNS를 닫고 다른 활동으로 전환해 감정을 조절합니다.

 자극적인 뉴스나 쇼트폼 콘텐츠에는 혐오 표현, 확인되지 않은 정보들이 넘쳐납니다. 이러한 콘텐츠는 분노, 불안, 짜증과 같은 강한 감정적 반응을 유발합니다. 이러한 자극적 콘텐츠에는 즉시 반응하기보다 '이 정보가 사실일까?' 하고 이성적으로 질문하고 확인해야 합니다. 출처를 확인하거나 사실 확인을 위해 다른 언론사 기사를 찾아보는 등 합리적이고 이성적인 판단을 하려고 노력하는 과정이 필요합니다.

4. 아리스토텔레스는 행복이 단순한 쾌락이 아닌 '탁월한 영혼의 활동'이라고 했습니다. 현대 사회에서 즉각적인 만족과 장기적인 목표 사이에서 고민하는 학생들이 많습니다. 즉각적인 만족을 선택하려는 친구가 있다면, 아리스토텔레스의 관점에서 어떻게 설득할 수 있을지 이야기해 보세요.

안녕, 친구야! 네가 지금 당장 게임이 더 좋다는 거 이해해. 하지만 아리스토텔레스는 진정한 행복은 잠깐의 즐거움(쾌락)이 아니라고 했어. 아리스토텔레스는 행복을 '탁월한 영혼의 활동'이라고 정의했어. 이건 우리가 가진 특별한 능력인 '이성'을 최대한 발휘하는 삶을 말해. 예를 들어, 지금 게임 한 시간보다 힘들어도 시험공부 한 시간을 더 해서 좋은 점수를 받았다고 생각해 봐. 그때 느끼는 뿌듯함, 해냈다는 성취감은 게임과는 차원이 다를 거야. 그건 사라지지 않고 너의 자신감이 될 테니까. 물론 게임을 아예 하지 말라는 건 아니야. '중용', 즉 지나치지 않는 적당함이 중요하다고 했어. 게임은 적당히 즐기되, 그게 너의 목표를 방해할 정도가 되면 안 돼.

 노력해서 목표를 이룰 때 느끼는 진짜 행복은 오래가고 너를 빛나게 해 줄 거야. 잠깐의 쾌락은 사라지지만, 탁월함을 추구하며 쌓은 성장은 평생 너의 것이 될 테니까.

5. 아리스토텔레스는 인간을 '이성적 동물'이라고 정의했지만 실제로 인간은 감정과 충동에 자주 휘둘리기도 하지요. 이러한 상황에서 어떻게 이성적으로 문제를 해결할 수 있을지 토론해 보세요.

아리스토텔레스는 인간을 이성적 동물이라 했지만, 실제로 우리는 감정과 충동에 휘둘려 학교나 사회생활에서 갈등을 겪곤 합니다. 예를 들어, 친구와의 오해 시 분노를 참지 못하고 폭언을 하거나, 귀찮다는 감정 때문에 조별 과제에서 무책임하게 행동하는 경우가 그렇습니다. 이러한 갈등을 이성적으로 해결하려면, 먼저 감정이 격해질 때 즉시 반응하지 않고 '멈춤'의 시간을 가져야 합니다. 감정이 진정되면 내 감정이나 추측이 아닌 '객관적인 사실'을 확인하고 상대방의 입장에서 생각해 보는 과정을 통해 이성적으로 상황을 분석해야 합니다.

마지막으로 감정을 배제하고 이성적으로 소통하며 문제를 함께 해결할 방법을 모색하여 갈등을 해결합니다. 이를 통해 우리는 감정의 노예가 아닌 이성으로 자신을 다스리는 성숙한 존재로서 어떠한 상황에서도 갈등을 현명하게 풀어나갈 수 있을 것입니다.

행복한 삶의 비밀

에피쿠로스

오늘날 우리는 '행복하게 살아야 한다'는 말을 쉽게 사용한다. 그러나 정작 무엇이 행복인지, 그리고 어떻게 살아야 행복해질 수 있는지에 대해서는 깊이 생각하지 않은 채 지나치기 쉽다. 바쁘게 살아가다가도 문득 이런 의문이 떠오른다. '나는 정말 잘 살고 있는 걸까?' 고대 그리스 철학자 에피쿠로스Epicurus는 2,000년 전부터 이 질문에 오래도록 답을 고민했다. 그는 말한다.

"많이 가지고, 많이 이룬다고 해서 행복해지는 것은 아니다."

에피쿠로스는 단순한 삶과 소박한 관계, 그리고 마음의 평온 속에서 진정한 행복을 찾을 수 있다고 보았다. 쾌락을 추구하되, 지혜롭게 선택된 쾌락만이 우리를 불안으로부터 자유롭게 한다고 본 것이다. 에피쿠로스의 말은 빠르게 변하고, 끝없이 비교하며, 불안 속에서 살아가는 우리에게 욕망을 분별하고, 마음을 평온하게 만드는 삶의 방식을 생각하게 한다.

누구에게나 열려 있는 철학의 정원

기원전 306년경, 아테네 외곽. 한적한 숲길 끝으로 사람들이 하나둘 모여들고 있었다. 그들이 향한 곳은 '정원'이라 불리는 공간이었다. 그곳에는 도심의 대리석 건물도, 웅변가의 화려한 연설도 없었다. 풀과 나무, 그리고 낮은 담장을 사이에 두고 오가는 사람들의 조용한 말소리만이 잔잔히 울릴 뿐이었다.

“어서 오세요. 이곳에서는 누구나 철학에 대해 생각할 수 있답니다.”

에피쿠로스의 목소리는 처음 온 이도 편안하게 느낄 수 있는 환대의 인사였다. 그때 한 여인이 조심스럽게 말했다.

“저는 여성이고, 글도 잘 읽지 못해요. 철학은 저와는 거리가 먼 이야기인 줄 알았어요.”

에피쿠로스는 따뜻한 눈빛으로 그녀를 바라보며 고개를 저었다.

“철학은 누구의 전유물이 아닙니다. 고통을 덜고 싶은 마음, 평온해지고 싶은 소망 그것만으로 충분해요.”

정원의 한쪽에서는 노예 한 사람이 책을 읽고 있었고, 다른 한편에서는 어린 소년이 물항아리를 옮기다 잠시 멈춰 에피쿠로스의 말을 듣고 있었다. 철학은 그들 모두에게 열려 있었다. 이곳에서는 신분도, 성별도, 교육의 수준도 중요하지 않았다. 점심시간이 되자 모두가 한자리에 모여 식탁을 둘러앉았다. 차려진 음식은 마른 빵과 물뿐이었다. 에피쿠로스는 소박한 식사를 앞에 두고 이렇게 말했다.

“행복은 이 빵 한 조각과 물 한 잔이면 충분합니다. 저는 고기를 먹을 때보다 지금 더 기쁩니다.”

정원에 모인 사람들은 고개를 끄덕이며 미소를 지었다. 그들이 배우고 있던 것은 더 많이 가지기 위한 철학이 아니라, 욕망을 덜어 내는 철학이었다. 그렇게 욕심을 덜어 낼수록 그들의 마음은 오히려 더 평온하고 풍요로워졌다.

그날 이후, 그 여인은 정원의 일원이 되었다. 글을 또박또박 읽는 법을 배우고, 다른 이들과 함께 빵과 물을 나누며 웃었다. 그러나 여전히 마음 한편에는 질문이 남아 있었다. 어느 날, 식사를 마친 뒤 그녀는 조용히 자리에서 일어나 에피쿠로스 곁으로 다가갔다. 그녀는 머뭇거리다 입을 열었다.

"제가 질문을 드려도 될지 모르겠지만, 하나만 여쭤봐도 될까요?"

에피쿠로스는 말없이 미소를 지으며 고개를 끄덕였다. 그녀는 정원 너머로 스쳐 지나가는 바람을 바라보며, 천천히 자신의 생각을 꺼내기 시작했다.

★ 생각해 보기

- 에피쿠로스는 왜 신분이나 성별에 상관없이 누구에게나 철학을 나누고자 했을까요?

- "이 빵 한 조각, 이 물 한 잔이면 충분하다."라는 말에서 에피쿠로스가 말하고자 한 행복의 조건은 무엇이라고 생각하나요?

- 만약 여러분이 에피쿠로스의 정원에 초대받았다면, 그에게 어떤 질문을 해 보고 싶나요?

- 여러분이 생각하는 행복이란 무엇인가요?

- 그 행복을 이루기 위해 꼭 필요하다고 생각하는 조건에는 어떤 것들이 있을까요?

에피쿠로스의 눈으로 보는 쾌락

"선생님, 요즘처럼 전쟁과 불안이 계속되는 시대엔 철학이 너무 한가한 이야기처럼 들려요. 사람들은 오늘을 버티는 것만으로도 벅찬데, 철학이 정말 우리에게 필요한 건가요?"

그래, 그런 생각이 들 수도 있겠구나. 요즘 세상은 편안한 날보다 불안한 날이 더 많아 보이지. 겉으로는 화려해 보여도 사람들은 늘 다른 사람의 눈치를 보며 살아가고, 어떤 이들은 전쟁 속에서 내일을 장담하지 못한 채 하루하루를 버틴다. 평범한 사람들 역시 공부와 일, 미래에 대한 걱정 속에서 숨 가쁘게 살아가고 있지. 그래서 철학이 사치처럼 느껴질 수도 있을 거야.

하지만 나는 이런 시대일수록 철학이 더 필요하다고 생각해. 세상이 흔들릴수록 우리 안에는 쉽게 흔들리지 않는 중심이 필요하기 때문이야. 철학은 바로 그 중심을 세워 주는 힘이란다. 철학은 시험을 잘 보기 위해 배우는 지식이 아니야. 잘 살아가기 위해 배우는 생각의 연습이야. 몸이 아플 때 의사를 찾듯이 마음이 흔들릴 때는 생각을 바로 세워 줄 힘이 필요하지. 욕심과 두려움은 우리를 쉽게 불안하게 만들고, 그 불안은 삶을 멈추게 하기도 해. 전쟁은 바깥에서 일어나지만, 진짜 무너짐은 우리 마음속에서 시작되기도 하거든.

그래서 철학은 멀리 있는 어려운 이야기가 아니라, 지금을 살아가는 우리에게 필요한 '마음의 근육'을 키우는 공부라고 할 수 있단다. 그래서 나는 이렇게 말하고 싶어.

"철학은 고통에서 벗어나 평온을 찾기 위한 처방이며, 죽음을 두려워하지 않고 삶을 충분히 음미할 수 있는 길을 제시해 주는 등불이다."

누구는 철학이 무용하다고 말하지. 하지만 그들은 이미 고통과 불안에 갇혀 철학이 없는 삶이 얼마나 취약한지를 모를 뿐이야. 철학은 힘들 때 도피하기 위한 안락한 말놀이가 아니야. 오히려 현실과 마주 서서 그 고통을 직시하고, 그것을 이겨낼 수 있도록 돕는 가장 실제적인 도구란다. 즉, 철학은 세상이 주는 고통을 막을 순 없어도, 그것에 무너지지 않게 해 주는 힘이지. 그래서 나는 제자 메노이케우스에게 이런 편지를 쓰기도 했어.

"철학을 배우기에는 이르지도, 늦지도 않다. 젊은이는 철학을 배워야 하고, 늙은이도 철학을 배워야 한다. 젊은이는 나이 듦에 대비할 수 있고, 늙은이는 젊음을 되새길 수 있기 때문이다. 왜냐하면 우리는 철학을 통해 행복한 삶을 영위하고자 하며, 이것이야말로 철학의 목적이기 때문이다."

— 에피쿠로스, 『메노이케우스에게 보내는 편지』

"그런데 선생님을 '쾌락주의자'라고 비난하는 사람들도 있습니다. 어떤 사람은 정원에서 빈둥거리는 나약한 사람이라고 조롱하던데요?"

그래, 그런 오해를 하는 사람도 많단다. '쾌락'이라는 말을 들으면 사람들은 맛있는 음식, 화려한 파티, 마음껏 즐기는 생활을 떠올리기 쉽지. 그래서 내가 쾌락을 이야기하면 마치 즐기기만 하는 사람처럼 생각하곤 해.

하지만 내가 말하는 쾌락은 그런 과한 즐거움이 아니야. 진짜 쾌락이란 몸에 큰 고통이 없고 [아포니아 aponia], 마음이 불안과 걱정에서 벗어나 평온한 상태 [아타락시아 ataraxia]를 말해. 배고픔에 괴롭지 않고, 병에

시달리지 않으며, 쓸데없는 걱정으로 마음이 흔들리지 않는 상태. 그것이 내가 말한 '가장 좋은 즐거움'이란다.

그리고 중요한 건 이런 쾌락은 많이 가지거나 크게 누려서 얻는 것이 아니라는 점이야. 오히려 절제할 때 얻을 수 있지. 필요 이상을 바라지 않고, 오늘 먹는 한 끼에 감사하고, 친구와 편하게 대화를 나눌 때 이미 우리는 충분한 즐거움 속에 있는 거야. 사치와 욕심이 행복을 주는 것이 아니야. 고통이 줄어든 상태, 마음이 편안한 상태가 진짜 행복을 만든단다. 그래서 나는 이렇게 말하고 싶어.

"쾌락을 잘못 이해하면 더 큰 괴로움을 부르고, 쾌락을 제대로 알면 불필요한 고통에서 벗어날 수 있다."

나는 감각에 끌려다니는 사람이 아니라, 욕망을 스스로 다스리는 법을 배우고자 했던 사람일 뿐이란다.

"절제하는 것이 쾌락이라고 하셨죠. 그럼 절제하지 못하는 욕망은 모두 나쁜 건가요? 저는 가끔 더 맛있는 음식을 먹고 싶고, 더 예쁜 옷을 갖고 싶기도 해요. 그런 마음도 잘못된 걸까요?"

모든 욕망이 나쁜 것은 아니란다. 욕망 자체는 자연스러운 감정이야. 중요한 건 그 욕망이 정말 우리에게 필요한지, 그리고 그것을 따랐을 때 마음이 더 편안해지는지를 살펴보는 거지. 나는 욕망을 세 가지로 나누어 생각했단다.

첫째, 자연적이고 꼭 필요한 욕망이 있어. 숨 쉬고, 물을 마시고, 음식을 먹는 것처럼 우리가 살아가기 위해 꼭 필요한 것들이지.

둘째, 자연스럽지만 꼭 필요하지는 않은 욕망이 있어. 더 맛있는 음식,

더 멋진 옷처럼 없어도 살 수 있지만 있으면 기분이 좋아지는 것들이야.

셋째, 자연스럽지도 않고 꼭 필요하지도 않은 욕망이 있단다. 끝없는 권력, 과한 명예, 남보다 더 돋보이고 싶어 하는 마음처럼 사람을 계속 비교하게 만들고 불안하게 만드는 욕망이지.

두 번째 욕망은 가끔 누려도 괜찮아. 다만 그것이 습관이 되어 없으면 불안해질 정도가 되면 문제가 시작돼. 그때는 오히려 삶이 더 복잡해지고 마음이 흔들리게 되거든.

세 번째 욕망은 특히 조심해야 해. 그런 욕망은 만족이 없어서 하나를 얻으면 또 다른 것을 바라게 만들어. 결국 마음은 계속 부족하다고 느끼게 되지.

진짜 쾌락은 욕망을 무조건 따르는 데 있지 않아. 욕망을 이해하고, 필요 없는 것은 내려놓을 수 있는 힘에서 온단다. 우리가 무엇을 원하는가보다 왜 그것을 원하는지를 스스로 묻는 태도가 더 중요해.

"선생님, 아무리 욕망을 줄여서 평온한 상태를 유지하려고 해도, 죽음이라는 큰 고통 앞에서는 너무 불안해져요."

그래, 그 마음은 아주 자연스러운 거란다. 대부분의 사람은 죽음을 가장 큰 두려움으로 생각해. 언제 올지 모른다는 점도, 그 이후를 알 수 없다는 점도 우리를 불안하게 만들지. 하지만 나는 그 두려움이 '오해'에서 시작된다고 보았단다. 예전에 제자 메노이케우스에게 이런 편지를 보낸 적이 있어.

"죽음은 우리에게 아무것도 아니다. 살아 있는 동안에는 죽음이 존재하지 않고, 죽음이 오면 우리는 더 이상 존재하지 않기 때문이다."

— 에피쿠로스, 『메노이케우스에게 보내는 편지』

즉, 우리는 살아 있을 때만 기쁨이나 고통을 느낄 수 있어. 그런데 죽음이 오면 더 이상 느끼는 존재가 아니게 되지. 감각이 사라진 상태에서는 고통도, 두려움도 느낄 수 없어. 그러니 죽음 자체가 우리에게 고통을 주는 것은 아니야. 우리가 두려워하는 건, 아직 일어나지 않은 일을 미리 상상하며 걱정하기 때문이란다. 결국 죽음을 두려워한다는 건 존재하지도 않는 어떤 것을 미리 걱정하는 셈이야.

"하지만 죽기 전까지는 계속 불안할 수도 있잖아요. 언젠가 죽는다는 사실이 늘 마음을 무겁게 해요."

그래, 그런 마음이 드는 건 이상한 일이 아니란다. 누구나 한 번쯤은 그런 생각을 해. 그래서 우리가 철학을 배우는 거야. 철학은 괜히 어려운 말을 배우는 공부가 아니라, 막연한 두려움을 이해하고 줄이는 연습이란다.

우리는 지금 이 순간을 살고 있어. 그런데 아직 오지도 않은 미래의 일을 계속 걱정하느라 오늘을 불안 속에서 보낸다면, 그것만으로도 이미 손해가 아닐까?

죽음을 없앨 수는 없지만, 죽음에 대한 막연한 두려움은 줄일 수 있어. 죽음을 자연스러운 일로 받아들이는 순간, 우리는 조금 더 자유로워진단다. '언젠가 끝이 있다'는 사실은 우리를 우울하게만 만드는 게 아니야. 오히려 '그래서 오늘이 더 소중하다'는 걸 깨닫게 해 주지.

나는 그래서 하루를 살더라도 허투루 보내지 않으려고 했어. 마지막 날처럼 극적으로 살겠다는 뜻은 아니야. 지금 주어진 하루를 제대로 느끼고, 제대로 생각하고, 제대로 살아보겠다는 다짐이란다.

죽음을 계속 떠올리며 겁먹기보다 오늘을 어떻게 살 것인지에 집중해 보렴. 그 태도가 마음을 흔들림에서 벗어나게 해. 그 상태를 나는 '아타락시아', 즉 마음의 평온이라고 불렀단다.

"선생님 말씀을 들으니 죽음에 대한 고통이 조금은 편해지는 것 같아요. 그렇지만 또 하나 불안하고 무서운 게 있습니다. 바로 '신'이에요. 혹시 내가 잘못 살면 신이 벌을 내리는 건 아닐까, 나중에 심판받게 되는 건 아닐까 그런 생각이 들면 마음이 불안해져요."

그런 두려움을 느끼는 사람은 아주 많단다. 예전에도 그랬고 지금도 마찬가지야. 보이지 않는 존재에 대해 우리는 쉽게 상상하고 그 상상은 때로 두려움으로 커지지.

나는 '신이 없다'고 말하지는 않았어. 다만 사람들이 두려워하는 방식으로 존재하지는 않는다고 생각해. 내가 믿는 신은 불멸하고, 완전하며, 스스로 충만한 존재야. 그렇다면 그런 존재가 인간처럼 화를 내고, 질투하고, 복수하려 들까? 완전한 존재라면 굳이 인간의 작은 실수 하나하나에 화를 낼 이유도 없겠지.

우리가 상상하는 '벌을 주는 신'은 사실 인간의 감정을 그대로 닮아 있어. 사람이 화를 내고 보복하듯이 신도 그럴 것이라고 생각하는 거야. 하지만 그것은 인간이 자신의 모습을 신에게 비춰 본 것일 뿐이란다.

"그렇다면, 신은 우리를 전혀 신경 쓰지 않는 건가요?"

나는 이렇게 생각했단다. 신은 우리를 해치려고 하지도 않고, 특별히 도와주려고 애쓰지도 않는다고 말이야. 신은 인간처럼 감정에 휘둘리는 존재가 아니기 때문이야. 시기하거나, 화를 내거나, 누군가를 편애하는 모습은 오히려 인간의 모습에 가깝지.

내가 말한 신은 고통과 분노에서 벗어난 완전하고 평온한 존재란다. 그런 존재라면 인간의 작은 행동 하나하나에 상처받거나 분노할 이유가 없겠지. 그래서 나는 신을 두려워할 필요는 없다고 생각했어. 만약 신이 있다면 그 존재는 우리를 불안하게 만드는 대상이 아니라 오히려 '완전한 평온의 모습'을 보여 주는 존재여야 하지 않을까? 만약 어떤 신이 끊임없이 벌을 주고 감시하며 두려움을 준다면, 그것은 우리가 상상 속에서 만들어낸 모습일지도 몰라. 두려움이 커질수록 사람은 통제하기 쉬워지니까 말이야.

"지금까지 쭉 말씀을 들으니 욕망과 두려움을 없애는 데 정말 도움이 되는 것 같아요. 그래서 더 궁금해졌어요. 선생님이 생각하시는 '행복한 삶'이란 어떤 모습인가요?"

좋은 질문이구나. 나는 행복한 삶이란 '필요한 만큼만으로도 만족할 줄 아는 삶'이라고 생각한단다. 많은 사람은 행복을 큰 성공이나 화려한 성취에서 찾으려고 해. 유명해지거나 많은 돈을 벌거나, 남들보다 앞서 나가야 행복해질 수 있다고 믿지. 하지만 그런 것들이 항상 우리를 편안하게 해 주는 것은 아니야. 오히려 더 많은 것을 원하게 만들고, 잃을까 봐 불안하게 만들기도 하지. 결국 나는 이런 생각을 했단다.

“자연은 우리에게 단순한 욕구만을 요구하고, 그 욕구는 쉽게 채워질 수 있다.”

우리가 정말로 필요한 것은 생각보다 많지 않아. 배고플 때는 따뜻한 빵 한 조각과 물 한 잔이면 충분하고, 외로울 때는 진심 어린 친구 한 사람과의 대화로도 마음이 채워진단다. 몸이 크게 아프지 않고, 마음이 심하게 흔들리지 않는 상태. 바로 그것이 내가 말한 진짜 행복이야.

행복은 멀리 있는 목표가 아니라 지금 여기에서 느낄 수 있는 상태란다. 더 많이 가지는 것이 아니라 ‘더 적게 바라면서도 만족할 수 있는 힘’을 기르는 것. 그것이 행복에 가까워지는 길이지.

“지혜로운 사람은 운명을 탓하기보다 자신이 할 수 있는 일을 선택하고, 언제나 자기 자신부터 돌아본다.”

이게 결국 행복의 핵심이란다.

“그렇다면 선생님, 그런 단순하고 평온한 삶을 살려면 결국 혼자서 모든 걸 이겨내야 하는 건가요? 선생님께는 무엇이 그런 삶을 이어 갈 수 있게 도와주었나요?”

많은 사람이 평온한 삶이라고 하면 혼자 조용히 지내는 모습을 떠올려. 하지만 나는 그렇게 생각하지 않았단다. 오히려 진짜 평온은 믿을 수 있는 사람들과의 우정에서 시작된다고 보았어. 나는 늘 이렇게 말했지.

“지혜로운 사람은 친구 없이 살 수 없다.”

돈이 많지 않아도, 힘든 일이 찾아왔을 때 곁에 있어 주는 친구가 있다면 그 삶은 결코 비참하지 않단다. 우리는 혼자서 모든 고통을 견디기보다 서로 기대며 살아갈 수 있어. 특히 두려움이나 슬픔이 우리를 짓누를 때, "너는 혼자가 아니야."라는 한마디가 얼마나 큰 힘이 되는지 너도 언젠가 느끼게 될 거야. 그래서 나는 정원에서 사람들과 함께 지냈어. 철학을 책으로만 가르치지 않았단다. 함께 밥을 먹고, 이야기를 나누고, 웃고, 때로는 말없이 같은 자리에 앉아 있는 것. 그 모든 순간이 철학의 실천이었지. 우리 정원에서는 누구도 혼자 남겨지지 않았어. 누구도 쓸모없다고 밀려나지 않았지. 나는 우정을 단순한 감정이 아니라, 고통을 줄이고 삶을 지탱해 주는 힘이라고 생각했단다.

"지혜로운 이는 친구를 위해 자신을 내어줄 준비가 되어 있고, 친구는 그런 이를 위해 함께 살아갈 준비가 되어 있다."

우정은 나눌수록 커지는 기쁨이고, 평온한 삶을 오래도록 지켜 주는 따뜻한 울타리란다. 행복한 삶을 원한다면, 먼저 좋은 친구가 되어야 해. 그리고 그런 친구를 곁에 둘 수 있도록 나 자신을 단단히 가꾸어야 하겠지.

"오늘 이렇게 많은 이야기를 듣고 나니 철학이라는 게 삶을 무겁게 만드는 게 아니라, 오히려 더 가볍고 평온하게 살아가게 해 주는 힘이라는 걸 알게 된 것 같아요. 마지막으로 선생님께서 우리에게 꼭 전하고 싶은 말이 있다면, 그건 무엇인가요?"

내가 꼭 전하고 싶은 말은 이것이란다. 두려움을 줄이고, 필요한 만큼만 바라며, 곁에 있는 사람들과의 우정을 소중히 여기며 살아가라는 것. 삶은 우리가 생각하는 것보다 짧고, 또 우리가 상상하는 만큼 많은 것을 필요로 하지도 않아. 그런데 사람들은 더 많이 가지려다 자신을 지치게 하고, 아직 오지도 않은 미래를 걱정하다가 오늘의 기쁨을 놓치곤 하지.

나는 철학을 배운다는 것이 단지 책을 많이 읽는 일이라고 생각하지 않아. 철학은 삶을 복잡하게 만드는 공부가 아니라 오히려 삶을 단순하게 만드는 연습이란다.

우리가 해야 할 일은 거창하지 않아. 괜히 커진 두려움을 하나씩 줄이고, 지나친 욕심을 조금 내려놓고, 오늘 하루를 후회 없이 마무리할 수 있도록 마음을 가다듬는 것. 그것이면 충분해. 그러니 너도 이 철학을 단지 머리로만 배우지 말고, 삶으로 살아 보렴. 그 길 끝에는 아마도 내가 말하는 평온하고 행복한 삶이 기다리고 있을 거야.

나는 무엇을 줄이면 편해질까?

→ 에피쿠로스를 따라 생각해 보는 심화 탐구

통합사회 활동지: 에피쿠로스가 말하는 '행복한 삶'은 지금 우리에게도 유효할까?

대상: 고등학교 1학년, 관련 단원: 통합사회 2 행복의 기준과 의미

제시 자료

[자료 1] 무지출 챌린지 뉴스 기사 요약

MZ세대 사이에서 '무지출 챌린지'가 확산되고 있다. 소비를 멈추고 자발적으로 절약하며 일상을 돌아보는 이 챌린지는 단순한 절약을 넘어서 '나를 위한 소비'란 무엇인지 묻는 질문으로 이어진다.

[자료 2] 에피쿠로스의 말

"필요한 만큼만 가지고도 만족할 줄 아는 자가 가장 부유한 사람이다."

"쾌락은 고통이 없고, 영혼이 흔들리지 않는 상태다." _『메노이케우스에게 보내는 편지』

1. 다음 [자료 2]를 참고하여 [자료 1]의 오늘날 무지출 챌린지와 어떤 점에서 닮았고, 또 어떤 점에서 다른지 작성해 보세요.

[자료 1]의 '무지출 챌린지'는 소비를 줄이고 절약하면서 진정으로 나에게 필요한 소비가 무엇인지 돌아보게 한다는 점에서 [자료 2]의 에피쿠로스가 말한 '필요한 만큼만 가지고도 만족할 줄 아는 삶'과 닮았다. 두 경우 모두 단순한 물질적 풍요가 아니라 만족과 평온을 추구한다는 공통점이 있다.

그러나 차이점도 있다. 무지출 챌린지는 현대 사회의 과도한 소비문화에 대한 반성에서 출발해 절약과 자기 성찰을 강조하는 사회적 운동인 반면, 에피쿠로스의 사상은 개인의 내적 평온과 고통이 없는 상태를 '쾌락'으로 보고, 이를 철학적으로 삶의 궁극적 목표로 삼았다는 점에서 차이가 있다. 즉, 무지출 챌린지는 실천적·사회적 의미가 강하고, 에피쿠로스의 주장은 철학적·내면적 의미가 더 크다.

2. 에피쿠로스는 '행복한 삶은 육체의 고통이 없고 마음이 불안하지 않은 상태'라고 말했습니다. 여러분이 생각하는 '행복한 삶'은 무엇인지 구체적인 예를 들어 설명해 보세요. 그리고 그것이 에피쿠로스의 생각과 어떤 점에서 비슷하거나 다른지 비교하여 서술해 보세요.

내가 생각하는 행복한 삶은 내가 하고 싶은 일을 하면서 주변 사람들과 좋은 관계를 유지하며 사는 것이다. 예를 들어, 좋아하는 취미 활동을 하고, 가족이나 친구들과 함께 시간을 보내는 삶이 행복하다고 생각한다.

이러한 생각은 에피쿠로스의 행복관과 비슷한 점이 있다. 에피쿠로스도 많은 재산이나 명예보다 마음의 평온과 고통이 없는 상태를 중요하게 보았기 때문이다. 하지만 차이점도 있다. 나는 내가 원하는 목표를 이루거나 새로운 경험을 하는 것도 행복의 중요한 요소라고 생각한다. 반면 에피쿠로스는 욕망을 줄이고 단순한 삶 속에서 평온을 찾는 것을 더 중요하게 보았다.

[심화 탐구 보고서 예시]

주제: 에피쿠로스의 '쾌락' 개념과 오늘날 행복 담론의 관계

Ⅰ. 탐구 배경

고등학교 통합사회 시간에 '행복한 삶'에 대한 다양한 관점을 배우면서 고대 철학자 에피쿠로스의 쾌락주의에 관심이 생겼다. 처음에는 쾌락이라는 단어가 단순한 즐거움을 좇는 것처럼 느껴졌지만, 조사할수록 그의 쾌락 개념은 오히려 절제와 평온을 강조한다는 점에서 흥미로웠다. 요즘 유행하는 소소하지만 확실한 행복을 의미하는 '소확행', 아주 보통의 하루를 의미하는 '아보하'와 같은 트렌드와도 닮아 보여 에피쿠로스의 철학이 오늘날 사람들의 행복 추구와 어떤 관련이 있는지 더 깊게 탐구하고 싶었다.

Ⅱ. 주요 개념 및 배경 이론

에피쿠로스는 기원전 4세기경 아테네에서 활동한 철학자로 '쾌락'을 최고의 선이라 보았다. 그러나 그가 말한 쾌락은 흔히 오해되는 감각적 향락이 아니라, 마음의 평온을 뜻하는 정신적 쾌락이다. 그는 자연적이고 필수적인 욕구는 충족되었을 때 행복을 가져오지만, 불필요한 욕망은 오히려 고통을 낳는다고 보았다. 또한 죽음에 대한 두려움이나 신에 대한 불안에서 벗어날 때 비로소 인간은 자유롭고 행복하게 살 수 있다고 주장했다. 이는 에피쿠로스의 대표 저작 중 하나인 『메노이케우스에게 보내는 편지』에서 이러한 철학이 간결하고 명확하게 드러난다.

Ⅲ. 현대 사회의 행복 담론과의 비교

오늘날 우리는 '행복'을 다양한 방식으로 추구하고 있다. 자아실현, 소비, 성취, 관계 등 다양한 요인이 행복의 기준이 된다. 그러나 최근 MZ세대를 중심으로 미니멀리즘 같은 소비 절제 운동이 유행하면서 단순하고 절제된 삶이 다시 주목받고 있다. 이는 에피쿠로스가 강조한 '지혜로운 쾌락'과 닮았다. 단순한 식사, 안정된 인간관계, 병 없는 몸, 불안 없는 마음을 통해 삶의 질을 높이고자 하는 모습은 에피쿠로스가 말한 이상적 행복의 형태와 유사하다.

하지만 차이점도 있다. 오늘날의 절제는 때로는 구조적 어려움(예: 취업난, 고물가) 때문에 어쩔 수 없이 선택하는 경우도 있다. 에피쿠로스는 절제가 자발적이고 철학적인 선택이어야 진정한 행복에 이를 수 있다고 보았다. 즉, 현대인의 절제가 불안과 결핍에서 비롯된 '강요된 절제'라면 이는 에피쿠로스 철학과는 차이가 있다.

IV. 탐구 후 느낀 점 및 시사점

에피쿠로스의 철학은 2,000년이 넘은 고대 사상이지만 여전히 현대인의 삶에 유효하다. 단순한 식사와 마음의 평온, 죽음과 신에 대한 올바른 이해, 절제된 욕망 속에서 자유를 추구하는 그의 삶의 태도는 오늘날의 과잉 소비 사회에 경종을 울린다. 나는 이 탐구를 통해 행복은 멀리 있는 것이 아니라 자신의 태도와 선택에 달려 있다는 사실을 새삼 느꼈다. 앞으로 '더 가지는 것'보다 '덜 원하는 것'의 힘을 믿으며, 에피쿠로스가 말한 고요한 행복에 조금씩 다가가고 싶다.

V. 참고 논문 및 자료

에피쿠로스, 『메노이케우스에게 보내는 편지』; 루크레티우스, 『사물의 본성에 관하여 (De Rerum Natura)』. (2012). 강대진 역. 아카넷.

<세특 예시>
에피쿠로스의 '쾌락주의' 개념과 현대인의 행복 추구 방식을 비교·탐구함. 쾌락을 단순한 향락으로 보는 인식에서 벗어나 에피쿠로스가 말한 쾌락이 '육체의 고통이 없고 정신이 평온한 상태(아포니아, 아타락시아)'임을 분석함. 『메노이케우스에게 보내는 편지』를 바탕으로 철학적 개념을 명확히 이해하고, '소확행', '미니멀리즘', '무지출 챌린지' 등 현대 문화와의 연관성을 탐색함. 또한 현대인의 절제가 외적 요인에 의한 '강요된 절제'일 수 있음을 비판적으로 고찰하며, 에피쿠로스의 자발적 절제 개념과 구분함. 에피쿠로스와 키레네 학파의 쾌락 개념을 비교하여 사상의 본질을 구체적으로 구분하고, 고대 철학이 현대 사회의 행복 담론에 주는 시사점을 철학적으로 성찰함.

<더 나아가기 1 - 에피쿠로스의 원자론>

에피쿠로스는 삶의 고통을 줄이고 평온을 얻기 위해 자연 세계를 어떻게 이해할 것인가에 대해서도 깊이 고민했습니다. 그는 고대 철학자 데모크리토스의 원자론을 받아들여 발전시켰고, 이를 통해 세상과 인간을 설명하려 했습니다.

에피쿠로스는 '세상의 모든 것은 나눌 수 없는 아주 작은 입자, 원자(atom)와 그 사이의 공간(허공)으로 이루어져 있다'고 생각했습니다. 또한 모든 물질, 심지어 영혼까지도 원자로 구성되며, 이 원자들은 우연한 충돌과 결합을 통해 세상을 형성한다고 설명했습니다. 이러한 자연 세계에 대한 이해로 인해 다음과 같은 철학적 메시지를 줍니다.

1. 자연은 필연이 아닌 우연으로 이루어진다.
2. 신이 세계를 설계하거나 지배하지 않는다.
3. 인간은 자연의 일부로서 이해할 수 있다.

이러한 원자론으로 인해 에피쿠로스에게 죽음이란 단지 원자들이 흩어지는 자연스러운 과정일 뿐이며, 죽음의 순간에는 더 이상 느끼는 주체(영혼)도 존재하지 않기 때문에 우리가 죽음을 경험하거나 고통받는 일은 없다고 본 것이지요.

<더 나아가기 2 - 쾌락주의라고 다 같은 쾌락주의가 아니야. 키레네 학파 vs 에피쿠로스>

우리는 보통 '쾌락주의'라고 하면, 단순히 즐거움을 추구하는 철학이라고 생각하기 쉽습니다. 하지만 실제로는 철학자마다 '쾌락'이란 무엇인가?, '어떤 쾌락이 옳은가?'에 대한 해석이 매우 달랐습니다. 그 대표적인 예가 키레네 학파와 에피쿠로스 학파입니다.

키레네 학파란?

- 유래: 고대 그리스 북아프리카 식민도시 키레네(Cyrene)에서 시작되어 붙은 이름

- 대표 인물: 아리스티포스(Aristippus) - 소크라테스의 제자이자, 키레네 학파의 창시자

- 핵심 사상:

1) 쾌락은 인간의 가장 자연스러운 선(善)이다.

2) 즉각적이고 강렬한 육체적 쾌락이 가장 좋은 쾌락이다.

3) 미래보다 지금 이 순간의 즐거움이 더 확실하다.

핵심 문장 : "현재의 쾌락이 가장 믿을 수 있고 확실하다."

• 한눈에 보는 키레나 학파와 에피쿠로스 비교하기

구분	키레네 학파 (아리스티포스)	에피쿠로스
쾌락의 성격	육체적이고 감각적인 쾌락 중시	고통의 부재와 평온(아타락시아)을 최고의 쾌락으로 봄
시간관	현재의 쾌락이 최우선	장기적인 평온을 위한 절제 강조
철학의 목표	순간의 즐거움을 최대화	고통과 불안의 제거를 통한 지속 가능한 행복
삶의 방식	사교적·공공적 삶 가능	은둔적·소박한 삶 선호
철학의 위험성 인식	쾌락의 통제가 어렵다고 보지 않음	잘못된 쾌락은 더 큰 고통을 부른다고 경고함

둘 다 '쾌락'을 인생의 중심 가치로 삼았지만, 키레네 학파는 쾌락을 적극적으로 추구했다면, 에피쿠로스는 쾌락을 절제하고 선택해야 한다고 보았습니다. 어쩌면 키레네 학파의 철학은 우리가 흔히 생각하는 '쾌락주의'에 더 가깝고, 에피쿠로스는 그걸 반박하며 '진짜 쾌락이란 무엇인가?'를 다시 정의하려 한 철학자였죠.

옳고 그름의 기준

임마누엘 칸트

"어떻게 살아야 할까?"라는 질문에 우리는 어떤 기준으로 답하고 있을까. 요즘 우리는 '기분에 따라', '상황에 따라', '다수가 원하니까'라는 이유로 옳고 그름을 판단하는 모습을 자주 본다. SNS에서는 순간의 감정으로 타인을 비난하고, 때로는 '다들 그렇게 하니까'라는 말로 불편한 현실에 눈을 감기도 한다. 하지만 모두가 그렇게 한다고 해서 그것이 과연 옳다고 말할 수 있을까.

이러한 시대적 질문 앞에서 임마누엘 칸트Immanuel Kant의 철학은 분명한 기준을 제시한다. 칸트는 감정이나 결과가 아니라 이성과 동기에 따라 도덕을 판단해야 하며, 모든 인간을 목적 그 자체로 존엄하게 대우해야 한다고 보았다. 또한 자신이 따르는 도덕 법칙이 '누구에게든 적용될 수 있는가'라는 보편성을 도덕 판단의 핵심으로 삼았다.

칸트의 철학은 순간의 감정이나 이익보다 이성적인 원칙과 책임을 기준으로 살아가야 한다는 질문을 던지며, 혼란스러운 오늘의 사회에서 '인간답게 산다는 것'의 의미를 다시 생각하게 한다.

남들처럼 살 것인가, 나답게 살 것인가

퇴근 시간의 지하철은 늘 붐빈다. 사람들은 피곤한 얼굴로 서 있거나 휴대폰 화면만 내려다보고 있다. 서로의 눈을 마주치는 일도 거의 없다. 그때 한 여학생이 급히 올라타다 중심을 잃었다. 가방이 열리며 필통과 노트가 바닥에 떨어졌다. 잠시 주변을 둘러봤지만, 가까이 있던 사람들은 시선을 피했다. 아무 일도 없다는 듯. 그녀는 조용히 몸을 굽혀 물건을 주워 담았다.

'괜히 나섰다가 어색해지면 어쩌지.', '다들 가만히 있는데 나만 움직이면 이상하지 않을까.'

그 생각 사이로 지하철은 아무 일도 없었다는 듯 다음 역으로 향했다.

다음 날도 같은 시간, 같은 노선의 지하철이었다. 사람들의 표정도, 칸 안의 공기도 어제와 크게 다르지 않다. 그때 한 노인이 서서 손잡이를 붙잡고 있었고, 열차가 흔들릴 때마다 몸이 조금씩 기울어졌다. 노인의 맞은편에 앉아 있던 여학생이 잠시 그 모습을 지켜보다가 자리에서 일어났다. "여기 앉으세요." 그 순간 분위기가 달라졌다. 누군가는 고개를 들었고, 누군가는 괜히 자세를 고쳐 앉았다.

그날 밤, 나는 일기장에 이렇게 적었다.

'작은 선택 하나가 분위기를 바꿀 수 있다면, 세상도 조금은 달라질 수 있지 않을까. 다음에는 나도 망설이지 않고 움직이고 싶다.'

그때였다. 책상 위에 놓여 있던 철학 개론서가 '툭' 하고 펼쳐지더니 어떤 낯선 중절모를 쓴 신사가 말을 걸어왔다.

"그래, 바로 그런 다짐이 도덕의 시작이지. 우리는 흔히 작은 선택을 대수롭지 않게 여기지만, 그 선택이 누구에게나 적용될 수 있다면 나는 그것을 '보편적인 원칙'이라 불렀단다."

"누구세요?"

"나는 칸트다. 그리고 너 역시 그 여학생처럼 네 안에 있는 기준을 따르기로 한 거지."

나는 놀란 눈으로 그를 바라보다가 조심스럽게 말했다.

"그런데 솔직히 말하면요. 다들 가만히 있는데 저 혼자 나서면 괜히 튀는 것 같고… 좀 무서워요."

칸트는 잠시 고개를 끄덕였다.

"그래, 네가 느낀 그 불편함은 아주 중요한 감정이란다. 많은 사람이 아무 말 없이 지나칠 때, 너는 '이게 정말 옳은가?' 하고 자신에게 물었으니까."

"그래도 그냥 참고 지나가는 게 더 편할 때도 있잖아요. 괜히 나섰다가 이상하게 보이면 어떡해요?"

"도덕은 편하려고 하는 행동이 아니란다. 남들이 다 그렇게 하니까 나도 따라 한다면, 그것은 스스로 선택한 것이 아니라 분위기에 끌려간 것일 뿐이지. 그것은 '자율'이 아니라 '타율'이지."

"중요한 건 이것이야. 내가 지금 하려는 행동이 모두가 따라 해도 괜찮은가? 만약 모두가 어려운 사람을 외면해도 괜찮다고 생각한다면, 그런 세상은 어떤 모습이 되겠니? 반대로 모두가 서로를 돕는다면 그 세상은 어떨까? 네가 스스로 세운 기준에 따라 행동할 때, 너는 남의 눈에 끌려다니는 사람이 아니라 스스로 판단하는 사람이 되고, 바로 그때 너는 존엄한 존재로 서는 거란다."

"그게 바로… '정언명령'이라는 건가요?"

"그래, '내 행동의 기준이 누구에게나 적용돼도 괜찮은가?', '나는 사람을 수단이 아니라 목적 그 자체로 대하고 있는가?' 이 질문들 속에는 인간을 존엄하게 만드는 원리가 담겨 있지. 너는 이미 오늘 지하철에서 그걸 느낀 거야." 나는 숨을 깊게 내쉬며 말했다.

"그럼, 저도 그 여학생처럼 용기를 낼 수 있을까요?"

"너는 이미 첫 질문을 시작했어. 그 자체가 너를 자유롭고 존엄한 존재로 만들어 주고 있단다." 칸트는 나의 어깨를 가볍게 두드려 주었다. 그때 나의 양심이 아주 작게, 그러나 분명하게 말했다.

"오늘은 어떤 원칙으로 살아갈래?"

칸트의 눈으로 보는 도덕 판단

내가 태어난 곳은 프로이센 왕국의 쾨니히스베르크, 지금의 독일이란다. 그 시대는 과학과 이성을 중요하게 여기는 '계몽의 시대'라고 불렸지만, 현실은 꼭 그렇지만은 않았어. 왕의 명령이 곧 법이었고, 많은 사람은 위에서 시키는 대로 살아야 했지. 스스로 생각하고 선택할 자유는 일부 사람들에게만 주어진 것처럼 보였단다.

하지만 나는 그렇게 생각하지 않았어. 인간이라면 누구나 이성을 지닌 존재라고 여겼지. 이성은 남이 시켜서 따르는 것이 아니라 스스로 무엇이 옳은지 판단할 수 있는 힘이야. 나는 그 힘이 특별한 사람에게만 주어진 것이 아니라, 모든 인간에게 주어졌다고 믿었단다. 그래서 누구나 스스로 판단하고 선택할 수 있는 존재라고 생각했어. 바로 그 점에서 인간은 존엄한 존재라고 확신했단다.

그래서 나는 인간을 보상받기 위해 움직이거나 명령에 따라 행동하는 존재가 아니라 옳기 때문에 옳은 일을 할 수 있는 존재라고 생각했어. 이때 중요한 것은 결과나 감정이 아니야. 도덕은 의지에서 시작되며 그 의지를 지탱하는 힘은 자율성과 이성이야.

이 생각에서 나의 도덕 철학이 출발해. 그리고 그 첫걸음이 바로 '선의지'란다. 선의지는 결과와 상관없이 옳다고 믿는 일을 스스로 선택하려는 의지야.

선의지^{Guter Wille}: 결과보다 동기를 중시하는 칸트 윤리의 출발점, 의지의 선함은 그 자체로 도덕적 가치가 있다.

"이 세계 안에서, 아니 그 밖에서조차도 무조건 선한 것으로서 선의지 이외에는 다른 어떤 것도 생각할 수 없다."

— 칸트, 『도덕 형이상학 정초』, 제1장

모든 도덕의 출발점은 바로 '선의지'란다. 선의지는 결과가 좋았는지, 목표를 이루었는지와 상관없이 그 자체로 선한 의지야. 어떤 조건이 붙어야만 선해지는 것이 아니라 아무 조건 없이 항상 선하다고 말할 수 있는 것이지. 이 세상 어디에서도, 또 어떤 상황에서도 예외 없이 선하다고 말할 수 있는 것이 무엇인지 고민했어. 그리고 결국 하나의 답에 이르렀지. 그것이 바로 '선한 의지', 즉 선의지였단다.

많은 사람은 착한 마음이나 좋은 감정, 훌륭한 결과를 선이라고 생각해. 하지만 그런 것들은 모두 조건이 붙은 선에 불과해. 권력이나 부, 지식, 심지어 행복조차도 나쁜 목적에 쓰인다면 결코 무조건 선하다고 할 수 없지. 그래서 나는 오직 '선한 의지'만이 그 자체로 아무 조건 없이 선하다고 생각했어. 설령 그 사람이 하고자 했던 일이 실패했다 해도, 선한 마음에서 우러난 의지는 결코 무가치하지 않아.

예를 들어, 친구를 도와주는 두 사람이 있다고 하자. A는 '선생님이 보니까 도와줘야겠다'고 생각해서 친구를 도왔어. B는 '그게 옳은 일이니까' 스스로 판단해 친구를 도왔어. 이 둘의 행동은 겉으로 보면 같지만 도덕적으로는 전혀 다르단다.

진짜 도덕은 외부의 시선이나 보상이 아니라 내면의 자율성과 선의지에서 비롯되기 때문이야. 도덕적인 인간이 되기 위해서는 외부의 유혹이나 감정에 쉽게 휘둘리지 않고, 무엇이 옳은지 이성적으로 성찰하며

행동하려는 마음이 필요하단다. 결과나 감정보다 '왜 그렇게 하려 했는가'
라는 동기가 더 중요하다는 걸 잊지 마. 그 시작이 바로 선한 의지란다.

"선의지가 없다면, 이성의 존재 이유는 무엇이겠는가?"

— 『도덕 형이상학 정초』, 제1장 재구성

• **조건적 선:** 겉으로는 선하게 보이지만 목적이나 결과에 따라 선하지 않을 수도 있
는 것들. 예를 들어, 지성·기지·판단력(정신적 재능), 용기·결단·동정심(기질적 성질),
권력·부·명예·건강(행운의 자질) 등이 있다.

의무: 즐거움이나 감정이 아닌 '이성적 의무'로 행동해야 한다.

나는 감정이 언제나 선한 행동을 보장한다고 생각하지 않았어. 감정
은 쉽게 변하고 외부 환경에도 금세 휘둘리기 때문이지. 그래서 나는 이
렇게 물었단다.

'마음이 내키지 않아도 해야 할 일이 있다면, 그건 왜 그런 걸까?'

우리는 누군가를 도울 때 따뜻한 마음이나 동정심을 떠올리지만, 감
정에서 비롯된 행위는 도덕적 가치의 근거가 될 수 없어. 감정은 날마다
달라지기 때문이야. 어떤 날은 기분이 좋아서 친절할 수 있지만, 피곤한
날엔 누군가를 모른 척할 수도 있지. 이런 행동은 기분에 좌우된 것이지
도덕적이라고 말하기 어렵단다.

그렇다면 무엇이 도덕적 행위일까? 핵심은 '무엇을 했는가'가 아니라
'왜 그렇게 했는가', 즉 동기야. 스스로 '이 일은 내가 해야 한다'는 도덕적
명령을 깨닫고 그것을 존중하는 마음에서 행동할 때, 그 행위는 도덕적

가치를 갖게 돼. 나는 이를 '의무로부터의 행위'라고 불렀어. 단순히 의무와 '일치하는 행위'가 아니라, '의무 자체가 행동의 이유가 되어야 한다'는 뜻이야.

예를 들어, 한 학생이 매일 노숙인을 만나 따뜻한 음료를 건넸다고 하자. 처음에는 동정심 때문이었지만 점점 부담을 느끼게 되었어. 그럼에도 그는 '사람은 누구나 존엄하다. 이것은 내가 해야 할 도리다.'라는 생각으로 다시 찾아갔지. 이 순간 그의 행동은 감정이 아닌 도덕적 의무에서 비롯된 행위가 되는 거야. 나는 도덕적 인간이 되기 위한 조건은 단 하나라고 생각해. 바로 '의무의 명령에 따라 행동하는 것', 그리고 그 의무는 나만의 기준이 아니라 모든 이성적 존재가 공통으로 따를 수 있는 보편적 법칙이어야 한다는 거야.

- **의무:** 감정이나 결과가 아닌, 이성적으로 인식된 도덕 법칙에 따라 마땅히 해야 할 행위.
- **도덕 법칙:** 모든 이성적 존재가 공통으로 따를 수 있는 보편적인 법칙, 선의지와 더불어 도덕 행위의 기준이 됨.

정언명령 1정식(보편화 가능성)**: '그렇게 해도 괜찮을까?'가 아니라 '모두가 그래도 괜찮을까?'로 확장되어야 한다.**

사람들은 종종 '이번 한 번쯤은 거짓말해도 되지 않을까?'라고 생각하지. 하지만 나는 더 근본적인 질문을 던졌단다.

'만약 모두가 그렇게 말하고 행동한다면 세상은 어떻게 될까?'

내가 살았던 시대에도 그리고 지금 시대에도 사람들은 자기 이익을 위해 거짓말하거나 약속을 어기는 일을 쉽게 저질러. 하지만 만약 이런 행동을 모든 사람이 하게 된다면, '약속'이라는 말 자체는 더 이상 의미를 가질 수 없겠지. 아무도 서로를 믿지 않게 될 테니까. 나는 바로 이런 기준을 '정언명령'이라고 불렀지. 그중에서도 첫 번째 정식은 아주 단순하지만, 도덕 판단의 가장 중요한 원칙이야.

"네 의지의 준칙이 항상 동시에 보편적인 법칙 수립의 원리가 될 수 있도록 그렇게 행위하라."

— 『도덕 형이상학 정초』, 제2장

즉, '내가 이렇게 행동해도 될까?'가 아니라 '내 행동 기준이 모두에게 적용되어도 괜찮은가?'야. 이 질문이 도덕 판단의 기준이 되는 것이지. 내가 자주 드는 예가 하나 있어. 어떤 사람이 돈이 급해서 친구에게 "반드시 갚을게."라고 약속했다고 해 보자. 하지만 사실은 처음부터 갚을 생각이 없었다면 어떨까? 당장은 원하는 돈을 얻을 수 있겠지. 하지만 만약 모든 사람이 이런 식으로 약속한다면, 결국 아무도 약속을 믿지 않게 될 거야.

그래서 어떤 행동이 도덕적인지는 감정이나 결과로 판단할 수 없어. 중요한 건 그 행동의 기준, 즉 '준칙'이 모두에게 적용될 수 있는가 하는 점이야. 나는 이런 명령을 '정언명령'이라고 불렀단다. 조건이 붙지 않는, 언제나 지켜야 하는 무조건적인 명령이라는 뜻이지.

반대로 "성공하려면 공부해야 해.", "칭찬받고 싶다면 착하게 행동해." 같은 말은 '가언명령'이야. 어떤 목적을 이루기 위한 조건이 붙어 있기 때문이지. 하지만 도덕은 보상을 받기 위해 지키는 것이 아니야. 그 행동이 옳기 때문에 지키는 것이란다. 그래서 도덕의 명령은 언제나 조건이 없는 정언명령이어야 한다고 생각했어.

정언명령 제2정식: 인간은 목적 그 자체다. 타인을 수단처럼 대해서는 안된다.

우리는 정말 서로를 존중하며 대하고 있을까? 아니면 필요할 때만 찾고, 쓸모가 없다고 느끼면 멀어지는 관계가 더 많은 건 아닐까? 학교생활을 하다 보면 이런 말을 한 번쯤 들어봤을 거야.

"쟤랑 있으면 도움 돼.", "걔는 이럴 때 쓸모 있어."

이렇듯 내가 원하는 것을 얻기 위한 수단처럼 대하게 되는 경우도 많단다. 예를 들어 보자. 어떤 친구가 과제를 잘한다고 해서 평소에는 말도 거의 하지 않다가 발표 전날이 되면 갑자기 친한 척 다가가는 경우가 있어. 그리고 과제가 끝나면 다시 무관심해지는 거지. 이런 행동은 그친구를 한 사람으로 존중한 것이 아니라 '내 성적을 위한 도구'로 대했다는 뜻이야. 그렇다면 사람을 '나에게 도움이 되는지 아닌지'로 판단해도 되는 걸까? 이에 대해 나는 이렇게 말했단다.

"너는 너 자신과 다른 모든 사람의 인격을 항상 목적(존엄)으로 대하고, 결코 수단으로만 대하지 말아야 한다."

— 『도덕 형이상학 정초』, 제2장

여기서 말하는 '목적'이란, 어떤 일을 이루기 위한 도구가 아니라 그 자체로 존엄하고 가치 있는 존재라는 뜻이야. 물건은 어떤 목표를 이루기 위한 수단이 될 수 있지만, 사람은 절대 그렇게 대하면 안 돼. 왜냐하면 인간은 단지 감정이나 욕망만 가진 존재가 아니라, 스스로 도덕 법칙을 세우고 그것을 따를 수 있는 이성적인 존재이기 때문이야. 그래서 이 정식을 '인간성 정식'이라고도 불러. 모든 인간이 존엄한 존재임을 가장 분명하게 말해 주는 기준이기 때문이지.

"나는 지금 그 사람을 목적 그 자체로 대하고 있는가?"

이 질문은 단순히 윤리 시간에만 필요한 것이 아니야. 우리가 일상에서 자기 자신을 돌아보게 하는 중요한 태도란다. 또 이 명령은 앞에서 말한 '모두에게 적용될 수 있는가'라는 기준과도 연결돼 있어. 누군가를 단지 수단으로만 대하는 행동은 모든 사람에게 적용해도 괜찮은 법칙이 될 수 없기 때문이야. 만약 모두가 서로를 이용하려고만 한다면, 그 사회는 유지될 수 없겠지. 결국 두 기준은 같은 뿌리를 가지고 있어.

"모든 이성적인 존재를 언제나 존중하라!" 이것이 내가 말한 도덕 철학의 핵심이란다.

- **정언명령 제2정식:** 타인을 단지 수단이 아닌 목적으로 대우해야 한다는 도덕 명령. 인간은 그 자체로 절대적인 가치를 지니므로 이용의 대상이 될 수 없다.
- **인격성:** 도덕적 판단 주체로서 가지는 도덕적 자율성과 존엄성.
- **인간성의 정식:** 모든 인간은 그 자체로 존엄한 가치를 지니며, 항상 목적으로 대우받아야 한다는 정언명령 제2정식 원리의 별칭.

자율(자율의 정식): 자율적 존재로서의 인간, 외부 명령이 아니라 스스로 만든 도덕 법칙을 따른다.

사람은 누가 지켜보지 않아도 '해야 할 일', '하면 안 되는 일'을 스스로 느끼지. 그 기준은 어디서 오는 걸까? 진짜 도덕은 누가 시켜서가 아니라, 내가 옳다고 믿는 법칙을 스스로 따르는 것에서 시작해. 도덕적인 인간은 외부 명령이나 감정에 흔들리지 않고, 자기 안의 이성과 도덕 법칙을 존중하며 스스로 기준을 세우고 따르는 존재야. 이것이 바로 자율의 정식이지.

"너는 자신의 의지가 보편적 입법의 원리와 조화를 이루도록, 즉 스스로 입법자라고 생각하며 행위하라."

— 칸트, 『도덕 형이상학 정초』, 제2장

우리는 도덕 법칙을 따르는 존재이면서, 동시에 그 법칙을 스스로 세울 수 있는 존재이기도 해. 많은 사람이 자율을 '내 마음대로 하는 것'이라고 오해하지만, 진짜 자율은 그와 달라. 이성이 끌어낸 보편적인 도덕 법칙을 자기 자신의 기준으로 받아들이고 따르는 것, 그것이 진짜 자율이란다.

예를 들어, 한 학생이 급식 줄에서 친구가 새치기하려는 모습을 봤어. 선생님도 없고, 다른 사람들도 대수롭지 않게 넘기는 분위기였지. 그런데 한 친구가 이렇게 말했어.

"우리 줄은 제대로 서자. 같이 지키면 좋잖아."

누가 시켜서 한 행동도 아니고, 특별한 보상이 있는 것도 아니었어.

그저 그게 옳다고 생각했기 때문에 선택한 거야. 바로 이런 태도가 내가 말한 '자율'이란다.

도덕적 행동은 '이익이 될까?', '벌을 피할 수 있을까?'를 따지는 문제가 아니야. 그 행동이 옳기 때문에 실천하는 것, 그것이 도덕의 핵심이지.

"나는 지금 내 안의 법칙을 따르고 있는가?" 이 질문이 자율적인 인간으로 살아가는 출발점이란다.

- **자율의 정식**: 인간은 외부 명령에 따라 움직이는 존재가 아니라, 자신의 이성을 통해 도덕 법칙을 만들고 그에 따라 행위하는 존재임.

인간의 존엄: 인간은 도덕 법칙을 따르는 자율적 존재이기 때문에 절대적인 가치를 지닌다.

"사람은 왜 특별하게 존중받아야 할까?"

그 이유는 단지 더 똑똑해서도, 말을 할 수 있어서도 아니야. 인간이 특별한 이유는 스스로 도덕 법칙을 세우고, 그것을 따를 수 있는 이성과 자유 의지를 가진 존재이기 때문이야. 즉, 인간은 누군가의 명령에 따라 움직이는 수동적인 존재가 아니라 옳고 그름을 스스로 판단하며 살아갈 수 있는 자율적인 행위자라는 점에서 존엄한 거야.

"인간은 단지 어떤 목적을 위한 수단이 아니라, 그 자체로 목적 그 자체이다."

— 『도덕 형이상학 정초』, 제2장

사람은 값을 매기거나 서로 바꿀 수 있는 존재가 아니야. 인간의 존엄은 스스로 도덕 법칙을 세우고 지킬 수 있는 능력, 즉 자율성에서 비롯돼. 그래서 인간을 존중한다는 것은 단순히 친절하게 대하는 것이 아니야. 그 사람이 스스로 선택할 수 있는 존재임을 인정하는 태도이지.

누군가를 내 이익을 위한 도구로만 대하는 것은 단순한 무례가 아니야. 그것은 그 사람의 존엄을 부정하는 행동이야. 인간의 존엄은 인권과 도덕 사회의 기초가 돼. 만약 이 기준이 무너지면 사회를 지탱하는 기반도 함께 흔들리게 되지. 나에게 존엄이란, 인간이 인간답게 살아가기 위해 반드시 지켜야 할 가장 근본적인 원리였단다.

- **자율과 존엄의 관계:** 인간의 존엄은 자율적 존재로서의 지위에서 비롯됨. 스스로 도덕 법칙을 만들고 따를 수 있는 능력이 존엄성의 근거가 됨.

응보적 정의, 사형제: 벌은 수단이 아니다. 인간은 도덕적 존재로서 책임을 질 수 있기에 벌을 받을 자격도 있다.

"죽은 사람은 돌아오지 않는데, 그 사람을 죽인 이를 죽인다고 해서 정의가 회복될까?"

그럼에도 나는 사람을 죽인 자는 반드시 응징을 받아야 한다고 확신했단다. 그 이유는 단순한 감정적 보복이 아니라 벌의 의미가 인간의 존엄과 연결되기 때문이야.

▶ **칸트의 응보주의 – 인간은 책임지는 존재이다.**

"벌은 왜 필요한가?" 라는 질문에 대한 답을 찾는 것이 중요하다고 생각했어. 만약 벌이 단지 사회 질서를 지키거나 범죄를 막기 위한 수단이라면, 범죄자를 '사회 전체의 안전을 위한 도구'로 취급하는 셈이 되지. 예를 들어, "이 사람을 강하게 처벌하면 다른 사람들도 겁을 먹고 범죄를 저지르지 않을 거야."라고 말한다면, 그 사람을 단지 '경고용 수단'으로 보는 것과 다르지 않아.

하지만 나는 인간을 그렇게 보지 않았어. 인간은 도덕 법칙을 스스로 세울 수도 있지만, 때로는 그것을 어길 수도 있고, 그 선택에 따른 결과를 책임질 수 있는 이성적인 존재라고 생각했지. 그래서 벌은 단순히 미래의 효과를 노리고 주어지는 장치가 아니야. 벌은 그 사람이 저지른 잘못에 대해 그에 걸맞은 책임을 지게 하는 것이어야 해. 다시 말해, 자신이 한 행동에 대해 스스로 책임을 지는 과정이라는 뜻이란다.

▶ 사형제를 옹호한 이유 – 인격에 대한 존중

나는 사형제를 옹호했어. 살인을 저지른 사람은 타인의 생명을 침해함으로써 스스로 생명권을 포기한 것이고, 그에 상응하는 책임을 져야 한다고 보았지. 이것은 감정적인 보복이 아니라, 그 사람을 자신의 행동에 책임을 질 수 있는 존재로 인정하는 방식이라고 생각했단다.

사형제에 반대하는 사람들은 이렇게 말하지.

"그 사람도 언젠가는 달라질 수 있어.", "생명은 국가가 빼앗을 수 없는 권리야."

하지만 나는 이렇게 되묻고 싶어.

"책임을 지지 않는 인간에게 존엄이 있을 수 있을까?"

인간의 존엄은 잘못을 감추거나 외면하는 데서 생기지 않아. 오히려 자신의 행동에 대해 끝까지 책임을 질 수 있는 존재라는 점에서 드러난다고 보았지. 그 책임이 아무리 무겁고 두렵더라도, 그것을 받아들이는 순간 인간은 본능에만 따르는 존재가 아니라 도덕적이고 이성적인 존재로 서게 되는 거야.

- **응보적 정의:** 범죄에 대해 그에 상응하는 처벌을 가하는 것이 정의라는 관점. 벌은 범죄의 결과이지, 미래 이익을 위한 수단이 아님.
- **책임:** 생명을 빼앗아 간 자는 스스로 인간의 존엄성을 파괴했으므로, 자신의 인격을 존중받기 위해서라도 책임을 져야 함.

정직과 정책: 도덕을 우선하는 정치를 꿈꾸다.

"정치는 도덕과 조화를 이룰 수 있어야 하며, 정치는 도덕 앞에서 고개를 숙여야 한다. 정직은 모든 정책보다 낫다."

— 『영원한 평화를 위하여』

나는 정치와 도덕이 서로 타협해야 한다고 생각하지 않았어. 오히려 정치가 도덕의 원칙에 따라야 한다고 믿었지. 정치도 결국 인간의 행위이고, 인간은 이성적이며 자율적인 존재로서 도덕 법칙을 따를 수 있어야 하기 때문이야.

현실에서는 정치가 도덕을 속이기도 해. "당장의 국가 이익을 위해선 어쩔 수 없어.", "거짓 정보도 전략이야." 같은 말들이 그렇지. 하지만 그런 정치가 쌓이면 결국 신뢰를 잃게 되고, 사람들은 더 이상 정치 자체를 존중하지 않게 되지. 그래서 나는 도덕 없는 정치, 정직하지 않은 권력은 결국 무너질 수밖에 없다고 보았단다.

"국가가 원하는 것을 이루기 위해 국민을 속여도 되는가?"

"거짓과 술수를 정치의 수단으로 인정한다면, 국민의 자유와 존엄은 어떻게 지켜질 수 있을까?"

정치는 많은 사람의 삶에 직접적인 영향을 미치는 행위야. 그렇기에 더욱 도덕의 원칙 위에 서야 한다고 보았지. 정치가 힘과 계산만으로 움직이기 시작하면, 국민은 수단으로 전락하고 신뢰는 무너질 수밖에 없기 때문이야.

정치가 진정한 의미에서 '공공의 의지'를 실현하고자 한다면, 오히려 가장 먼저 도덕적 기준을 세워야 해. 정치는 언제나 도덕에 기초해야 하고, 도덕은 정치에서 배제되어선 안 돼.

목적의 왕국, 민주주의의 철학적 기반: 모든 이성적 존재가 존엄을 인정하며 보편 법칙을 공유하는 세계, 칸트가 꿈꾼 '목적의 왕국'

'목적의 왕국'이란 모든 이성적인 존재가 서로의 자율성과 인격을 존중하며, 모두가 받아들일 수 있는 보편적인 법칙 아래 함께 살아가는 세계를 말해. 이곳에서는 누구도 다른 사람을 지배하거나, 단지 수단으로 삼지 않아. 왜냐하면 인간은 그 자체로 존엄한 존재이며, 스스로 법을 세울 수 있는 '입법자'이기 때문이야.

이 생각은 한 나라 안에서만 머무르지 않아. 나는 이것을 인류 전체로 확장해 보았단다. 만약 모든 나라가 서로를 존중한다면, 전쟁이 아니라 평화를 바탕으로 한 국제 사회가 가능하다고 믿었어. 이를 '영원한 평화'라고 불렀지. 이를 위해 국가들이 서로 전쟁을 막기 위한 평화 연맹을 만들고, 낯선 이에게도 최소한의 존중을 보장하는 '환대권'을 지켜야 한다고 제안했단다.

결국 우리가 기억해야 할 것은 우리는 각자 독립적인 존재이면서도 동시에 같은 도덕 법칙을 세우고 지키는 공동체의 일원이라는 사실이야. 그 법칙이 우리를 서로 연결해 주는 도덕적인 기반이란다.

나는 어떤 원칙으로 행동하고 있을까?

→ 칸트를 따라 생각해 보는 심화 탐구

[탐구 주제] AI 윤리와 인간 존엄

Ⅰ. 탐구 배경

요즘 뉴스에서는 인공지능(AI)이 채용, 판결, 의료 진단 등 다양한 분야에서 사람을 대신해 의사결정을 내린다는 소식을 쉽게 접할 수 있습니다. 그러나 그 과정에서 '인간 존엄'이 침해된다는 논란도 끊이지 않습니다. 예를 들어, 과거 미국의 한 기업에서는 AI 채용 시스템이 과거 데이터를 학습하면서 여성 지원자를 불리하게 평가한 사례가 있었고, 미국 T대학의 연구에서는 AI 판결 프로그램이 인종 차별적 결과를 낳는다는 사실이 밝혀졌습니다. 효율성과 정확성이라는 명목으로 이루어지는 AI 의사결정, 과연 칸트가 말한 '인간을 목적으로 대우하라'는 원칙과 함께할 수 있을까요?

Ⅱ. 배경 이론 및 핵심 개념

1) 인간성 정식(목적 정식): 모든 이성적 존재를 수단이 아닌 목적으로 대우하라는 명령
2) AI 윤리: 인공지능 개발·운영 시 지켜야 하는 원칙과 가치
3) 알고리즘 편향: 학습 데이터의 불균형과 설계자의 편견이 결과에 영향을 주는 현상

Ⅲ. 탐구 설계 및 방법

항목	내용
사례 수집	AI 채용·판결·의료 진단 관련 기사 검색(최근 3년, 키워드: 'AI 차별', 'AI 윤리', 'AI 채용', 'AI 판결'), 국내외 3건 이상 사례 선정(출처·발표 연도 기록)
철학적 분석 준비	칸트의 목적 정식 체크 리스트 작성 ① 해당 결정이 인간을 목적으로 대우했는가? ② 차별 없는 절차를 보장했는가? ③ 인간의 최종 판단과 책임이 보장되는가?
기준 제안	• 투명성: AI가 내리는 결정의 과정을 여과 없이 보여 줄 수 있는가? • 설명 가능성: AI가 어떻게 결정을 내렸는지 설명해 줄 수 있는가? • 공정성: 성별·나이·인종에 상관없이 똑같이 대우하는가? • 책임 주체: 문제가 생기면 누가 책임지는지 정해져 있는가? → 4가지 질문을 표로 적고, 각 사례에 대해 'O / X' 표시 후 이유를 한 줄로 작성

결과 비교 ·정리	• 기준 적용 전: 처음 사례를 봤을 때 인간 존엄이 지켜졌다고 생각하는지 (O / X / 잘 모르겠다 표시) • 기준 적용 후: 위 4가지 질문을 적용하고 나서 생각이 바뀌었는지 확인 • 결론 쓰기: "나는 AI가 사람의 결정을 ○○까지 대신 할 수 있다고 생각한다. 그 이유는 …." 형식으로 간단히 정리

Ⅳ. 예상 결과 및 논의 포인트

이번 탐구를 통해 AI가 제공하는 효율성과 편리성 이면에 인간 존엄을 훼손할 가능성이 존재함을 확인할 수 있었다. 사례 분석 결과, 칸트의 목적 정식에 비추어 볼 때 AI는 ① 개인의 자율성을 존중하고, ② 차별 없는 의사결정을 하며, ③ 인간이 최종 책임을 지는 조건에서만 도덕적으로 정당화될 수 있었다. 이러한 결론은 자연스럽게 다음 질문으로 이어진다.

"AI 결정은 보조 수단이어야 하는가, 독립 판단자로도 가능할까?"

칸트의 '자율'과 '목적 정식'의 관점에서 볼 때, AI가 인간의 결정을 완전히 대체한다면 인간은 스스로 입법하는 존재로서의 지위를 상실할 위험이 있다. 따라서 AI는 인간 판단을 지원하는 '보조 수단'에 머물러야 하는가, 아니면 충분한 신뢰성과 도덕 기준을 갖출 경우 '독립 판단자'로서 역할을 맡을 수 있는가에 대한 심도 깊은 논의가 필요하다. 이 주제는 AI의 판단 권한을 어디까지 허용할 것인지, 그리고 그 과정에서 인간 존엄성을 어떻게 보장할 수 있을지를 탐구하는 윤리적 쟁점으로 확장될 수 있다.

Ⅴ. 결론 및 제언

이번 탐구를 통해 AI가 제공하는 효율성과 편리성이 반드시 '인간 존엄'과 양립하는 것은 아니라는 사실을 확인할 수 있었다. 칸트의 정언명령 제2정식(목적 정식)과 자율의 정식에 따르면, 인간은 그 자체로 절대적 가치를 지닌 존재이자 스스로 입법하는 도덕적 주체이므로 어떠한 기술도 인간을 단순한 수단으로 대우해서는 안 된다.

분석 결과, AI 의사결정은 투명성, 설명 가능성, 공정성, 책임 주체 명확화의 기준을 충족할 때만 부분적으로 허용될 수 있으며, 특히 최종 판단 권한과 책임은 반드시 인간에게 있어야 한다. 향후 AI가 판단자로서 역할을 확대하려면, 데이터 편향 제거·설명 가능한 알고리즘 개발·책임 구조의 법제화가 필수적이다. 이를 통해 AI를 '도덕적 보조 수단'으로 유지하면서도, 기술 발전과 인간 존엄이 조화를 이룰 수 있을 것이다.

공정한 사회를 상상하다

존 롤스

우리는 '정의로운 사회'라는 말을 자주 사용하지만, 정작 정의가 무엇인지, 또 어떻게 해야 정의로운 사회를 만들 수 있는지에 대해서는 깊이 고민하지 않는 경우가 많다. 법과 제도는 공정하다고 말하지만, 현실에서는 출발선이 다르고 기회가 불평등한 상황이 반복된다.

능력과 노력만으로는 극복하기 어려운 격차가 커지고 있는 오늘의 사회에서 존 롤스John Rawls의 철학은 정의를 다시 생각하게 한다. 그는 정의를 단순히 '법을 지키는 것'으로 보지 않고, 모든 사람이 동등한 기본적 자유를 누려야 하며, 불평등이 존재하더라도 그것이 사회에서 가장 불리한 사람들의 삶을 개선하는 방향이어야 한다고 주장했다. 이러한 관점은 제도의 공정함을 재점검하게 하고, 모두가 함께 잘 살 수 있는 사회의 조건을 다시 상상하게 만든다.

우리가 지키려던 정의는 무엇이었을까

1942년, 제2차 세계대전이 한창이었다. 젊은이들에게 선택권은 거의 없었다. 조국을 위해, 자유를 위해, 모두가 전장으로 향했다. 롤스도 예외가 아니었다. 그는 미 육군에 자원입대해 태평양 전선으로 파병되었다. 그곳에서 그는 전쟁의 참혹한 실상을 온몸으로 마주했다. 필리핀 전투에서 그는 총알이 빗발치는 참호 속에 몸을 웅크렸고, 바로 옆에 있던 전우가 순식간에 쓰러지는 모습을 보았다. 죽음은 생각보다 가볍게, 너무도 빠르게 찾아왔다. 매일 아침 눈을 떴을 때, '오늘은 살아 돌아갈 수 있을까?'라는 생각이 머릿속을 떠나지 않았다.

전투가 이어지는 동안 그는 자신도 모르게 손가락을 꽉 깨물곤 했다. 숨을 죽이고 있으면, 몇 미터 앞에서 울부짖는 소리와 포성, 그리고 무너지는 건물의 굉음이 한 덩어리로 들려왔다. 인간이 만든 폭력과 파괴가 이렇게까지 거대할 수 있다는 사실이 두려움을 넘어 경악스러웠다.

전쟁이 끝난 뒤, 그는 일본 점령군으로 파견되어 히로시마의 폐허를 직접 보게 되었다. 한순간에 도시가 사라지고 수많은 민간인이 목숨을 잃었다는 사실은 그의 마음속에 깊은 의문을 남겼다.

총과 폭탄으로 정의를 세운다는 말은 모순처럼 들렸다. 그러나 현실은 그 모순 속에서 돌아가고 있었다. 그는 점점 '힘이 곧 정의'라는 세계관에 반발심을 품게 되었고, 그 대신 '정의가 힘을 이끌어야 한다'는 생각에 사로잡혔다.

미국으로 돌아온 뒤, 롤스는 전쟁에서의 경험을 숨기거나 잊으려 하지 않았다. 오히려 그 상처를 붙잡고 씨름했다. 왜 어떤 결정은 수많은 사람을 희생시키면서도 합리적이라고 불리는가? 왜 약자의 목숨은 쉽게 계산되는가? 그리고 이런 불평등과 폭력이 정당화되는 사회를 우리는 어떻게 바꿀 수 있는가?

그 질문은 그를 다시 책상 앞으로 불러왔다. 그는 프린스턴대와 하버드대에서 철학을 공부하며, 정치와 도덕, 사회 제도의 정당성에 대해 깊이 파고들었다. 그리고 결국 그는 '공정으로서의 정의'라는 새로운 정의관을 제시했다. 그것은 전쟁 속에서 피로 쓰인 질문에 대한 오랜 시간 숙성된 하나의 대답이었다.

롤스의 눈으로 보는 무지의 베일과 차등 원칙

"정의로운 사회란 무엇이라고 생각하시나요?"

정의로운 사회란 힘이 센 사람에게만 유리한 사회가 아니라, 모든 사람이 '공정한 규칙 아래에서' 대우받는 사회야. 그래서 나는 이 생각을 '공정으로서의 정의'라고 불렀어.

사람은 누구나 동등한 존엄을 지닌 존재야. 그렇기에 사회는 어떤 사람에게만 희생을 떠넘겨서는 안 돼. 자유도 중요하고, 평등도 중요하지. 정의로운 사회란 둘 중 하나를 포기하는 사회가 아니라, 자유와 평등을 함께 존중하려는 사회야.

쉽게 말해 이런 거야. 모든 사람에게 기본적인 자유는 반드시 보장되어야 해. 그리고 불평등이 생긴다면, 그것은 우연이나 힘의 차이 때문이 아니라 공정한 기준에 따라 이루어져야 해.

이런 조건이 갖추어질 때, 우리는 그 사회를 정의롭다고 말할 수 있어.

"그렇다면 '공정으로서의 정의'를 실현하려면 어떻게 해야 하나요? 공정함은 어떻게 만들어지나요?"

나는 공정한 조건에서 합의된 원칙이야말로 정의로운 사회의 기준이 된다고 생각했어. 그래서 '원초적 입장'이라는 가상의 상황을 떠올렸단다. 이 원초적 입장에서는 모든 사람이 '무지의 베일'을 쓰고 있다고 가정해. 무지의 베일이란, 내가 어떤 사람인지 전혀 모르는 상태를 말해. 내가 부자인지 가난한지, 건강한지 아픈지, 공부를 잘하는지 그렇지 않은지 아무것도 모른 채 사회의 규칙을 정해야 한다고 상상해 보는 거야.

이 상황은 일종의 미래 설계 게임과도 같아. 앞으로 내가 어떤 위치에 놓일지 전혀 모른다면, 누구나 자신이 가장 불리한 사람이 될 가능성도 함께 생각하게 되겠지. 그렇기에 사람들은 자연스럽게 가장 약한 위치에 있는 사람도 받아들일 수 있는 원칙을 선택하려 할 거야. 나는 바로 이런 조건에서 합의된 사회의 규칙이야말로 특정한 사람에게 유리하지 않은 진정으로 공정한 원칙이라고 보았어. 공정함은 이렇게 모두가 같은 출발선에서 고민할 때 비로소 만들어질 수 있다고 생각했단다.

"그렇다면 그 원초적 입장에서 도출되는 '정의의 원칙'은 무엇인가요?"

나는 정의로운 사회를 위해 두 가지 원칙을 제시했어.

첫 번째는 '평등한 자유의 원칙'이야. 모든 사람은 정치적 자유, 신앙의 자유, 표현의 자유 같은 기본적인 자유를 똑같이 누려야 해. 이 자유는 무엇보다 먼저 보장되어야 하며, 다른 이익을 위해 쉽게 제한될 수 없는 권리란다.

두 번째는 '사회·경제적 불평등에 관한 원칙'이야. 여기에는 두 가지 내용이 들어 있어. 먼저 공정한 기회균등이야. 사회의 중요한 자리나 직책은 누구에게나 열려 있어야 해. 불리한 환경에 있는 사람도 제도의 도움을 받아 실제로 도전할 기회를 가져야 하지.

다음은 '차등의 원칙'이야. 차등이란 말은 차이를 둔다는 뜻이지만, 아무 차이나 허용한다는 의미는 아니야. 실제로 사회에서는 어느 정도 불평등이 생길 수는 있어. 그러나 그 불평등이 정당하려면, 가장 불리한 사람들의 처지가 더 나아지는 방향이어야 해. 쉽게 말해, 부나 소득의 차이가 허용되려면 그 차이가 사회적 약자에게도 도움이 되어야 한다는 거야.

그리고 마지막으로 꼭 기억해야 할 점이 있어. 첫 번째 원칙인 '자유는 언제나 우선'이라는 거야. 어떤 경제적 이익을 위해서라도 기본적인 자유는 절대 침해될 수 없어.

"왜 자유의 원칙이 우선인가요?"

역사를 돌아보면, 많은 경우 다수의 행복을 이유로 소수의 자유가 희생되어 왔어. 하지만 한 사람 한 사람의 존엄은 전체의 이익을 위해서라도 쉽게 희생되어서는 안 돼. 그래서 나는 표현의 자유나 신체의 자유 같은 기본적인 자유를 절대적인 권리로 보았단다.

그렇다고 해서 차등의 원칙이 덜 중요하다는 뜻은 아니야. 차등의 원칙 역시 정의를 실현하는 데 꼭 필요한 기준이야. 왜냐하면 이 원칙이 사회의 공정함을 지켜 주기 때문이지.

사람들은 모두 같은 출발선에서 태어나지 않아. 누군가는 부유한 가정에서 태어나고, 누군가는 그렇지 않은 환경에서 태어나지. 이런 차이는 개인의 잘못도 아니고, 스스로 이룬 공로도 아니야. 그래서 사회는 최소한의 안전망을 마련해 이런 불운을 어느 정도 보완해 주어야 공정하다고 볼 수 있어.

"공리주의와는 어떤 차이가 있나요?"

공리주의는 '최대 다수의 최대 행복'을 가장 중요하게 생각해. 가능한 한 많은 사람이 행복해지는 것을 목표로 하지. 하지만 이렇게 생각하면 소수의 권리가 희생될 위험이 생겨. 다수가 행복해진다면 소수의 손해는 감수해도 된다는 결론으로 이어질 수 있기 때문이야.

그런데 나는 그렇게 보지 않았어. 개인은 누구도 함부로 침해할 수 없는 권리를 지닌 존재라고 생각했지. 그래서 사회 전체의 행복이 커진다고 하더라도, 그 과정에서 누군가의 기본적인 권리가 희생되어서는 안 된다고 보았어. 정리해 보면, 공리주의가 행복의 '총합'에 집중한다면, 나는 그 행복이 얼마나 '공정하게 나누어졌는가'에 더 집중한 거란다.

"다른 철학자들은 선생님의 이론에 어떤 반응을 보였나요? 예를 들어,

로버트 노직^{Robert Nozick}은 비판을 했다고 들었습니다."

로버트 노직은 나와 같은 시대를 살았던 철학자야. 하지만 그는 나와는 다른 자유주의 입장을 가지고 있었지. 그는 개인의 자유, 그중에서도 특히 재산권을 매우 강하게 강조했어. 노직은 개인의 자유와 재산권을 매우 중요하게 보았기 때문에 사회가 특정한 분배 기준(예: 차등의 원칙)을 강제로 적용하는 것에 반대했단다. 그는 '정당한 방법으로 얻은 재산은 누구도 빼앗을 수 없다'고 보았어. 그래서 재산을 재분배하기 위해 세금을 통해 부를 강제로 이전하는 정책은 개인의 자유를 침해한다고 주장했지.

이런 생각에서 그는 국가의 역할을 아주 최소한으로 제한해야 한다고 보았어. 국가는 개인의 소유권을 보호하는 역할만 해야 한다는 거야. 이를 '최소국가' 또는 '야경국가'라고 불러.

야경국가란, 국가가 밤에 도시를 지키는 야경꾼처럼 범죄를 막고, 계약이 지켜지도록 하며, 외부의 침략을 막는 정도의 역할만 해야 한다는 뜻이야. 그 외에 개인의 삶이나 경제활동에는 개입하지 말아야 한다고 본 거지.

"공동체주의자들의 비판도 있었다고 하는데, 그중 마이클 월저^{Michael Walzer}**는 어떤 지적을 했나요?"**

월저를 비롯해 공동체주의적 관점을 가진 철학자들은 내 이론이 너무 추상적이라고 비판했어. 월저는 '복합 평등^{complex equality}'이라는 개념을 제시했지. 사회 정의는 하나의 기준으로만 설명할 수 없고, 영역마다 서로 다른 정의의 기준이 필요하다는 거야. 예를 들어, 돈이 많다고 해서 정치권력은 돈으로 살 수 있어서는 안 되며, 교육의 기회 또한 함께 독점되어서는 안 된다는 거지. 다시 말해 경제, 정치, 교육처럼 각 영역에는 서로 다른 정의의 기준이 있으며, 한 영역의 힘이 다른 영역을 지배해서는 안 된다는 주장이라고 할 수 있어.

또 그는 내가 정의의 원칙을 설명하기 위해 설정한 '원초적 입장'도 비현실적이라고 비판했어. 사람들이 자신의 종교, 전통, 문화 같은 배경을 모두 가린 채 판단한다는 '무지의 베일' 가정 자체가 현실과 맞지 않는다는 거야. 실제로는 이런 요소들이 사람들의 정의관에 큰 영향을 미치는데, 그것들을 모두 배제한 논의는 현실과 동떨어질 수밖에 없다는 지적이었지.

"이런 비판 이후, 선생님은 이론을 어떻게 발전시키셨나요?"

처음 쓴 책인 『정의론』에서는 나는 이상적인 정의의 원칙을 세우는 데 집중했어. 그런데 여러 비판을 겪으면서 사람들이 서로 다른 생각을 가지고 살아간다는 현실을 더 깊이 고민하게 되었지. 사람마다 종교도 다르고, 도덕관도 다르고, 철학적 신념도 다르다는 사실 말이야. 그래서 이후에 쓴 『정치적 자유주의』에서는 질문이 달라졌어.

"서로 다른 신념을 가진 사람들이 어떻게 하나의 사회 안에서, 같은 정의의 원칙에 동의하며 안정적으로 살아갈 수 있을까?" 이 문제에 더 집중하게 된 거야.

정리해 보면, 나는 특정 종교나 이념에 기대지 않더라도 모두가 받아들일 수 있는 '정치적 정의관'을 세우려고 했어. 서로 생각이 달라도 함께 살아갈 수 있는 공통의 기준을 찾고자 했던 거지.

"서로 다른 신념을 가진 사람들이 모두 동의할 수 있는 정의라면, 정말 가능할까요?"

나는 가능하다고 보았어. 그래서 이것을 '중첩적 합의overlapping consensus'라고 불렀지.

사람마다 생각의 출발점은 달라. 어떤 사람은 인권의 관점에서, 어떤 사람은 종교적 사랑의 가르침에서, 또 다른 사람은 현실적인 이익 때문에 자유와 평등의 원칙을 지지할 수 있어. 이유는 서로 다르지만, 결국 같은 정치적 원칙에 동의하게 되는 거야.

이처럼 서로 다른 생각들이 겹쳐 만나는 지점이 있기에 정의의 두 원칙과 같은 기본 원칙은 특정 종교나 이념에 기대지 않고도 사회의 공통된 기반이 될 수 있다고 보았단다.

"『정치적 자유주의』에서 말하는 '정치적인 것의 고유한 영역'도 이런 중립성을 뜻하나요?"

그래, 맞아. 『정치적 자유주의』에서 말한 정치의 영역은 국가와 정부가 특정 종교나 도덕관에 치우치지 않는 중립성을 가져야 한다는 뜻이야. 국가는 '모두가 동의할 수 있는 기본 원칙'만을 헌법과 법률에 담아야 한다고 보았지.

그래서 국교를 강요하거나 특정 이념에 따라 사람들의 생활 방식을 규제하는 것은 정치적 자유주의에 어긋나. 정치의 역할은 자유와 평등에 관한 최소한의 규칙을 함께 정하는 데 있고, 삶의 의미나 목적을 어떻게 살아갈지는 각 개인에게 맡겨야 한다는 것이 내 생각이야.

"그렇다면 정치적 자유주의란 선생님이 꿈꾸신 자유주의 사회의 모습인가요?"

그래, 내가 말한 정치적 자유주의는 서로 다른 삶의 방식이 평화롭게 공존할 수 있도록 마련한 사회의 틀이야. 이 사회에서는 정의의 기본 원칙을 중심에 두고, 그 밖의 신념과 가치들은 각자가 자유롭게 추구할 수 있어.

이렇게 되면 진보든 보수든, 종교인이든 비종교인이든 모두가 공정한 원칙 위에서 함께 살아갈 수 있지. 그래서 사회가 쉽게 갈라지지 않고, 비교적 안정적으로 유지될 수 있다고 보았어.

내가 꿈꾼 자유주의 사회는 자유와 평등이 서로 충돌하지 않고 조화를 이루는 사회, 그리고 다양한 가치가 함께 공존하는 사회였어. 물론 이런 사회를 현실에서 완벽하게 만들어내기는 쉽지 않지. 하지만 이 원칙은 우리가 더 나은 사회로 나아가기 위해 방향을 잡아 주는 나침반이 될 수 있다고 나는 믿었단다.

우리는 얼마나 공정한 선택을 하고 있을까?

→ 롤스를 따라 생각해 보는 심화 탐구

[활동지] 롤스의 '무지의 베일'과 AI 채용 알고리즘의 공정성

더 생각해 볼 롤스의 사상

- **원초적 입장(Original Position):** 모든 사람이 사회 규칙을 만들 때, 자신의 사회적 지위나 조건을 모르는 상태에서 결정하는 가상 상황.
- **무지의 베일(Veil of Ignorance):** 자신의 성별, 인종, 나이, 능력, 경제적 지위 등을 모르는 상태.
- **차등의 원칙(Difference Principle):** 불평등이 있더라도, 그 불평등이 사회에서 가장 불리한 사람에게도 이익이 될 때만 정당화됨.

1. 문제 읽기

2020년 이후, 많은 기업이 AI 채용 시스템을 도입하고 있습니다. 하지만 AI가 과거 데이터를 학습하는 과정에서 성별, 나이, 출신학교 등 차별적 편향이 강화될 수 있다는 우려가 제기되고 있습니다. AI 채용 알고리즘이 진정으로 '공정'하려면 무엇이 바뀌어야 할까요?

2. 심화 질문 & 예시 답변

① 무지의 베일 뒤에서라면 AI 채용의 어떤 요소를 가장 먼저 바꿀까요?

예시 답변: 학력, 성별, 나이, 외모 등 업무 능력과 직접 관련 없는 항목을 평가에서 제외하고, 모든 지원자가 동일한 기준으로 평가받는 절차를 마련하겠습니다.

② 롤스의 정의 원칙을 적용할 때, 채용 과정에서 '능력'과 '기회'는 어떻게 구분해야 할까요?

예시 답변: 능력은 개인의 재능과 노력에서 나타나지만, 이런 재능 자체도 사회적으로 주어진 조건의 영향을 받습니다. 따라서 사회는 교육이나 정보 접근 기회를 보완해 출발선의 불평등이 채용 기회로 이어지지 않도록 해야 합니다.

③ 기업의 이익과 사회적 정의가 충돌할 때, 롤스는 어떤 결론을 내릴까요?

예시 답변: 기업의 이익보다 사회적 약자의 기회 보장을 우선해야 한다고 결론 내릴 것

입니다. 불평등이 존재하더라도 그 이익이 사회적으로 가장 불리한 집단에도 돌아가야 합니다.

3. 나의 결론 - 정의로운 AI 채용이란?

예시 답변: 정의로운 AI 채용은 지원자의 배경에 따른 편견을 완전히 배제하고, 업무 수행 능력과 창의성을 공정하게 평가하는 절차를 갖춘 채용입니다. 또한 결과가 사회적 약자에게 불리하게 작용하지 않도록 지속적으로 점검해야 합니다.

4. 심화 해설

무지의 베일 상태에서는 나이, 성별, 학력, 장애 여부와 무관하게 지원자의 역량을 측정할 수 있는 실제 업무 시뮬레이션 평가를 선호할 가능성이 높습니다. '능력'은 개인의 노력과 재능을 반영하지만, '기회'는 출발선의 차이를 줄이기 위해 제도적 보완이 필요합니다. 기업의 이익이 정의 원칙을 훼손한다면, 롤스는 사회적 약자의 기회 보장을 우선시할 것입니다.

한 걸음 더- 롤스, 노직, 월저 비교하기

1. 존 롤스
- **대표 저작: 『정의론(A Theory of Justice)』**
- **핵심 사상**

> · 공정으로서의 정의
> · 정의의 두 원칙 제시: ① 평등한 기본적 자유의 원칙, ② 차등의 원칙(공정한 기회균등 + 최소수혜자 최대 이익).
> · '원초적 입장'과 '무지의 베일'을 통해 합의된 사회 규칙이 가장 공정하다고 봄.

– 의의: 현대 자유주의 정치철학의 대표, 사회적 불평등을 최소화하고 약자를 배려하는 분배 정의 이론 확립.

2. 로버트 노직
- **대표 저작:『무정부, 국가, 유토피아(Anarchy, State, and Utopia)』**
- **핵심 사상**

> · 최소국가론(Minimal State), 자유지상주의(Libertarianism)로 국가의 역할은 개인의 권리(특히 재산권) 보호에 한정.
> · 분배 정의가 아니라 취득·이전·시정의 정의로 정당성을 판단하며 재분배 정책은 타인의 권리를 침해한다고 비판.

– 의의: 롤스의 분배 정의론에 대한 대표적 반론, 현대 자유지상주의의 철학적 기반.

3. 마이클 월저
- **대표 저작:『정의의 영역(Spheres of Justice)』**
- **핵심 사상**

> · 복합 평등론(Complex Euality):
> 하나의 분배 원칙이 아니라 영역별·가치별로 다른 분배 기준 적용. 예) 교육 기회는 능력과 노력, 의료는 필요, 정치권력은 시민 참여 등. 어느 영역의 우위가 다른 영역으로 넘어가 지배하지 않도록 차단함.

– 의의: 롤스, 노직의 단일한 정의 원칙을 비판, 다원주의적 분배 정의론 제시.

<롤스, 노직, 월저 한눈에 비교하기>

구분	롤스(자유주의적 평등)	노직(자유지상주의)	월저(복합 평등론)
목표	공정한 사회 질서, 약자 보호	개인 자유·재산권 절대 보장	영역별 자율적·다원적 정의 실현
정의 기준	정의의 두 원칙 (자유+차등의 원칙)	정당한 취득·이전·시정	영역별 가치에 따른 상이한 분배 원칙
불평등 허용 조건	최소수혜자 최대이익 + 기회균등	취득·이전이 자발적·정당하면 불평등 허용	각 영역의 기준에 맞으면 불평등 가능
국가 역할	공정한 제도 설계·유지	최소한의 야경국가	각 영역의 정의 원칙이 침해되지 않도록 보장
약자 배려	적극적 (차등의 원칙)	소극적 (자발적 구호만 허용)	영역에 따라 필요 시 적극적 배려
경제관	재분배 통한 사회적 약자 지원	재분배 반대, 자유시장 옹호	경제는 효율·시장, 그러나 다른 영역 지배 제한
비판점	이상적 상황 가정, 현실 적용 한계	불평등 심화 우려	복잡한 기준으로 실천 어려움
공통점	인간의 자유를 중요한 가치로 인정, 정의를 사회 질서의 핵심 가치로 설정		
차이점	롤스는 '공정한 분배', 노직은 '재산권 절대 보장', 월저는 '영역별 정의'를 강조		

모의토론 활동지 - (롤스 vs 노직 vs 월저)

① 토론 역할 배정 (3인 구성 / 또는 조별 역할 분담)

역할	발언 관점	대표 철학자
a	정의란 공정한 절차와 약자 보호입니다.	존 롤스
b	국가는 개인의 소유권을 침해하면 안 됩니다.	로버트 노직
c	정의는 상황과 영역에 따라 달라져야 합니다.	마이클 월저

② 토론 시나리오 예시

※ 아래 사례 중 선택하여 각자의 입장에서 입장 정리 후 토론 진행

사례 1. 고교 학점제에서 특목고·일반고 간 교육 자원의 격차 문제
- 롤스: 기회균등을 위한 자원 재배치 필요
- 노직: 부모의 선택권과 학교의 자율성 존중, 국가 개입 최소화
- 월저: '교육'이라는 영역은 다른 자산과 다른 분배 원칙을 가져야 함

사례 2. 부유층에 대한 추가적인 세금 부과(부자 증세)
- 롤스: 차등의 원칙에 따라 약자를 위한 재분배 정당
- 노직: 개인의 소득은 그 사람의 정당한 권리, 세금은 침해
- 월저: '부의 영역'과 '정치적 영향력'이 전이되는 걸 막기 위한 조치 필요

③ 활동 후 쓰기: '나의 정의로운 사회 설계도' 작성하기

질문: 세 철학자의 입장을 바탕으로 당신은 어떤 사회를 정의롭다고 생각하나요?

나는 정의로운 사회란 모든 사람이 기본적인 기회와 생활을 보장받으면서도, 각자의 노력과 선택이 존중되는 사회라고 생각한다. 롤스의 기회균등 원칙처럼 교육·복지 등 최소한의 기반은 누구나 누릴 수 있도록 국가가 보장해야 한다. 그러나 노직이 말한 것처럼 개인의 재산과 자유를 과도하게 침해하지 않는 범위에서 정책이 운영되어야 한다. 또한 월저의 주장처럼 각 영역의 성격에 맞는 분배 원칙이 적용되어야 한다고 본다. 예를 들어, 교육은 경쟁보다 기회균등을 우선시하고, 경제 영역은 성과에 따른 보상이 존중되어야 한다. 결국 '공정한 출발선'과 '다양한 영역별 원칙'이 공존하는 사회가 내가 생각하는 정의로운 사회다.

사회를 움직이는 생각의 힘

문화의 DNA를 찾아서

에드워드 버넷 타일러

다양한 문화와 신앙, 생활양식이 공존하는 세계에서 서로 다른 문화를 어떻게 이해하고 받아들일 수 있을까를 성찰하는 인류학적 시선이 필요하다.

이 점에서 에드워드 버넷 타일러Edward Burnett Tylor 의 사상은 중요한 탐구 대상이 된다. 타일러는 인간이 사회 속에서 학습하고 습득한 지식과 신념, 예술과 법, 관습 등 모든 삶의 총체를 '문화'라고 정의하였다. 그는 문화를 고정된 것이 아니라 점차 발전하고 변화하는 과정으로 바라보았으며, 종교의 기원 역시 인간 정신이 세계를 이해하는 방식에서 출발한다고 보았다.

그의 사상은 오늘날 다문화 사회 속에서 서로 다른 문화를 존중하고, 편견 없는 태도로 타인을 이해하는 데 깊은 통찰을 제공한다. 타일러의 문화 진화론과 애니미즘론은 우리가 단순히 자신의 문화에 머무는 것이 아니라, 인류 전체의 문화적 다양성과 공통성을 어떻게 성찰하며 살아가야 하는지에 대한 중요한 질문을 던진다.

낯선 문화를 바라보는 두 가지 시선

19세기 중반, 낯선 대륙의 한 마을에 도착한 영국의 여행자들은 처음 보는 풍습 앞에서 놀라움과 당혹감을 감추지 못했다. 사람들은 해와 달을 신처럼 숭배했고, 동물이나 바위, 나무 같은 자연물에도 영혼이 깃들어 있다고 믿었다. 누군가는 병이 악령 때문에 생긴다고 생각해 주술사의 힘을 빌려 의식을 치르기도 했다. 유럽의 많은 사람은 이런 모습을 보고 곧바로 '미개하고 야만적'이라고 단정 지었고, 그들의 문화를 이해하려는 노력은 거의 없었다.

그러나 그 속에서 다른 눈으로 세상을 바라본 인물이 있었다. 그의 이름은 에드워드 버넷 타일러였다. 영국의 인류학자였던 그는 낯선 풍습과 믿음 속에서 흩어져 있던 공통의 규칙을 찾으려 했다. 그는 여러 문화에서 반복적으로 나타나는 종교적 신념을 연구하며, 그것이 어디에서 비롯되었는지를 탐구했다. 타일러가 특히 주목한 것은 '애니미즘', 즉 세상의 모든 사물과 현상에 영혼이나 정령이 깃들어 있다고 믿는 신앙이었다.

그에 따르면, 인류가 처음 종교를 갖게 되었을 때 사람들은 세상 모든 것에 영혼이 있다고 믿었다. 사람뿐만 아니라 동물과 식물, 강과 바람, 심지어 작은 돌멩이에도 영혼이 깃들어 있다고 여겼다. 그는 이런 믿음을 단순한 오류나 미신으로 보지 않았다. 오히려 그것을 인간 정신이 자연스럽게 만들어낸 사고방식으로 이해했다.

우리가 꿈을 꾸거나 이미 세상을 떠난 이를 떠올릴 때 느끼는 '보이지 않는 존재에 대한 감각'이 바로 종교의 출발점일 수 있다는 것이다. 눈에 보이지 않지만 분명히 느껴지는 무엇인가를 설명하려는 시도가 영혼과 신앙으로 이어졌다는 해석이다.

타일러는 전 세계의 다양한 문화를 비교하며, 사람들이 낯설고 이상하게만 보던 의식과 신앙 속에 사실은 인류 문명의 출발점이 담겨 있다고 말했다. 그래서 그는 우리에게 이렇게 질문을 던지는 듯했다.

"인간은 왜 영혼을 믿게 되었을까?", "모든 것에 생명이 있다고 여긴

이 생각은 어떻게 종교로 이어졌을까?", "우리가 원시적이라고 여겼던 문화에 문명의 기원이 숨어 있는 것은 아닐까?"

• 타일러는 문화를 '인간이 사회 속에서 배우고 익힌 모든 것'이라고 했습니다. 여러분이 경험한 문화에는 어떤 것들이 있을까요?
– 음식, 옷, 언어, 놀이 등 생활 속에서 문화를 떠올려 보세요.

• 왜 어떤 사람들은 해와 달, 동물이나 나무에도 영혼이 있다고 믿었을까요?
– 이런 생각은 단순한 미신일까요, 아니면 다른 의미가 있을까요?

• 타일러는 종교의 기원을 '애니미즘'에서 찾았습니다. 여러분이 생각하기에 종교는 인간에게 왜 필요했을까요?
– 두려움, 위로, 삶의 의미 등 다양한 이유를 떠올려 보세요.

• 타일러는 다양한 문화 속에서 공통된 질서를 찾으려고 했습니다. 여러분은 서로 다른 문화들 속에서 어떤 공통점을 발견할 수 있을까요?
– 예절, 의례, 신앙처럼 시대와 장소를 넘어 반복되는 요소를 생각해 보세요.

• 오늘날 다문화 사회를 살아가는 우리는 다른 문화를 어떻게 대해야 할까요?
– 타일러의 생각을 바탕으로, 존중과 이해의 태도를 어떻게 실천할지 고민해 보세요.

타일러의 눈으로 보는 문화와 변화

나는 어릴 때부터 집안의 사업을 물려받을 거라는 기대를 받으며 자랐어. 하지만 예기치 않은 건강 악화로 그 길을 계속 갈 수 없게 되었지.

그 일을 계기로 나는 고전과 철학에 깊은 관심을 갖게 되었고, 결국 멕시코로 여행을 떠나게 되었어. 그곳에서 나는 내 인생을 바꿔 놓을 사람들과 문화를 만나게 되었단다.

그때까지 나는 유럽에서 배운 교육과 종교, 도덕이 인간 삶의 '표준'이라고 생각하고 있었어. 그런데 현지 원주민들의 신앙과 생활 방식을 보고 큰 충격을 받았지. 그들은 나와 전혀 다른 언어를 사용했고, 내가 알지 못하던 신을 믿었으며 삶의 방식도 완전히 달랐어.

하지만 곰곰이 살펴보니 처음에는 이질적으로만 느껴졌던 그 문화에도 분명한 공통점이 있었단다. 그들 역시 삶에 의미를 부여하고 있었고, 공동체의 규범을 지키며, 자기들만의 질서에서 살아가고 있었지. 이때부터 나는 한 가지 질문을 품게 되었어.

"인간이 가진 문화는 과연 어디에서부터 시작되었을까?"

그 질문을 붙잡고 나는 인간 문화를 두루 살피고 비교하는 일에 깊이 빠져들었어. 고대 사회의 신화부터 이른바 미개하다고 불리던 부족의 풍습, 유럽의 법률과 도덕, 그리고 다양한 종교적 관습에 이르기까지 말이야. 그렇게 살펴보면서 나는 문화가 단순한 겉모습이 아니라, 인간이 사회의 구성원으로 살아가기 위해 오랜 시간 쌓아 온 경험의 총체라는 생각에 이르게 되었지. 그래서 나는 이렇게 정의했어.

"문화란 지식, 신념, 예술, 도덕, 법, 관습 등, 인간이 사회 안에서 획득한 모든 것의 총합이다."

하지만 내 관심은 거기서 멈추지 않았어. 나는 "문화는 어떻게 변화하고 발전하는가?"라는 질문도 함께 던졌지. 당시 유럽 사회에 널리 퍼져 있던 다윈의 진화론에서 영향을 받아, 인간의 문화 역시 생명체처럼 단순한 단계에서 점점 더 복잡한 단계로 발전해 간다고 보았어. 이것이 바로 내가 말한 '문화진화론'이야.

예를 하나 들어 볼게. 아주 초기의 인간은 자연 속에 존재하는 모든 것에 정령이 깃들어 있다고 믿었어. 바람이나 불, 나무와 돌 같은 사물에도 신성이 있다고 여겼지. 이런 믿음을 나는 '애니미즘animism'이라고 불렀어. 이것이 인류가 가진 가장 초기의 신앙 형태라고 보았어.

시간이 흐르면서 이런 믿음은 점점 달라졌어. 신은 자연 곳곳에 머무는 존재에서 하늘에 있는 존재로 바뀌고 신을 모시는 신전이 세워졌지. 제사장이 등장하고 종교는 점점 더 체계적인 모습으로 정리되어 갔어. 나는 이런 변화의 흐름 전체를 인간 문화의 진화 과정으로 이해했어. 하지만 이런 생각은 많은 사람의 반발을 불러일으켰어. 모든 문화가 같은 방향으로 발전한다고 말하는 것에 대해 쉽게 동의하지 않는 사람들도 많았기 때문이지. 나는 이런 질문도 많이 받았어.

"너는 유럽 문화가 최고라고 말하려는 거냐?", "왜 문화에 순서나 등급을 매기려 하느냐?"

하지만 나는 모든 문화를 평가하거나 서열을 매기려 했던 건 아니야. 다만 모든 문화는 저마다의 발전 방향을 가지고 있다는 가능성과 희망을 말하고 싶었을 뿐이야. '문화는 야만에서 문명으로 진화한다'는 생각 속에는 인간의 경험이 차곡차곡 쌓이면서 더 나은 방향으로 나아갈 수 있다는 낙관적인 시선이 담겨 있었어. 나는 문화를 고정된 것으로 보지 않고, 변화하고 발전하는 과정으로 이해하려 했던 거지.

하지만 지금에 와서 다시 돌아보면, 내가 문화의 가치를 판단하는 데 유럽 중심적인 틀을 사용한 것은 아니었는지 묻게 돼. 그럼에도 내가 던졌던 질문들이 이후 인류학자들에게 더 정교한 질문과 이론으로 이어질 수 있는 출발점이 되었다는 점만은 분명하다고 생각해. 지금 우리에게 정말 중요한 건 이것이야.

"문화의 차이를 우열이 아니라 다양성의 관점에서 바라볼 수는 없을까?", "과거의 사유가 틀렸다면, 우리는 그것을 어떻게 고치고 이어받아야 할까?"

나는 지금도 이 질문을 계속 던지고 있단다.

"문화란 무엇인가? 그 복잡한 전체!"

나는 무엇보다 먼저 '문화Culture'라는 개념을 분명하게 정의할 필요가 있다고 생각했어. 그전까지 많은 사람은 문화를 '미개한 것'과 대비되는 고급 예술이나 교양 정도로만 여겼지. 하지만 나는 문화를 훨씬 더 넓고 포괄적인 의미로 이해했어. 그래서 나는 이렇게 정의했어.

"문화 또는 문명이란 지식, 신앙, 예술, 도덕, 법률, 관습, 그리고 사회 구성원으로서 인간이 획득한 모든 능력과 습관을 포함하는 복합적 총체complex whole다."

여기서 중요한 점은 문화는 태어날 때부터 주어지는 것이 아니라 사회 속에서 배우고 익히며 획득된다는 사실이야. 아주 단순한 도구를 만드는 기술부터 복잡한 종교 체계에 이르기까지 인간이 만들어낸 모든 것이 문화의 일부라고 나는 보았어. 이 정의는 이후 인류학 연구의 기초가 되었다는 평가를 받게 되었지.

"문화는 어떻게 발전했을까? 문명의 사다리!"

나는 한 가지 가정을 세웠어. 인류의 문화도 생명체처럼 단순한 단계에서 복잡한 단계로 점진적으로 발전해 온 것은 아닐까 하고 말이야. 당시 19세기 유럽에서 널리 퍼져 있던 다윈의 진화론은 내 생각에 큰 영향을 주었어. 그래서 나는 문화 역시 일정한 법칙을 따라 변화하고 발전한다고 보았고, 이런 관점을 '문화 진화론'이라고 불렀단다. 이 관점에서 보면, 문화는 우연히 바뀌는 것이 아니라 단계를 거치며 누적되고 확장되는 과정으로 이해할 수 있어. 내가 생각한 문화 발전의 단계는 이랬어.

야만Savagery → 미개Barbarism → 문명Civilization

이것은 일종의 '단선적 발전 모델'이었어. 발전의 속도는 다를 수 있지만, 모든 사회가 결국 비슷한 단계를 거쳐 문화가 발전해 간다는 관점이지. 그런데 내가 흥미롭게 본 점은 현대 사회 안에도 과거의 문화 요소들이 여전히 남아 있다는 사실이었어. 과학이 발달하고 이성이 강조되는 사회에서도 미신이나 전통 의례, 오래된 속담 같은 것들이 계속 이어지고 있잖아. 나는 이런 현상을 문화적 잔존물cultural survivals이라고 불렀어.

예를 들면, 어떤 사람들은 여전히 숫자 13을 불길하게 여기고, 결혼식에서 오래된 전통을 지키려고 하지. 처음의 의미나 기능은 사라졌지만, 습관처럼 남아 이어지는 이런 것들이 바로 문화가 진화해 온 과정을 보여 주는 흔적이라고 보았지. 물론 내 이론은 오늘날 많은 비판을 받고 있어. 모든 문화가 같은 길을 따라 발전해야 하는 것은 아니고, 각 문화는 저마다의 역사와 환경에서 독자적으로 발전한다는 지적이야. 특히 나는 서구 사회를 '문명'의 정점으로 놓고 다른 문화를 바라봤는데, 이런 시각은 유럽 중심주의, 즉 서구 문화를 기준으로 삼아 다른 문화를 낮게 평가하는 태도라는 한계를 지니고 있었지. 타일러의 문화 진화론 역시 이런 비판을 피할 수는 없었어.

그럼에도 한 가지는 기억해 주었으면 해. 내 시도는 인류 문화의 발전을 과학적으로 설명하려는 첫걸음이었다는 점이야. 비록 미완의 이론이었지만, 그 덕분에 이후의 인류학자들이 더 정교한 질문을 던질 수 있었고, 인류학은 한 걸음 더 나아갈 수 있었으니까.

"종교는 어디에서 시작되었을까? 애니미즘 이론."

내가 특히 깊이 탐구했던 주제는 종교의 기원이야. 나는 인류가 가진 가장 초기의 종교 형태가 애니미즘이라고 보았어. 애니미즘이란 세상의 모든 사물과 자연 현상에 영혼이나 정령이 깃들어 있다고 믿는 신앙 체계를 말하지.

초기의 사람들은 꿈이나 환각, 그리고 죽음 같은 현상을 이해하려고 애썼어. 그 과정에서 눈에 보이지 않는 영혼의 존재를 상상하게 되었고, 그런 믿음이 종교로 이어졌다고 나는 생각해. 이렇게 시작된 신앙은 점차 주술에서 다신교로, 다시 일신교로 발전해 왔다고 보았어. 다시 말해 애니미즘이야말로 모든 종교의 씨앗이라는 생각이었지. 물론 이런 관점은 종교의 기원을 너무 단순하게 설명했다는 비판도 받았어. 실제로 종교는 지역과 문화에 따라 훨씬 더 복잡하고 다양한 뿌리를 가지고 있으니까. 그럼에도 나는 종교의 시작을 합리적으로 설명하려는 시도 자체에 의미가 있다고 믿었어.

"어떻게 연구했을까? 안락의자 인류학자."

나는 직접 오지로 들어가 낯선 부족들과 함께 생활하며 연구하지는 않았어. 대신 여행가나 선교사, 식민지 관리들이 남긴 기록과 보고서를 모아 비교·분석하는 방식으로 연구를 진행했지. 이렇게 현장에 나가지 않고 문헌과 자료에 의존해 연구한 학자들을 후대에서는 '안락의자 인류학자armchair anthropologist'라고 불렀어. 이는 직접 현지 조사에 나가지 않고 기존의 문헌, 여행기, 보고서 등에 의존해 연구한 19세기 인류학자들을 가리키는 말이야. 물론 이 방법에는 분명한 한계가 있었어. 자료의 신뢰성을 온전히 보장하기 어려웠고, 기록을 남긴 사람들의 편견이 개입될 위험도 있었지. 그래서 이후의 인류학자들, 대표적으로 말리노프스키Malinowski는 직접 현지에 들어가 사람들과 함께 생활하며 참여 관찰을 수행하는 방식으로 인류학의 연구 방법을 바꾸어 나갔어.

그렇지만 내 시대에는 이것이 최선의 방법이었고, 방대한 자료를 수집해 비교 연구의 틀을 세웠다는 점에서 나름의 의미가 있다고 생각해. 내가 마련한 이 기초가 후대의 현지 조사 연구로 이어질 수 있었으니까.

〈후일담〉

내 문화 진화론이나 애니미즘 이론은 후대 학자들에게 많은 비판을 받았어. 모든 문화가 한 방향으로만 발전한다는 단선적 모델, 그리고 서양 문화를 정점에 두었던 서구 중심주의는 분명 문제였지. 다양한 문화를 있는 그대로 바라보지 못했다는 한계도 인정해야 해.

그럼에도 내가 처음으로 문화를 학문적으로 정의하고, 그것을 체계적으로 비교 연구하려 했다는 사실은 의미가 있다고 생각해. 인류학이라는 새로운 학문의 출발점이 바로 거기에 있었으니까.

내가 던진 질문은 지금도 남아 있어. 인간은 왜 문화를 만들고, 그 문화는 어떻게 변화하며, 또 서로 다른 문화는 어떻게 공존할 수 있는가? 비판은 겸허히 받아들여야 하지만, 그 속에서도 내가 열었던 길의 의미는 여전히 유효하지 않을까?

"과거의 '원시성' 속에서 현재를 보다."

나는 내가 연구했던 '원시 문화Primitive Culture'가 단지 과거에 머문 유물이라고 생각하지 않았어. 그 안에는 오늘날 문명의 뿌리와, 인간 정신이 어떻게 작동해 왔는지를 보여 주는 보편적인 흔적이 담겨 있다고 믿었지. 물론 내가 가졌던 문화 진화론적 관점에는 분명한 한계도 있었어. 그럼에도 다른 문화를 이해하려는 노력, 그리고 우리 자신의 문화 속에 여전히 남아 있는 비합리적인 요소들, 다시 말해 문화적 잔존물을 돌아보려는 태도는 지금도 여전히 중요하다고 생각해. 기술이 발달하고 사회가 아무리 복잡해져도, 인간의 근본적인 사고방식이나 사회적 습성은 쉽게 사라지지 않으니까.

다른 문화를 통해 우리 자신을 비춰 보고, 우리 안에 남아 있는 '원시성'을 이해하려는 것. 그것이야말로 인류학이 오늘날 우리에게 던지는 중요한 교훈이 아닐까?

'우리 주변의 문화적 잔존물' 심화 탐구

[탐구 주제]: 현대 한국 사회에 남아 있는 '문화적 잔존물' 탐구 및 그 의미 분석

Ⅰ. 탐구 배경

영국의 인류학자 에드워드 타일러는 저서 『원시문화』에서 특정 관습이나 신념이 원래의 의미를 상실한 채 후대까지 이어지는 현상을 '문화적 잔존물'라는 개념으로 설명했다. 이 개념을 접하고 우리 주변을 돌아보니 과학이 고도로 발달한 현대 사회임에도 불구하고 무심코 행하는 비합리적으로 보이는 여러 관습이 여전히 우리 삶에 깊숙이 자리 잡고 있음을 발견했다. 결혼식이나 장례식의 복잡한 절차들, 숫자 '4'를 기피하는 현상, 시험을 앞두고 미역국을 먹지 않는 등의 행동들이 바로 그것이다.

이러한 문화적 잔존물이 과거의 유물에 그치지 않고 오늘날까지 그 생명력을 유지하는 이유는 무엇일까? 본 탐구는 이러한 궁금증에서 시작되었다. 한국 사회 곳곳에 남아 있는 문화적 잔존물의 사례를 수집하고 그 역사적 기원을 추적하며, 현대 사회에서 어떠한 의미와 기능으로 존재하고 있는지 심층적으로 분석해 보고자 한다.

Ⅱ. 탐구 과정

1. 문헌 연구: 에드워드 타일러의 저서 『원시문화』에 나타난 '문화적 잔존물'의 개념을 명확히 이해하고, 관련 학술 논문과 자료를 통해 이론적 기반을 다졌다. 이를 통해 문화적 잔존물이 단순히 사라져야 할 낡은 관습이 아니라, 한 사회의 역사와 변화를 이해하는 중요한 단서가 될 수 있음을 확인했다.

2. 사례 수집 및 범주화: 다음과 같이 다양한 영역에 걸쳐 문화적 잔존물의 사례를 수집하 고 그 특징에 따라 범주화했다.

1) **길흉화복 의례:** 결혼식에서 신랑의 발바닥을 때리는 풍습, 장례식장에서 밤을 새우는 문화, 이사 후 시루떡을 돌리는 관습 등 각종 의례에 담긴 전통적 의미와 현대적 변용을 조사했다.

2) **일상 속 미신:** 숫자 '4'를 불길하게 여기는 것(사(死)와 음이 같다는 이유), 돼지꿈을 꾸

면 복권을 사는 행위, 중요한 일을 앞두고 미역국을 피하는 금기 등 일상에 스며든 미신들의 유래를 탐색했다.
3) **명절 풍습:** 정월대보름에 부럼을 깨는 이유, 동지에 팥죽을 먹는 관습 등이 단순한 명절 음식을 넘어 어떤 상징적 의미를 지니고 전승되어 왔는지 살펴보았다.

3. 설문 및 인터뷰

1) **설문 조사:** 10대, 20대와 40대, 50대 각 50명을 대상으로 '자주 접하는 문화적 잔존물'과 '해당 관습을 지키는 이유'에 대한 온라인 설문 조사를 실시했다. 그 결과 젊은 세대는 '재미있어서' 또는 '주변 분위기에 맞춰서'라는 응답이 많았던 반면, 기성세대는 '전통이니까' 혹은 '마음의 평안을 위해'라는 응답 비율이 높아 세대 간 인식 차이를 확인할 수 있었다.
2) **심층 인터뷰:** 민속학 연구자 및 결혼과 장례를 여러 번 경험한 60대 어르신들과의 심층 인터뷰를 통해 문화적 잔존물이 개인의 경험과 어떻게 상호작용하며 그 의미가 재해석되는지에 대한 생생한 이야기를 들을 수 있었다.

III. 분석 및 결론

사례 수집과 연구를 통해 분석한 결과, 문화적 잔존물은 과거의 의미가 그대로 박제된 것이 아니라, 현대 사회의 필요에 따라 그 기능과 의미가 끊임없이 변화하고 있음을 발견했다.

1) **원래 의미의 변용:** 예를 들어, 동지에 팥죽을 먹는 풍습은 본래 붉은색이 악귀를 쫓는다는 벽사辟邪의 의미를 가졌지만, 현대에는 '겨울철 별미' 또는 '이웃과 정을 나누는 계기'로 그 의미가 확장되었다.
2) **사회적 기능:** 결혼식 피로연의 폐백이나 신랑 발바닥 때리기와 같은 관습은 새로운 가족 구성원을 맞이하는 통과 의례의 성격을 띠며, 공동체의 유대감을 강화하는 역할을 한다.
3) **심리적 안정감 제공:** 과학으로 설명할 수 없는 불확실한 미래에 대한 불안감을 해소하는 데 문화적 잔존물이 긍정적인 역할을 하기도 한다. 중요한 시험이나 면접을 앞두고 엿이나 찹쌀떡을 선물하는 행위는 합격에 대한 염원을 담아 심리적 안정감을 주는 순기능을 한다.

결론적으로 현대 사회의 문화적 잔존물은 비합리적인 구시대의 유물이 아니라, 시대를 거치며 새로운 의미를 부여받고 사회 구성원들의 정서적 필요를 충족시키는 역할을 수행하고 있다. 이는 공동체의 역사적 경험을 공유하고 정체성을 확인하는 중요한 매개체이며, 급격한 사회 변화 속에서 심리적 안정과 공동체적 유대를 제공하는 의미 있는 문화 현상이라고 할 수 있다. 이번 탐구를 통해 우리가 무심코 지나쳤던 관습들 속에 담긴 깊은 의미를 이해하고, 우리 문화의 다층적인 모습을 발견할 수 있었다.

IV. 참고 자료

타일러, 에드워드 B. (2018). 『원시문화 1, 2』(한경구 외 번역). 아카넷; 국립민속박물관. 『한국민속대백과사전』; 임동권. (1994). 『한국세시풍속연구』. 집문당

<세특 예시>

인류학자 에드워드 타일러의 '문화적 잔존물' 개념을 토대로 현대 한국 사회에서 여전히 남아 있는 전통적 관습과 미신을 탐구함. 문헌 연구를 통한 '문화적 잔존물'의 학문적 의미 정리와 결혼·장례 의례, 숫자 '4' 기피, 동지 팥죽 풍습 등 다양한 사례 수집·분류 수행함. 또한 온라인 설문과 어르신 인터뷰를 통한 세대별 인식 차이 비교분석 진행함. 그 결과 문화적 잔존물이 단순한 과거의 흔적이 아니라 시대에 따른 새로운 의미 변용과 심리적 안정 및 공동체적 유대 형성 기여로 도출됨. 탐구 과정에서 학문적 개념과 실제 생활 속 사례의 연결, 자료 수집·분석을 통한 비판적 사고와 통합적 시각 제시함.

근대 사회를 움직인 힘

막스 베버

오늘날 우리는 효율성과 합리성을 중시하는 사회 속에서 살아간다. 학교와 직장, 정부 기관까지 대부분의 공간은 규칙과 절차에 따라 움직이며, 빠르고 편리한 것이 좋은 것처럼 여겨진다. 그러나 이런 합리성이 항상 우리를 더 자유롭고 행복하게 만드는지는 의문이다.

막스 베버Max Weber는 근대 사회가 만들어낸 관료제와 합리화 과정을 분석한 사회학자다. 그는 인간이 스스로 만든 이성의 질서가 오히려 인간을 가두는 '쇠 감옥(Iron Cage)'이 될 수 있다고 경고하며, 합리성이 어떻게 인간의 삶을 지배하는지를 질문했다.

베버의 문제의식은 오늘날 조직 생활과 디지털 기술이 일상에 깊이 스며든 사회에서도 여전히 유효하다. 그의 사상을 살펴보는 일은 우리 삶을 둘러싼 규칙과 시스템을 비판적으로 바라보는 중요한 출발점이 된다.

행동에는 언제나 이유가 있다

1905년, 막스 베버는 미국을 여행하던 중 한 상인을 만났다. 그 상인은 하루 14시간씩 일하면서도 번 돈을 거의 쓰지 않았다. 놀라운 점은 그가 가난해서 그렇게 사는 것이 아니라, 그렇게 살아야 한다고 굳게 믿고 있었다는 사실이었다. 그는 자신의 삶의 이유를 이렇게 말했다.

"그게 제 소명입니다."

베버는 깊은 생각에 잠겼다. 인간은 단순히 먹고살기 위해서만 일하지 않는다. 때로는 신념이나 삶의 의미, 의무감처럼 눈에 보이지 않는 가치가 우리의 행동을 이끈다. 그는 자신에게 물었다.

"도대체 인간의 행동은 무엇으로 설명할 수 있을까?"

이 질문은 베버 사회학의 출발점이 되었다. 그는 인간의 행동을 단순한 자극에 대한 반응으로 보지 않았다. 인간은 스스로 의미를 부여하고 해석하는 존재라고 보았으며, 베버는 이러한 행위를 '사회 행위'라고 불렀다. 사회 행위의 의미는 개인과 사회적 맥락에 따라 달라질 수 있다. 예를 들어, 학생이 시험을 준비하는 상황을 생각해 보자. 어떤 학생은 좋은 대학 진학이라는 목표를 달성하기 위해 공부한다. 이는 목표를 이루기 위한 수단을 계산하고 선택하는 '목적 합리적 행위'에 해당한다. 또 다른 학생은 결과와 관계없이 최선을 다해야 한다는 신념 때문에 공부하는데, 이는 '가치 합리적 행위'에 해당한다. 부모의 권유나 가정의 관습에 따라 공부하는 경우는 '전통적 행위'로 볼 수 있으며, 분노나 충동과 같은 감정에 이끌려 행동하는 경우는 '감정적 행위'에 해당한다.

이처럼 인간은 단순히 움직이는 존재가 아니라, 자신의 행동에 의미를 부여하고 그것을 해석하는 주체이다. 따라서 베버는 사회를 이해하기 위해서는 먼저 행위 속에 담긴 의미를 살펴보아야 한다고 보았다.

이어 베버는 또 다른 질문을 던졌다.

"사람들은 왜 권력에 복종하는가?"

그는 사람들이 단순히 강압 때문에 따르는 것이 아니라 그 권력이 '정당하다'고 믿기 때문에 복종한다고 보았다. 그래서 지배의 정당성을 세 가지 유형으로 구분하였다.

첫째는 '우리는 원래 그렇게 해 왔다'는 믿음에 근거한 전통적 지배로 세습 군주와 같은 형태가 이에 해당한다. 둘째는 '그는 특별한 존재다'라는 신념에 기반한 카리스마적 지배로 혁명 지도자처럼 개인의 매력과 신념에 의존하는 지배를 말한다. 셋째는 '법이 그렇게 규정한다'는 원리에 따른 합리적·법적 지배로 법과 제도에 근거해 권력이 행사되는 형태다.

베버에 따르면, 현대 사회는 주로 세 번째 지배 형태에 의해 운영된다. 이는 사회의 효율성을 높였지만, 동시에 인간성을 약화시킬 위험도 함께 지니고 있다. 베버는 이러한 상태를 '쇠 감옥'이라 불렀다. 합리성이 지나치게 강조되면서 인간이 자유를 잃고, 마치 거대한 기계의 부품처럼 살아가게 되는 상황을 비유한 표현이다.

베버의 눈으로 보는 근대 사회와 지배

나는 어린 시절부터 병약했고, 오랫동안 신경쇠약으로 고통받으며 학문에 몰두해야 했어. 내 조국 독일은 굴뚝에서 연기가 뿜어져 나오고, 거대한 공장이 들어서며 빠르게 달라지고 있었지. 사람들은 더 이상 신의 뜻이 아니라 법과 규칙에 따라 움직였고, 효율과 계산이 모든 것을 지배하기 시작했어. 나는 그런 사회를 바라보며 문득 이런 질문을 붙들게 되었단다.

"왜 인간의 삶은 점점 자유로워지기보다는 오히려 규칙과 조직에 갇혀 가는 걸까?"

이 답을 찾기 위해 나는 세계의 종교와 법률, 경제 제도를 두루 살펴보았어. 특히 서구 사회에서 자본주의가 어떻게 생겨났는지를 탐구하는 과정은 내 삶을 송두리째 바꿔 놓았지. 『프로테스탄트 윤리와 자본주의 정신』을 쓰던 시절, 나는 종교적 신념이 어떻게 사람들의 삶을 이끌고, 그것이 다시 근대 자본주의의 정신으로 이어졌는지를 깊이 고민했어.

그 여정은 고독하고도 길었지만, 내게 하나의 확신을 남겼어. 근대 사회를 이해하려면 인간이 스스로 부여한 '의미', 그리고 그 의미가 만들어 낸 '합리화'의 힘을 들여다봐야 한다는 것이었지. 이제부터 내 이야기를 조금 더 들어볼래?

"왜 경건한 신앙이 차가운 자본주의의 불꽃을 지폈을까?"

내가 미국 여행길에서 본 풍경은 정말 인상적이었어. 어떤 상인은 하루 종일 땀 흘려 번 돈을 사치에 쓰지 않고, 다시 일에 투자하고 있었지. 그는 그게 자신의 '소명'이라고 말했어. 그 말을 듣고 나는 중요한 걸 깨달았지. 그들을 움직이고 있던 건 단순히 돈을 더 벌고 싶은 욕심이 아니라 종교적 신념이었어.

칼뱅주의 신자들은 자신이 구원받았는지를 알 수 없다는 불안 속에서 살아갔어. 그래서 그들은 세속에서의 성공을 구원의 징표로 여기려 했지. 그 결과 직업은 신이 부여한 부름, 곧 '소명'이 되었고, 사람들은 금욕적으로 일하면서 번 돈을 즐기는 데 쓰지 않고 다시 투자했어.

이 태도는 단순한 근면함이 아니었어. 돈을 버는 행위 자체가 도덕적 의무가 되는 순간이었지. 바로 그 지점에서 나는 근대 자본주의의 정신이 싹트기 시작했다고 보았어.

"합리성은 우리를 자유롭게 하는가, 아니면 우리를 가두는가?"

근대 사회는 무엇보다 '합리성'을 자랑했어. 규칙은 분명했고, 절차는 정해져 있었으며, 모든 일은 효율적으로 돌아갔지. 그 가장 완성된 형태가 바로 관료제였어. 일정한 규칙과 문서, 절차에 따라 운영되는 조직 체계는 효율성과 공정성을 높여 주었지만, 동시에 개인의 자율성과 창의성을 억누를 수 있다는 한계도 안고 있었지.

문서와 규정에 따라 움직이는 체계는 개인의 감정이나 변덕 대신 예측 가능성과 공정함을 보장했어. 겉으로 보면 이보다 더 합리적인 제도는 없어 보였지. 하지만 나는 그 지점에서 의문을 품게 되었어.

"이런 세상에서 인간의 영혼은 어떤 모습으로 남게 될까?"

효율과 계산이 중심이 된 사회에서 사람들은 점점 거대한 기계의 작은 톱니바퀴처럼 여겨지기 시작했어. 열정이나 창의성, 연민 같은 인간적인 가치는 점점 덜 중요한 것으로 취급되었지. 그래서 나는 이런 차갑고 거대한 합리성이 결국 사람들을 '쇠 감옥' 안에 가두게 될 것이라고 경고했어.

우리가 스스로 만들어낸 이성의 낙원이 오히려 인간성을 억누르는 감옥이 될 수 있다는 점, 그것이 내가 말하고자 했던 근대 사회의 가장 큰 역설이야.

"권력은 어떻게 복종을 끌어내는가?"

아주 중요한 질문이야. 단순히 힘으로 위협해 따르게 하는 것은 진정한 의미의 '지배'라고 보기 어려워. 내가 관심을 가졌던 건 사람들이 왜 자발적으로, 그리고 기꺼이 어떤 권위에 복종하는가 하는 점이었어. 다시 말해 지배가 어떻게 정당성을 얻는가의 문제였지. 나는 역사를 살펴보며 지배의 정당성이 크게 세 가지 유형으로 나타난다는 사실을 발견했어.

첫째는 전통적 지배야. '예로부터 늘 그래왔기 때문에' 복종하는 경우지. 오랜 세월 이어져 온 관습과 전통이 권위의 근거가 되는 거야. 왕이나 가부장의 권위가 여기에 속해. 사람들은 그 인물이 특별히 뛰어나서라기보다 그가 왕이기 때문에, 또 가장이기 때문에 따르는 거지.

둘째는 카리스마적 지배야. 이것은 전통이나 규칙이 아니라 한 개인의 뛰어난 능력과 매력에 대한 믿음에서 비롯돼. 예언자나 혁명 지도자, 영웅적인 인물이 여기에 해당하지. 사람들은 그의 특별한 사명감과 힘을 믿고 열정적으로 따르지만, 그 인물이 사라지면 지배 역시 쉽게 흔들릴 수 있다는 한계가 있어.

마지막은 합법적·합리적 지배야. 이것은 근대 사회를 대표하는 형태지. 사람들은 특정 인물이나 오래된 전통이 아니라 공정하게 만들어진 법과 규칙에 복종해. 대통령이나 상사의 지시에 따르는 것도, 그들이 개인적으로 특별해서가 아니라 법적으로 권한을 부여받았기 때문이야. 지배하는 사람 역시 법의 통제를 받는다는 점에서 이 형태는 가장 합리적이고 예측 가능한 체계라고 할 수 있어. 오늘날 대부분의 국가는 바로 이 방식을 바탕으로 운영되고 있지.

나는 이 세 가지 지배 유형을 통해 한 사회의 성격과 변화를 읽어 낼 수 있다고 생각했어. 그렇다면 우리가 살아가는 사회는 어떤 형태의 지배에 의해 움직이고 있을까? 그리고 그 지배는 정말 정당하다고 말할 수 있을까?

"신들이 떠난 시대, 우리는 무엇으로 살아야 하는가?"

근대 사회에서 내가 더 두렵게 느낀 것은 이성이 세상의 신비를 하나씩 벗겨내 버렸다는 사실이야. 과거의 세계는 신과 정령, 마법이 살아 있는 의미로 가득 찬 공간이었지. 하지만 과학의 눈으로 세상을 바라보면서 그런 것들은 미신으로 밀려났고, 세계는 계산 가능한 법칙들의 체계로 바뀌어 버렸어. 나는 이런 변화를 '세계의 탈주술화'라고 불렀어.

이제 사람들은 별을 보며 신의 계시를 읽지 않고, 삶의 의미를 성스러운 경전에서 찾지도 않아. 과학은 우리에게 '어떻게 살아갈 수 있는가'를 설명해 주지만, '왜 살아야 하는가'라는 질문에는 답해 주지 못해. 그래서 우리는 각자의 삶에 의미를 스스로 부여해야 하는, 고독한 존재가 되었지.

이것이 바로 근대라는 시대가 우리에게 남긴 숙명이야. 이제 나는 너에게 묻고 싶어.

"이성의 쇠 감옥 속에서, 그리고 신들이 떠난 이 세계에서, 우리는 인간으로서의 존엄을 어떻게 지켜 나가야 할까?"

〈후일담〉

내 이론, 특히 『프로테스탄트 윤리와 자본주의 정신』은 많은 논쟁을 불러일으켰어. 나는 종교, 그중에서도 프로테스탄트 윤리가 자본주의 정신의 형성에 어떤 영향을 주었는지를 분석했지. 하지만 이에 대해 지나치게 서구 중심적이라는 비판도 있었고, 경제적 요인을 충분히 다루지 않았다는 지적도 나왔어. 관료제에 대한 분석 역시 효율성을 인정하면서도 미래를 어둡게 전망했다는 이유로 여러 해석을 낳았지.

그럼에도 내가 중요하게 여기는 건 하나야. 내가 던졌던 질문들이 지금도 여전히 유효하다는 점이야.

"합리성은 과연 어디까지 추구해야 할까? 그리고 그 과정에서 인간의 가치와 존엄은 어떻게 지켜질 수 있을까?"

"차가운 합리성의 시대, 우리는 어디로 가고 있는가?"

내가 경고했던 쇠 감옥은 오늘날 더 교묘하고, 더 강력한 모습으로 다가오고 있어. 빅데이터와 인공지능 알고리즘은 인간의 삶을 예측하고 통제하는 새로운 합리적 시스템이 되었지. 효율성과 편리함은 극대화되었지만, 우리는 어느새 보이지 않는 규칙과 코드에 의해 점점 더 표준화되고, 파편화되고 있는지도 몰라. 게다가 소셜 미디어에는 확증 편향이 만연해 있어. 사람들은 자신이 믿는 것과 일치하는 정보만 받아들이고, 반대되는 정보는 쉽게 무시하지. 가짜 뉴스는 빠르게 퍼지고, 사람들은 점점 듣고 싶은 말만 듣게 돼. 그 결과 합리적인 토론은 사라지고 사회는 더 깊은 갈등 속으로 빠져들고 있어. 기술의 발전이 오히려 비합리적인 결과를 낳는 역설적인 상황인 셈이지.

그렇다면 우리는 어떻게 해야 할까? 중요한 건 이런 시스템 속에서도 비판적으로 생각하는 힘을 잃지 않고, 인간적인 가치를 지키려는 노력을 멈추지 않는 거야. 시스템에 매몰되지 않고, 끊임없이 질문을 던지는 것. 그것이야말로 내가 말한 '쇠 감옥'을 넘어서는 길이 아닐까?

'베버의 관료제 이론으로 현대 조직 분석하기' 심화 탐구

[탐구 주제] 쇠창살에 갇힌 현대 조직: 막스 베버의 눈으로 본 학교와 우리의 미래

Ⅰ. 탐구 배경: 교실에서 '조용한 사직'을 목격하다.

학교, 회사, 정부 기관 등 현대 사회는 거대한 조직의 네트워크로 이루어져 있다. 우리는 태어나서부터 수많은 조직 속에서 관계를 맺고 역할을 수행하며 살아간다. 그런데 최근 '워라밸(Work-Life Balance)', '번아웃 증후군', 그리고 맡은 일 외에는 더 이상의 노력을 기울이지 않는 '조용한 사직(Quiet Quitting)'과 같은 현상들이 중요한 사회적 화두로 떠오르고 있다. 이는 단순히 개인의 문제를 넘어 우리가 속한 조직의 구조적 문제와 깊이 연관되어 있음을 시사한다.

이러한 현상을 보며 문득 100여 년 전, 사회학자 막스 베버가 남긴 경고가 떠올랐다. 그는 인류의 합리성이 최고조에 달한 조직 형태인 '관료제'가 결국 인간을 감정과 영혼이 없는 '쇠 감옥' 속에 가두게 될 것이라고 예견했다. 베버의 경고는 오늘날 우리가 학교와 미래의 직장에서 겪게 될지 모를 비인간성과 소외의 문제를 정확히 꿰뚫어 보고 있었던 것은 아닐까?

본 탐구는 막스 베버의 관료제 이론이라는 렌즈를 통해 우리가 매일 생활하는 '학교'라는 조직을 심층적으로 분석하고자 한다. 학교는 과연 베버가 말한 관료제의 특징을 얼마나 가지고 있으며, 그로 인한 효율성과 비합리성은 어떻게 나타나는가? 나아가 우리를 옥죄는 쇠창살의 문제를 인식하고, 이를 극복할 대안을 주체적으로 모색하는 것을 최종 목적으로 삼는다.

Ⅱ. 배경 이론 및 핵심 개념

1. 막스 베버의 합리성과 관료제 '이상형(Ideal Type)'

베버는 근대 사회의 핵심 원리를 '합리화(Rationalization)' 과정으로 보았다. 특히 '목적 합리성'이란 어떤 목표를 달성하기 위해 가장 효율적인 수단과 절차를 계산하고 선택하는 행위를 의미한다. 베버에 따르면, 이러한 목적 합리성이 가장 완벽하게 구현된 조직 형태가 바로 관료제이다. 그는 현실의 다양한 조직들을 분석하기 위한 분석 도구로서 관료제의 '이상형'을 제시했으며 그 특징은 다음과 같다.

1) **전문화된 분업**: 업무를 명확히 나누어 효율성을 극대화한다.
2) **권위의 위계**: 상하 관계가 분명한 피라미드 구조로 명령과 보고 체계가 명확하다.
3) **공식적 규칙과 규정**: 모든 업무는 문서화된 규칙에 따라 처리되어 예측 가능성과 공정성을 높인다.
4) **비정의성(Impersonality)**: 개인적 감정이나 관계를 배제하고 오직 규칙에 따라 공평하게 업무를 수행한다.
5) **기술적 자격에 근거한 채용**: 전문성과 능력에 따라 구성원을 선발하고 지위를 보장한다.

2. 관료제의 역설: 쇠 감옥

베버는 관료제가 인류 역사상 가장 효율적인 조직 형태임을 인정하면서도, 그 이면에 숨겨진 어두운 그림자를 보았다. 합리성과 효율성만을 극단적으로 추구하는 관료제 시스템이 결국 개인의 창의성, 자율성, 인간적 감정을 억압하고, 인간을 거대한 조직의 작은 부품으로 전락시킨다는 것이다. 이렇게 비인간화되고 의미를 상실한 채, 오직 규칙과 절차에 얽매여 살아가는 상태를 쇠창살이라는 은유로 표현했다. 이 쇠창살은 현대 조직에서 다음과 같은 역기능으로 나타난다.

1) **인간 소외**: 개인이 조직의 부품처럼 취급되며 정서적 유대감과 자율성을 상실한다.
2) **목표 전치(Goal Displacement)**: 본래의 목표(예: 교육) 달성보다 규칙과 절차 준수(예: 행정 처리) 그 자체가 더 중요한 목적이 되어 버리는 현상.
3) **무사안일주의**: 정해진 규칙만 따르려는 소극적 태도가 만연하여 변화와 혁신을 저해한다.

III. 탐구 과정 및 분석: '우리 학교'라는 작은 관료제 [분석 대상: OO고등학교]

1. 순기능: 효율성을 만드는 학교의 관료제적 특징

우리 학교는 베버가 제시한 관료제 이상형의 특징을 뚜렷하게 보여 준다.

1) **분업/전문화**: 교무부, 학생인권부, 창의체험부, 진로상담부 등 각 부서는 명확히 구분된 업무를 전문적으로 수행하며, 교사들은 국어, 영어, 수학 등 각자의 전공과목을 가르친다. 이를 통해 학교는 복잡한 교육 및 행정 업무를 효율적으로 처리한다.
2) **권위의 위계**: '교장-교감-부장교사-평교사'로 이어지는 명확한 위계질서는 학교

운영에 관한 의사결정과 지시가 신속하게 전달되게 한다. 학생회 역시 '회장-부회장-각부 부장'의 체계를 갖추고 있다.

3) **공식적 규칙:** 학생의 등교 시간부터 복장, 성적 처리, 수상 기준까지 모든 것은 '학칙'과 '내규'라는 문서화된 규칙에 따라 관리된다. 이는 모든 학생에게 공정한 기준을 적용하는 기반이 된다.

4) **비정의성:** 교사는 학생 개개인에 대한 사적인 감정보다 학칙에 따라 학생들을 대하며, 시험 성적 역시 정해진 기준에 따라 객관적으로 평가한다. 이는 공정성을 담보하는 중요한 기제이다.

2. 역기능: 우리를 가두는 '쇠창살' 현상 분석

그러나 이러한 효율성의 이면에는 베버가 경고한 쇠창살의 모습이 존재한다.

1) **목표 전치 현상:** 창의적 인재 양성이라는 교육의 본래 목표보다 엄격한 시험 감독 절차 준수나 생활기록부 행정 처리가 더 중요하게 여겨질 때가 있다. 학생들 역시 지적 탐구의 즐거움보다는 좋은 성적과 스펙이라는 수단에 집착하게 된다.

2) **인간 소외와 비인간성:** 지나치게 규칙과 성과를 강조하는 분위기는 교사와 학생 간의 인간적인 소통을 가로막는다. 학생은 상담의 대상이 아닌 관리의 대상으로 교사는 교육자가 아닌 행정가나 평가자로 느껴지며 번아웃을 경험하게 된다. 개성과 특수성은 무시된 채 모두가 규칙이라는 틀에 맞춰진다.

3) **창의성 저해:** 모든 것이 정해진 절차와 규칙에 따라 이루어지는 환경은 학생들이 스스로 문제를 발견하고 해결하는 창의적인 시도를 위축시킨다. '혹시 틀리면 어떡하지?'라는 생각에 정해진 답만 따르려는 경향이 강해진다.

IV. 결론 및 제언: 쇠창살의 창문을 여는 방법

막스 베버의 관료제 이론은 100년이 지난 지금도 현대 조직의 빛과 그림자를 분석하는 데 매우 유용한 틀을 제공한다. 우리 학교의 사례를 통해 보았듯이 관료제는 조직 운영의 필수적인 효율성과 공정성을 담보하는 순기능을 하지만 동시에 인간을 소외시키고 목표를 변질시키는 쇠창살이라는 강력한 역기능을 내포하고 있다.

중요한 것은 관료제를 완전히 없애는 것이 아니라 그 역기능을 최소화하고 쇠창살에 작은 창문을 내는 노력을 하는 것이다. 우리 학교의 쇠창살 문제를 완화하기 위해 다음과 같은 대안을 제시한다.

1. **작은 자율 공동체 활성화:** 교사와 학생들이 팀을 이루어 학교 규칙이나 교육과정의

일부를 자율적으로 기획하고 운영해 보는 '프로젝트 기반 학습(PBL)'을 확대한다. 이는 위계 구조를 벗어나 수평적 협력을 경험하고 창의성을 발휘할 기회를 제공할 것이다.

2. 회복적 소통의 공식화: 규칙 위반 시 처벌 위주의 대응을 넘어, 대화와 토론을 통해 문제의 원인을 파악하고 관계를 회복하는 '회복적 생활교육'을 도입한다. 이는 비인간적인 규칙 적용을 넘어, 공동체의 신뢰와 유대를 강화하는 데 기여할 수 있다.

3. '딴짓'의 가치 인정: 정규 교육과정 외에 학생들이 자유롭게 실패하고 도전할 수 있는 학생 주도 동아리나 아이디어 경진대회에 대한 지원을 확대한다. 효율성 바깥의 비합리적 활동들이 오히려 조직에 새로운 활력을 불어넣고 개인의 성장을 이끌 수 있다.

베버는 쇠창살로부터의 탈출이 쉽지 않을 것이라 비관했지만, 동시에 인간의 주체적인 성찰과 실천의 가능성을 완전히 닫아두지는 않았다. 우리가 속한 조직의 합리성을 비판적으로 성찰하고, 그 안에서 인간적 가치를 회복하려는 작은 시도들이 모일 때, 비로소 우리는 굳게 닫힌 쇠창살의 문을 조금씩 열어젖힐 수 있을 것이다.

V. 참고 자료

Weber, M. (1997). 『경제와 사회 1』(박정자 외 번역). 나남출판; 김호기, 유팔무 외. (2006). 『새로운 사회를 여는 교육』. 창비; 정재명, 오경아, 민소정. (2006). 『주요국의 공무원 인사제도에 관한 연구』. 한국행정연구원; 이문석. (2007). 「Max Weber의 관료론」. 『한국사회와 행정연구』, 18(1), 181-203; Weber, M. (2010). 『프로테스탄티즘의 윤리와 자본주의 정신』(김덕영 번역). 길; 김덕영. (2010). 『막스 베버, 이 사람을 보라』. 자음과모음; 박응격 외. (2018). 『교육행정 및 교육경영』. 학지사; 김용. (2020). 『조용한 사직』. 21세기북스.

<세특 예시>

막스 베버의 관료제 이론을 적용하여 현대 학교 조직을 분석하고, '쇠창살' 은유의 의미 탐구를 수행함. 문헌 연구를 통해 합리화 과정과 관료제의 이상형(분업, 위계, 규칙, 비정의성, 자격주의) 정리함. 학교 현장을 분석하여 관료제가 지닌 효율성과 공정성의 순기능 확인함. 동시에 목표 전치, 인간 소외, 창의성 저해 등의 역기능을 사례로 제시함.

이러한 역기능을 극복하기 위한 대안으로 '작은 자율 공동체 활성화', '회복적 소통 제도화', '학생 주도적 활동 보장' 등의 실천 방안 제시함. 탐구 과정에서 조직 구조의 빛과 그림자를 균형 있게 분석하며, 베버의 이론을 학교라는 구체적 맥락에 연결하여 비판적 사고와 문제 해결 역량을 보여 줌.

시민이 주인이 되는 사회

장 자크 루소

시민의 자유와 권리를 보장하는 민주주의가 제대로 작동하려면, 그 정치 체제가 어떤 원리에 바탕을 두고 있는지 성찰하는 시선이 필요하다. 이런 점에서 장 자크 루소Jean-Jacques Rousseau의 사상은 중요한 탐구 대상이 된다.

루소는 시민 모두가 공동체의 법을 만들고 결정하는 '직접민주주의'를 이상적인 정치 형태로 보았다. 그는 시민 사이의 계약으로 형성된 일반의지가 진정한 주권이며, 민주 사회에서 시민은 공동체에 적극적으로 참여할 책임이 있다고 강조했다.

루소의 사상은 오늘날 시민 참여와 민주주의의 발전을 이해하는 데 중요한 통찰을 제공한다. 그의 사회 계약론은 우리가 민주주의 사회에서 권리를 누리는 존재를 넘어 정치 공동체의 주체로 어떻게 살아가야 하는지를 묻게 한다.

사회는 우리를 더 자유롭게 만들었을까

1762년 어느 날, 파리 한복판의 한 서점 앞. 사람들은 한 남자를 바라보고 있었다. 그의 이름은 장 자크 루소. 이미 여러 차례 사회의 비난과 추방을 겪었던 그는 이번에도 사회와 권력의 경계에 서 있었다. 그가 손에 들고 있던 책은 평범한 철학서가 아닌 『사회계약론』. 그가 쓴 『사회계약론』은 당시 권력자들에게 위협이 되는 '문제의 책'이었다.

이 책에는 '주권은 국민에게 있다'는 과감한 주장이 담겨 있었다. 왕과

귀족이 독점해 온 권력은 이제 시민 모두에게 속해야 한다는 내용이었다. 책이 출간되자마자 권력자들은 즉각 반응했다. 루소는 파리에서 추방되었고 그의 책은 금서가 되었다. 그러나 사람들의 마음속에 던져진 질문까지 사라지지는 않았다.

"왜 어떤 사람들은 태어날 때부터 더 많은 권리를 갖는가?"

"진정한 평등이란 무엇인가?"

루소는 바로 이 질문을 오랫동안 품어 온 사람이었다. 그가 생각한 자연 상태의 인간은 누구의 지배도 받지 않고, 다른 사람에게 해를 끼칠 필요도 없는 존재였다. 사람들은 서로 독립적이면서도 비교적 평화롭게 살아가고 있었다. 그러나 문명과 사회가 발전하면서 사유 재산의 개념이 등장했고, 그로 인해 사회적 불평등이 생겨났다고 그는 보았다.

이 문제를 해결할 길로 그가 제시한 것은 교육이었다. 특히 '자연에 따른 교육'을 강조하며 아이는 억지로 길들여야 할 존재가 아니라 자연스럽게 성장하며 스스로 생각하고 판단하는 힘을 길러야 할 존재라고 보았다. 그런 교육이 이루어질 때 건강한 사회가 시작될 수 있다고 믿었다.

이러한 생각은 당시 사회를 뒤흔들기에 충분했다. 루소가 겪어야 했던 비난과 추방은 단지 한 개인에 대한 공격이 아니라 새로운 세상을 꿈꾸는 사상 자체에 대한 공격이었다. 사람들은 서로에게 물었다.

"우리가 믿어 온 권력과 질서는 과연 정당한가?"

"진짜 자유와 평등은 어디에서 시작되는가?"

"한 사람 한 사람이 주인이 되는 사회는 가능한가?"

이 질문들은 루소가 평생 붙들고 고민했던 물음이었다. 그리고 그 질문은 지금도 우리 사회에 여전히 유효하다.

루소의 눈으로 보는 시민과 정치

나는 어릴 때 가족의 보호를 제대로 받지 못한 채, 불안정한 환경에서 자랐어. 어머니는 내가 태어난 지 얼마 되지 않아 돌아가셨고, 아버지는 나를 남겨 두고 고향인 제네바를 떠나셨지. 그로 인해 나는 이곳저곳을 떠돌며 살아야 했어. 하인으로 일할 때도 있었지. 그때부터 내 마음속에는 이런 의문이 자리 잡기 시작했던 것 같아.

"사람은 왜 태어난 배경에 따라 이렇게 다른 대우를 받아야 할까?"

이 생각은 1753년, 프랑스 디종 아카데미에서 '인간 불평등의 기원'을 주제로 한 논문 공모가 열렸을 때 본격적으로 깊어졌어. "불평등은 도대체 어디에서부터 시작된 걸까?"라는 질문 앞에서 나는 오랫동안 고민했지. 그 고민은 내 인생 전체를 흔들어 놓았고, 결국 인간은 자유롭고 평등하게 살아야 한다는 결론에 이르게 되었어.

이것이 바로 내가 '시민과 정치'에 대해 생각하게 된 출발점이었단다. 이 신념을 지키려다 보니 나는 정치적으로 많은 비난과 박해를 받게 되었어. 귀족들의 후원을 거절하고 일부러 가난과 고독을 선택하기도 했지. 아카데미에서는 결국 상을 받지 못했지만, 그건 더 이상 중요하지 않았어. 그 논문을 준비하는 과정에서 인간 사회를 깊이 생각할 수 있는 계기를 얻었으니까.

그러면서 나는 한 가지 생각을 품게 되었어. 우리를 악하게 만드는 건 인간 그 자체가 아니라, 우리가 살아가는 이 '사회'가 아닐까 하는 생각. 사회가 생기기 전, 자연 상태에서의 인간은 지금처럼 남을 짓밟고 올라서려 하기보다는 그저 살아가기 위해 자신을 지키고, 다른 이가 고통받는 모습을 보면 그 고통을 피하려는 마음을 지녔을 거라고 나는 보았어.

이 생각은 당시 프랑스 사회에 널리 퍼져 있던, '인간은 태어날 때부터 이기적이고 악하다'는 성악설적 관점과 크게 달랐기 때문에 많은 비난을 받았어. 물론 이것은 하나의 가설일 뿐이었지. 하지만 나는 불평등하고 부당한 현실 사회를 비판하고, 무엇이 옳은 기준인지 드러내기 위해서는 이런 가설을 바탕으로 고민하고 연구해 보는 과정이 필요하다고 여겼어.

그래서 나는 새로운 사회의 모습을 떠올리며 여러 책을 통해 내 생각을 하나씩 정리해 나가기 시작했어. 절대왕정을 바탕으로 강력한 군주제가 유지되던 당시 프랑스 사회에서 이런 생각은 분명 혁명적인 발상이었지.

어때? 관심이 생기지 않니? 괜찮다면 내 이야기를 조금 더 해 볼게.

"우리 인간 사회는 언제 타락했을까?"

내가 살았던 18세기 유럽은 절대왕정이 절정에 이르렀던 시대였어. 당시 사회는 사람들의 계급을 엄격하게 나누고, 계급에 따라 착취하는 것과 착취당하는 것을 당연하게 여기고 있었지. 나는 사회가 왜 이렇게 되었는지 오래 고민했어. 그리고 한 가지 깨달음에 이르게 되었어.

그건 바로 사람들이 가족을 이루고, 일을 나누며, 서로 협력하는 과정에서 각 개인의 역량 차이가 생기기 시작했다는 거야. 노동과 분업이 발전하면서 역할과 능력의 차이가 나타났고, 그것이 점차 사회적 불평등의 씨앗이 되었지. 그런데 진짜 문제는 그다음에 발생해. 누군가가 처음으로 "이건 내 거야!"라고 선언하는 순간, 다시 말해 '사유 재산'이라는 개념이 처음 등장할 때 가진 사람과 그렇지 못한 사람이 분명히 나뉘었고, 사람들의 마음속에는 욕심과 경쟁이 깊게 자리 잡기 시작했어.

과학과 예술이 발전하면서 지식과 풍요는 늘어난 것처럼 보였지만, 나는 그 이면에서 나태와 허영, 사치가 함께 자라고 있다고 느꼈어. 겉으로는 발전하고 있지만, 오히려 인간의 도덕성과 인간다움과 같은 내면은 약해지고 있는 건 아닐까 하는 의문이 들었던 거지.

부와 지식이 눈부시게 늘어나고 있음에도 도덕적·정치적 진보가 따라오지 않는 현실은 나에게 큰 충격이었어. 끝없는 경쟁 속에서 이익과 권력은 소수에게 집중되었고, 부자들의 사치는 가난한 사람들을 더욱 궁

핍하게 만들고 있었지. 나는 이런 불평등이 사회를 서서히 병들게 한다고 보았어. 이것이 내가 생각한 인간 사회가 타락하게 된 과정이야.

"자연 상태는 지금과 무엇이 다른가?"

나는 타인의 간섭도 없고, 사유 재산도 없으며, 지배 관계도 존재하지 않는 상태를 '자연 상태'라고 가정했어. 그리고 그 상태에서 인간의 본성이 어떻게 드러나는지를 탐구했지. 나는『인간 불평등 기원론』에서 자연 상태를 이상적인 사회의 기원으로 설명했지만, 그렇다고 자연 상태로 다시 돌아갈 수 있다고 생각한 건 아니야. 자연 상태에서 평화롭게 살아가던 인간이 사회를 이루는 과정에서 타락하게 되었는데, 이 문제를 어떻게 해결할 것인가에 대해 생각한 거지.

자연 상태의 인간은 지금과 달리 끊임없이 남과 자신을 비교하지도 않았고, 누가 더 많이 가졌는지를 따지지도 않았어. 자기 생존에 필요한 것만을 추구했을 뿐이고, 다른 사람에게 해를 끼칠 이유도 거의 없었지. 오히려 남을 불쌍히 여길 줄 아는 연민, 그리고 자기 자신을 아끼는 마음이 인간 본성의 바탕이었을 거라 생각해. 하지만 사회가 조직되고 사유 재산이 생기면서부터 경쟁이 시작되었고 이로 인해 누가 더 높고 낮은지, 어떻게 해야 더 높아질 수 있는지가 중요한 문제로 자리 잡게 되어 버렸어.

또 자연 상태에서의 불평등이라고 해 봐야 신체적 특성에서 오는 물리적 힘의 차이뿐이었을 거야. 지금처럼 어느 집안에서 태어났는지, 얼마나 많은 재산을 가졌는지에 따른 사회적 불평등은 존재하지 않았지. 나는 인간 본성이 어떻게 타락했는지를 이해하기 위해 이러한 자연 상태를 실제로 존재했던 역사적 현실이라기보다는 앞서 이야기했던 가설을 설명하기 위한 출발점으로 삼았어.

내가 말하고 싶었던 핵심은 우리가 자연 상태로 완전히 돌아가야 한다는 게 아니라, 자연 상태의 인간이 지녔던 연민과 평화로움 같은 덕목들을 지금의 사회 속에서 어떻게 실현할 수 있을지를 고민해야 한다는 것이었어. 그래서 나는 교육과 사회 제도 같은 현실적인 개혁을 중요하게 강조했던 거야.

그럼, 이 질문을 바탕으로 다음 이야기를 이어 가 보자.

"우리는 정말 자유로운가?"

나는 『사회계약론』의 서문을 이렇게 시작했어.

"인간은 자유롭게 태어났지만, 어디서나 쇠사슬에 묶여 있다."

이 불평등한 사회의 쇠사슬에 묶여 있는 우리가 되찾아야 할 것은 단 하나, 바로 인간의 '자유'라고 나는 생각했어. 사회가 형성되기 전, 인간은 본래 자유로운 존재였어. 그런데 아이러니하게도 문명사회로 들어오면서 우리는 그 자연적 자유를 잃어버리게 되었지. 나는 당시 유럽의 계몽주의자와는 달리 사회가 저절로 발전하고 더 좋아진다고 믿지 않았어. 오히려 제대로 된 사회를 세우고 자연적 자유를 되찾기 위해서는 근본적인 변화가 필요하다고 보았지.

그래서 내가 제시한 것이 자유를 지키기 위한 약속, 바로 '사회 계약'이야. 사람들은 사회 계약을 통해 자연 상태에서의 자유를 일부 포기하는 대신, 시민으로서의 자유를 얻게 된다고 나는 생각했어. 이 시민적 자유는 단순한 자연 상태의 자유보다 한 단계 더 발전한 자유라고 할 수 있어.

나는 『사회계약론』에서 주권은 군주가 아니라 국민에게 있으며, 국민은 사회 계약을 통해 새로운 시민적 자유를 누릴 수 있다고 말했어. 태어날 때부터 자유롭고 독립적인 존재였던 인간의 모습을 다시 회복하자는 뜻이었지. 그렇다고 사회를 파괴해서 모든 불평등을 없애고, 원시 상태로 돌아가자고 주장한 건 아니야. 이미 인간은 사회의 불평등한 현실 속에서 순수성을 잃었고, 이제는 법률과 통치자 없이는 살아갈 수 없는 존재가 되었으니까. 이 문제에 대해서는 다음 질문에서 좀 더 구체적으로 이야기해 볼게.

"법은 우리를 억압할까, 지켜 줄까?"

우리는 앞에서 사회 계약을 통해 시민적 자유를 누릴 수 있다고 말했지. 그렇다면 계약만 맺으면 시민들은 곧바로 자유로워지는 걸까? 나는 그 과정에 숨어 있는 논리를 하나씩 살펴봐야 한다고 생각했어.

먼저 시민들이 사회 계약을 맺기 위해서는 '일반의지'를 가져야 해. 일반의지는 각자가 자기 이익만을 좇는 특수 의지와도 다르고, 단순히 숫자로 결정하는 다수결과도 달라. 그것은 우리 사회 전체의 공익을 향한 선한 의지야. 개인의 이익이 아니라 모두에게 이로운 방향을 생각하는 마음이라고 보면 돼. 이런 일반의지가 사회의 기준이 되고, 사회를 움직이는 힘이 된다면 어떨까?

두 번째로 나는 "주권은 국민에게 있다."라고 말했어. 이 말은 한 나라와 사회가 특정한 개인이 아니라 국민 전체의 일반의지에 따라 운영되어야 한다는 뜻이야. 사회 계약을 통해 시민들의 일반의지가 형성되고, 그것이 불평등하고 불합리한 사회를 바꾸는 힘이 될 수 있다고 나는 보았어.

내가 그린 사회는 이런 모습이었어. 공동체 전체의 이익을 향한 일반 의지가 법이 되고, 국민이 그 법을 남이 강요한 규칙이 아니라 스스로 참여해 만든 기준으로 받아들이는 사회 말이야. 그런 법은 우리를 묶는 쇠사슬이 아니라, 오히려 우리를 더 자유롭게 만드는 힘이 될 수 있다고 나는 생각했어. 어때, 이제 조금 이해가 되니?

"모두의 의지를 하나로 모을 수 있을까?"

현실에서 공동체 전체의 이익을 위한 '일반의지'를 모은다는 건 쉽지 않은 일이야. 하지만 내가 이야기하는 것은 현실을 그대로 설명하려는 게 아니라 '현실 사회를 돌아보기 위한 기준', 다시 말해 우리가 나아가야 할 이상향을 제시한 거야. 일반의지는 자유를 억압하기 위한 것이 아니라, 자유를 지키고 넓히기 위해 꼭 필요한 의지라고 생각했어.

그래서 나는 이 일반의지를 '법'이라는 형태로 분명하게 만들고 공동체에 적용할 때, 비로소 진정한 시민적 자유가 실현된다고 보았어. 이때의 법은 공동체 구성원 모두의 '공동선'을 목표로 해야 하고, 그 정당성은 시민들의 일반의지에서 나와야 해. 시민적 자유는 자연 상태에서의 로빈슨 크루소처럼 아무 제한도 없는 자유가 아니야. 그것은 공동체가 스스로 만든 법을 따르는 자유이면서 동시에 누구에게도 함부로 지배당하지 않는 상태를 뜻해. 그래서 나는 『사회계약론』에서 이렇게 말했어.

"법 없이는 자유가 없고, 법 위에 누군가 있는 곳에서도 자유는 없다."

내가 말한 법은 모두의 자유와 평등을 지키기 위한 장치이지, 억압하기 위한 수단이 아니야. 지금의 현실이 그렇게 보이지 않을 수도 있지만, 사회는 계속 이상을 향해 나아가려는 노력을 멈추지 않아야 한다고 나는 생각했어. 그런 의미에서 내가 제시한 이 생각들은 지금도 정치학에서 여전히 의미 있게 다뤄지고 있단다.

"정당한 법을 만들기 위해선 개인이 도덕적이어야 하지 않을까?"

자연 상태의 인간과 달리 문명사회 속에서 살아가던 사람들은 이미 정의롭지 못한 사회, 곧 불평등한 현실 속에서 익숙해져 있었어. 그런 사람들에게 일반의지를 모아 정당한 법을 만들고 그 법을 따르라고 말하는 것은 쉽게 받아들이기 어려운 이야기였지. 그래서 나는 이 문제를 『에밀』에서 '교육'을 통해 해결해야 한다고 주장했어.

내 생각은 이랬어. 교육을 통해 도덕적 자유를 지닌 인간을 길러낼 수 있고, 그런 사람들이 많아져 일반의지가 형성된다면, 그에 따라 만들어진 법도 자연스럽게 정당성을 갖게 될 것이라는 거야.

그런데 왜 내가 이렇게까지 교육을 중요하게 여겼을까? 나는 내 삶에서 현실과 신념이 계속 부딪히는 경험을 하며 살아왔어. 그래서 어떤 사람들은 나를 모순된 인물이라고 평가하기도 해. 예를 들면, 나는 실제로 내 아이들을 고아원에 보내는 선택을 한 적이 있어. 이 결정은 오랜 고민과 현실적인 상황에서 내려진 것이었고, 이런 삶의 모습은 이후 내 교육 사상에도 비판의 대상이 되었지.

하지만 나는 그 경험 속에서의 깊은 고민, 그리고 현실과 이상 사이의 갈등이 오히려 『에밀』을 통해 교육의 본질을 더 깊이 탐구하게 만들었다고 생각해. 진정한 교육이 무엇인지, 그리고 자연적 자유를 어떻게 되찾을 수 있는지를 나는 에밀이라는 가상의 인물을 통해 이야기했어. 한 번쯤 읽어보는 것도 의미 있는 경험이 될 거야.

나는 공동체의 일원으로 살고 있을까?
→ 루소를 따라 생각해 보는 심화 탐구

'공공선 실현을 위한 법률' 창안 활동

[탐구 주제] 기회 평등·세대 상생 기본법 (가칭)

Ⅰ. 탐구 배경
요즘 계층 간 자산·기회 격차와 세대 갈등, 초고령사회 진입 등 여러 사회문제가 심각하다고 느꼈다. 루소의 '일반의지'와 '공공선' 개념을 배우고, 이런 원칙을 바탕으로 실제 사회문제를 해결할 법안이 창안될 수 있는지 스스로 고민해 보고 싶어서 이 탐구를 시작하게 되었다.

Ⅱ. 배경 이론 및 핵심 개념
1) 일반의지(루소): 공공선을 중심으로 법을 만들고 따르는 것을 강조한다.
2) 우리 사회의 문제: 자산 격차와 기회 불평등, 노인 빈곤, 청년 취업난, 부의 대물림 등은 지금 대한민국이 당면한 현실적인 이슈이다.
3) 탐구 질문: 모두가 참여하고 동의할 수 있는 '공공선 법률'은 어떤 내용이어야 하는가?

Ⅲ. 법률 창안 과정
1) 문제 분석 및 사례 조사: 자산 격차, 세대 갈등, 주거 불안, 사회적 약자 보호 등 주제로 조원들과 신문·보고서를 조사했다. 스위스 국민발안제, 한국의 국민 참여제도 등 국내외 사례를 참고해 국민 참여와 사회연대가 강조된 정책의 장단점을 분석했다.
2) 조별 토론 및 초안 작성: 단순한 단기 복지 확대만으로는 문제의 근본 해결이 어렵기 때문에 기회 보장, 세대 상생, 불평등 해소, 국민 직접 참여를 모두 담은 기본법이 필요하다.
3) 법률 조문 및 내용 확정: 토론과 설문(학급 대상 찬반투표) 결과를 반영해 아래와 같은 내용을 중심으로 법안을 구성했다.

주요 조항	요약 설명
제1조(목적)	공공선을 위한 기회 보장·세대 연대·불평등 해소 등 사회 통합 실현
제2조(공정 기회 보장)	교육, 취업, 주거 등 청년·취약계층 기회 확대, 공공임대 확대
제3조 (세대 상생 기금 및 연대 강화)	부유층·대기업 등 사회적 주체의 기여로 기금을 조성, 노후·청년·보육 등 균형 사용
제4조 (부의 대물림 완화)	상속·증여세 강화 및 사회공유자산 조성, 청년·서민 자산 형성 지원
제5조 (직접 참여와 정책 감시)	국민참여단, 대토론회 도입, 정책 집행 과정의 직접 국민 참여 보장
제6조(불평등 감시 및 개선)	국가가 매년 자산·기회 격차 현황 공개, 즉각적 개선 의무

Ⅳ. 토론 및 수정 과정

1) 초안 설문 조사(22명 참여): '적극 찬성' 14명, '필요하지만 방식 보완' 6명, '시기상조' 2명.
2) 보완 의견: 재원 마련 현실성, 정책 남용 방지 필요성 등 지적 → 실제 운영 시 사회적 합의 과정·공론장 마련도 규정에 추가.

Ⅴ. 느낀 점 및 시사점

이번 탐구를 통해 법률 창안은 단순히 규칙을 정하는 것이 아니라, 모두의 행복과 공공의 이익, 미래 세대의 권리까지 두루 고려하는 책임 있는 작업임을 깨달았다. 각자의 입장만 주장할 때 해결되지 않던 문제들이 서로의 이해를 인정하고 '모두를 위한 법'을 고민할 때 희망적인 대안이 될 수 있다는 것을 깨달았다.

Ⅵ. 참고 자료

서울연구원. 「장벽사회, 청년 불평등의 특성과 과제」 이슈페이퍼 No.344. 2021; 이주미, 김태완. 「청년층 불평등 현황과 과제: 노동시장, 소득 및 자산을 중심으로」 한국보건사회연구원. 연구보고서 2022-03. 2022; 국무조정실, 「대한민국 청년기본법 시행령 및 실태조사 관련 정책자료」 2021.

악은 평범한 얼굴을 하고 있다

한나 아렌트

시민의 권익을 지키기 위해서는 정치 과정에 시민이 적극적으로 참여해야 한다는 문제의식에서 한나 아렌트Hannah Arendt의 사상은 중요한 탐구 대상이 된다. 아렌트는 민주주의가 제대로 작동하려면 시민이 단지 선거에 참여하는 것만으로는 충분하지 않다고 보았다. 그녀는 시민이 '공론장'에 나와 자신의 의견을 말하고, 다른 사람들과 토론하며 서로의 생각을 나누는 행동을 민주주의의 핵심으로 이해했다. 정치는 일부 정치인만의 일이 아니라, 시민이 함께 만들어 가는 활동이라고 본 것이다.

또한 아렌트는 시민들이 정치에 무관심해지고 공적인 문제에 침묵하면, 그 틈을 권위적인 권력이 차지할 수 있다고 경고했다. 그래서 시민 참여는 민주주의를 지키기 위한 중요한 조건이라고 강조했다. 이처럼 아렌트의 사상은 우리가 왜 사회문제에 관심을 가져야 하는지, 왜 서로 다른 생각을 나누는 과정이 중요한지를 생각하게 해 준다.

생각하지 않는 인간의 위험

1961년 봄, 전 세계의 시선이 예루살렘의 한 법정으로 향했다. 단정한 재판정 안에는 기자들과 유대인 생존자들이 자리를 가득 메우고 있었고, 방청석 앞줄에는 유난히 차분해 보이는 한 여인이

아이히만 재판 장면

앉아 있었다. 그녀의 이름은 한나 아렌트였다. 독일 태생의 유대인 철학자였던 그녀는 미국의 시사 주간지 《뉴요커^{New Yorkee}》의 특파원 자격으로 참석했다. 그러나 그녀는 이 재판을 단순히 기자의 시선으로만 바라보고 있지는 않았다.

1906년 독일의 한 유대인 가정에서 태어난 아렌트는 1933년 나치 독일 정권의 유대인 박해를 피해 프랑스 파리로 이주했다. 그러나 제2차 세계대전이 발발하고 나치가 파리를 점령하자, 그녀는 다시 위험을 피해 1941년 미국으로 이민을 떠나야 했다. 이런 삶의 경험을 지닌 그녀에게 이 재판은 단순한 취재 대상이 아니었다. 유대인으로서 느끼는 책임감, 그리고 철학자로서 "도대체 이런 일은 어떻게 가능했을까?"라는 질문이 그녀를 그 자리에 서게 한 것이다.

이 재판은 아렌트에게 단순히 선과 악을 가르는 문제가 아니었다. 그것은 인간이 스스로 생각하기를 멈출 때 어떤 일이 벌어지는지, 그리고 책임이란 무엇인지 묻는 질문이었다. 다시 말해 인간과 사유의 본질을 깊이 파고드는 하나의 출발점이었다.

재판의 피고는 아돌프 아이히만^{Adolf Eichmann}이었다. 그는 나치 친위대 장교 출신으로 유대인 이주 정책을 실무적으로 총괄한 인물이었다. 수백만 명의 유대인을 강제로 이송해 수용소로 보내는 일을 관리했고, 그가 짠 열차 시간표와 이송 계획은 정교한 행정 체계 안에서 움직였다. 유대인을 제거해야 할 대상으로 규정하고, '최종 해결책'이라는 이름 아래 학살로 이어지는 과정에서 그는 중요한 역할을 했다.

아이히만이 관여한 강제 이송은 나치에 의해 학살된 최소 600만 명의 유대인 가운데 상당수의 죽음과 연결되어 있었다. 그러나 그는 법정에서 "나는 명령을 따랐을 뿐이다."라고 주장했다. 이 한마디로는 그 참혹한 현실을 설명하기에 턱없이 부족했다.

사람들은 그가 법정에서 괴물 같은 고백을 쏟아낼 것이라고 예상했다. 하지만 한나 아렌트가 마주한 모습은 달랐다. 피고석에 앉은 아이히만은 지극히 평범해 보였다. 깔끔한 회색 양복에 잘 다려진 셔츠, 단정한 머리 모양. 그는 고개를 들고 법관의 질문에 조용하고 논리적으로 답했다. 가끔 변호사와 귓속말을 나누었지만 동요한 기색은 거의 없었다. 그리고 그는 거듭 말했다. 자신은 단지 명령을 수행했을 뿐이며, 법을 어긴 적도 없다고.

아렌트의 눈에 비친 아이히만은 괴물이라기보다 지극히 평범한 인간에 가까웠다. 그의 눈빛에서 노골적인 잔인함은 읽히지 않았고, 목소리는 담담했다. 자신이 저지른 일에 대한 깊은 반성도, 강한 부정도 드러나지 않았다. 그는 그저 주어진 명령을 따랐을 뿐이라고 반복해서 말할 뿐이었다. 아이히만은 나치 정권이 만들어낸 관료적 언어의 틀 안에서만 자신의 행동을 설명했다.

'최종 해결책', '유대인 이송 계획', '법적 절차에 따른 결정'

그의 말에는 현실에서 벌어진 피와 고통의 흔적이 느껴지지 않았다. 모든 것이 차갑고 건조한 행정 용어로 바뀌어 있었기 때문이다. 그날 이후 아렌트는 법정을 오가며 자신에게 끊임없이 질문을 던졌다.

'이렇게 평범해 보이는 사람이 어떻게 그런 끔찍한 일에 깊이 관여할 수 있었을까?'

아렌트의 눈으로 보는 권력과 책임

나는 아직도 그 장면을 잊을 수가 없어. 내 눈에 비친 아이히만은 겉
보기엔 정말 평범했어. 성실해 보였고 태도도 얌전했지. 그런데 이상하
게도 바로 그 점 때문에 오히려 소름이 끼쳤어. 어떻게 저렇게 평범한 사

람이 그렇게 끔찍한 일에 깊이 관여할 수 있었을까? 그는 재판 내내 이렇게 말했어.

"나는 상부의 명령을 따랐을 뿐이다."

그 말을 들었을 때, 나는 '정말 명령을 따랐다는 이유만으로 책임에서 벗어날 수 있을까? 생각하지 않고 따르기만 하면 죄가 되지 않는 걸까?'라는 질문과 함께 깊은 고민을 시작하게 되었어. 우리는 어떤 순간에 스스로 판단하기를 멈추는지, 그리고 그 결과로 인한 개인의 책임을 피할 수 있는지에 대한 고민 말이야.

재판을 지켜보며 내가 본 것은 단지 한 전범의 변명이 아니었어. 생각 없이 살아가는 인간이 얼마나 위험해질 수 있는지를 목격한 거였지. 아이히만은 스스로 판단하려 하지 않았어. 그저 주어진 명령을 그대로 따랐고, 사용하는 말조차도 나치 정권이 만들어 놓은 표현들만 반복했지. '최종 해결책', '이송 계획', '법적 절차' 같은 말들 말이야. 그 언어에는 고통도, 피도, 책임도 담겨 있지 않았어.

나는 그 얼굴에서 악마를 본 게 아니야. 대신 생각을 멈춘 인간의 텅 빈 모습을 보았지. 그 모습을 통해 그 어떤 침묵보다 더 무서운 것은 '자기 자신에게 아무 질문도 던지지 않는 삶'이라는 사실을 깨닫게 되었어. 이 사건 이후로 나는 인간이 언제 "나는 지금 무엇을 하고 있는가?"라는 자기 성찰적 질문을 멈추게 되는지 생각하게 되었어.

이제부터, 나 아렌트의 시선으로 이 문제들을 하나씩 정리해 보려고 해.

"아이히만은 무엇을 생각하지 않았을까?"

아이히만이 생각하지 않았다는 말은 그가 지능이 낮거나 무지했다는 뜻이 아니야. 문제는 자신의 행동에 대해 깊이 성찰하지 않았다는 점이었어. 그는 상부에서 내린 명령에 대해 옳고 그름을 따지지 않고 그저 시키는 대로 움직였지. 나는 제2차 세계대전 이후 열린 전범 재판에서 그가 거의 죄책감을 느끼지 않은 채 자신을 변론하는 모습을 보고 큰 충격을 받았어. 그 재판을 지켜보며 흔히 말하는 '악의 평범성^{Banality of Evil}'이라는 개념이 떠올랐던 것 같아. 이 말은 누구나 무조건 악해질 수 있다는 뜻이 아니야. 특정한 이념적 환경 속에서, 그리고 무엇보다 사유를 멈춘 채 무비판적으로 행동할 때, 얼마나 큰 해악이 발생할 수 있는지를 경고하는 개념이지.

하지만 사실 내가 가장 강조하고 싶었던 건 이 용어 자체가 아니었어. 내가 정말 말하고 싶었던 건, 인간이 어떻게 생각하기를 멈추게 되는가, 그리고 그런 무사유의 상태에서 '공적 삶과 자유로운 행위가 어떻게 위협받는가'라는 문제였어. 이 이야기는 조금씩 더 이어서 해 보자.

"생각하는 인간은 어떤 모습일까?"

나는 유대인 학살과 같은 끔찍한 일이 가능했던 이유 가운데 하나가 무관심하고 깊이 생각하지 않았던 다수의 태도에 있었다고 보았어. 나 역시 독일에 살던 유대인이었으니까. 나치가 집권한 뒤 탄압을 피해 프랑스로 망명했지만, 파리에서 붙잡혔을 때는 정말 절망적인 상황이었지. 나는 다른 유대인들에게 함께 떠나자고 말했어. 그런데 많은 이가 "조금만 기다리면 상황이 나아질 거야."라며 오히려 나를 말리면서 이렇게 말하더군.

결국 나와 비슷한 판단을 한 소수만 탈출에 성공했고, 많은 사람이 나치의 손에서 벗어나지 못한 채 목숨을 잃었어. 안타깝게도 그들은 익숙한 일상에 머물러 있었고, 상황을 정치적으로 바라보려 하지 않았지. 모든 것이 예전처럼 흘러갈 것이라고 믿고 있었던 거야.

그 경험 이후 나는 어떤 상황이 발생하든지 쉽게 넘겨짚거나 가볍게 생각해서는 안 된다는 사실을 다시 한번 깨달았어. 결국 나는 파리를 탈출해 미국으로 망명했고, 그곳에서 새로운 삶을 시작하며 여러 책을 남길 수 있었지. 그 뒤로 나는 기존의 생각이나 편견에 기대지 않고, 끝까지 자신에게 질문을 던지며 따져 보는 태도를 '난간 없는 사유'라고 부르게 되었어.

끊임없이 생각하고, 문제의 원인을 깊이 파고들며, 새로운 해결책을 스스로 찾아 나서는 과정만이 우리를 지켜낼 수 있다고 믿어. 그러니 우리에게 너무 익숙해진 난간부터 내려놓아 보자. 그 난간은 우리 생각을 붙잡아 두는 고정된 틀, 곧 고정관념일지도 모르니까.

"말이 사라질 때, 어떤 일이 벌어질까?"

예루살렘의 법정에서 아이히만은 내가 상상했던 모습과는 달리 아주 침착했고, 말도 논리적으로 했어. 그래서 더 놀랐지. 그는 자신의 행동에 대해 단 한 번도 법을 어기지 않았고, 상부의 명령을 따른 합법적인 행위였다고 계속 강조했어. 그런데 나는 그 말을 들으면서 한 가지 빠진 게 있다는 걸 느꼈어. 바로 자기 생각이었어.

아이히만은 자신의 말이 아니라 어디서 들은 것 같은 말들을 쏟아냈어. 그 말들에는 공감도, 책임도 없었지. 어떻게 보면 자기 자신을 숨기는 언어였어. 그는 행동은 했지만, 그 행동에 대해 스스로 생각하지 않았고, 그 모습이 그대로 말에 드러난 거야. 다시 말해, 행동은 그의 것이었지만 생각은 그의 것이 아니었던 거지.

특히 '최종 해결책', '유대인 이송' 같은 표현들, 이상하지 않니? 사실 그건 홀로코스트, 즉 대학살이고, 유대인 강제 이주잖아. 수많은 사람이 가스실에서 목숨을 잃었는데, 어떻게 그렇게 차갑고 무미건조한 말로 표현할 수 있을까? 감정도, 책임도 없이 말이야. 이건 도덕적 책임을 언어로 피해 가려는 태도라고밖에 볼 수 없어.

그런데 더 무서운 사실은 그가 한 일이 모두 합법적이었다는 거야. 나치 독일 체제 안에서는 유대인을 체포하고 수용소로 보내는 일이 법적으로 허용됐고, 오히려 의무처럼 여겨졌거든. 그래서 그는 '나는 법을 지켰다'고 당당하게 말할 수 있었던 거야.

여기서 아주 중요한 질문 하나가 생기지 않아?

"법에 따라 한 일이라면, 다 정당한 걸까?"

고등학교 〈통합사회 2〉, 〈정치〉, 〈법과 사회〉 과목에서 너희는 '법치주의'라는 개념을 배우게 될 거야. 법치주의란 국가 권력이 마음대로 행사되지 않도록 하고, 반드시 법에 근거해 권력을 사용하도록 하여 국민의 자유와 권리를 지키려는 원리야.

그런데 여기에는 중요한 질문이 하나 있어. 단지 법을 따랐다는 사실만 강조하면, 그것은 '형식적 법치주의'에 머무를 수 있다는 거야. 법이 정해진 절차에 따라 만들어졌는지만 볼 뿐, 그 법이 과연 옳은지는 묻지 않는 태도지. 반대로 법의 내용까지 함께 살펴보는 관점이 바로 '실질적 법치주의'야. 이건 그 법이 인간의 존엄성과 기본권을 제대로 지키고 있는지, 정의와 윤리에 어긋나지 않는지를 함께 따져 보는 생각이야.

나치 시대를 떠올려 봐. 사람을 죽이는 일이 법으로 허용되었다면, 그 법에는 분명 문제가 있는 거잖아. 아무리 법이라 해도 윤리적으로 잘못된 법, 사람을 해치는 법은 정당하다고 말할 수 없어. 이 점은 꼭 기억해야 해.

그래서 아이히만이 말한 '나는 합법적으로 행동했다'라는 주장만으로는 충분하지 않아. 법을 지키는 일도 중요하지만, 그 법이 과연 옳은지 스스로 묻고 판단하는 힘이 더 중요하거든.

어때? 실질적 정당성의 관점에서 아이히만의 행동을 다시 바라본다면, 그의 주장에 대해 더 많은 질문이 떠오르지 않겠니? 그렇다면 너는 이미 내 생각에 한 걸음 다가온 셈이야. 이제 다음 질문으로 넘어가 보자.

"법과 도덕은 언제 충돌할까?"

이 질문은 우리가 조금 전에 이야기한 실질적 법치주의와도 연결돼 있어. 법은 왜 필요할까? 학교 규칙을 떠올려 보자. 몇백 명이 함께 생활하는 공간에 아무런 규칙이 없다면 어떻게 될까? 아마 교실은 금세 혼란에 빠지겠지. 그렇다고 모든 행동을 세세하게 규칙으로 묶어 두면 어떨까? 숨 막히고 삭막한 분위기가 될 거야. 그래서 우리는 법을 '도덕의 최소한'이라고 불러. 법은 사회를 유지하기 위한 최소한의 안전장치라는 뜻이야.

그래서 아이히만이 "나는 법을 지켰고, 시키는 대로 했을 뿐이다."라고 말했을 때 나는 분노했어. 이런 사람들이 나치 정권을 가능하게 한 것은 아닐까? 그리고 이런 일이 과거에만 머무는 일이라고 장담할 수 있을까? 지금에도 또 다른 히틀러가 얼마든지 등장할 수 있는 것이 아닌가? 라고 생각하면서 말이야. 나는 도덕적 판단 없이 합법성만 내세우는 아이히만의 태도에서 나는 인간이란 무엇인가라는 질문을 다시 던지게 되었지.

결국 내가 말하고 싶은 건 이거야. 사회 구조 자체가 정의롭지 못한 상황이라면, 그것이 법이고 기준이라 해도 무조건 따라야 할 의무는 도덕적으로 소멸할 수 있다. 다시 말해, 법이라는 이유만으로 그 행동이 항상 옳다고 보장되지는 않는다는 거야. 나는 인간이라면 도덕적 책임에서 완전히 자유로울 수 없다고 보았어. 우리의 판단 기준은 단지 '합법인가 아닌가'에 머물러서는 안 되고, 법이 다 담아내지 못하는 도덕의 영역까지 나아가야 한다고 생각했지.

그러면서 '인간이란 무엇일까?'에 대해 많이 생각하게 되었어. 이런 고민 끝에 나는 『인간의 조건』이라는 책을 썼지. 그 책에서 나는 인간이 어떻게 생각하고 행동하는지, 그리고 자유롭게 자신의 생각을 드러내고 서로 나누는 '행위'가 얼마나 중요한지 이야기했어. 내가 보기에 인간다운 삶은 단순히 규칙을 따르는 데서 시작되지 않아. 스스로 생각하고 판단하며 책임 있게 행동하는 데서 비로소 시작된다고 믿었어.

"인간의 삶에서 어떤 태도와 행동이 가장 중요할까?"

나는 스스로 생각하고 판단하며 함께 세상을 바꾸는 행위가 중요하다고 믿었어. 그래서 나치에 저항하지 않고 순응했던 일부 유대인 지도자들에 대해서도 비판하지 않을 수 없었지. 그들 역시 스스로 사유하고 행동할 책임을 충분히 다하지 못했다고 보았기 때문이야. 이 일로 나는 같은 유대인들로부터 많은 비난을 받았어.

특히 『예루살렘의 아이히만』이 출간되었을 때 논란은 더 커졌지. 이 책은 원래 《뉴요커》에 연재한 글을 묶은 것이었는데, 아이히만에 대한 분석뿐 아니라 유대인 지도자들의 역할을 비판한 대목이 크게 문제로 받아들여졌거든. 나는 나치 체제 아래에서 운영되던 유대인 자치위원회 Judenrat의 책임을 따져 물었어. 이 기구는 나치에 의해 강제로 조직된 내부 행정 조직으로 유대인 이송과 재산 관리 같은 업무를 맡았지. 나는 그 과정에서 일부 지도자들이 나치의 명령에 순응하거나 협력함으로써 학살에 일정 부분 관여하게 되었다고 지적했어.

내가 말하고자 한 것은 단순했어. 스스로 생각하고 판단하지 않는 태도는 그것이 누구에게서 비롯되었든 비판의 대상이 될 수 있다는 거야. 생각이 멈추면 변화도 멈추고, 비판이 사라지면 새로운 시작도 어렵기 때문이야. 그래서 나는 두려워하지 않았어. 생각하는 일을 멈추지 않는 것, 그것이 내가 끝까지 지키고자 한 태도였으니까.

"우리도 아이히만처럼 될 수 있을까?"

솔직히 말하면, 우리도 아이히만처럼 비판 없는 동조에 빠질 수 있어. 히틀러의 나치 정권은 극단적인 전체주의 체제였고, 국가는 개인의 자유와 생각을 철저히 통제했어. 개인은 국가와 이념을 위한 수단으로 전락했고, 사람들은 스스로 판단하지 않은 채 복종하는 상태에 놓였지.

이런 전체주의는 공동체나 국가, 이념을 개인보다 앞세우고 개인의 권리를 무시해. 그 결과 사회 전체가 비판 없이 하나의 생각에 휩쓸리게 돼. 문제는 이런 일이 단순히 과거의 사건으로만 끝나지 않는다는 거야.

오늘날 우리는 미디어와 SNS를 통해 엄청난 양의 정보들을 접하고 있어. 그런데 알고리즘 편향과 가짜 뉴스 때문에 오히려 생각이 한쪽으로 치우치고 시야가 좁아질 위험도 커졌지. 미디어가 우리가 모르는 사이에 특정한 사고방식으로 이끌 수 있다는 점을 늘 경계해야 해.

그래서 우리가 특히 조심해야 할 건 비판 없는 동조야. 언론에서 접하는 정보의 출처와 사실 여부를 꼼꼼히 확인하고, 깊이 생각하며 문제의 원인을 차분하게 따져봐야 하지. 이런 사유와 비판적 태도만이 우리 사회를 더 나은 방향으로 이끌 수 있어. 나치 치하의 독일 사회와 유대인들의 상황을 떠올리면, 전체주의 아래에서 개인이 어떻게 억압받는지, 그리고 생각 없는 복종이 얼마나 위험한지 더 분명히 이해할 수 있을 거야.

"이스라엘 법정이 수행한 재판에 대해 왜 비판했을까?"

이 이야기는 『예루살렘의 아이히만』에서 내가 직접 다룬 부분이야. 나는 아이히만을 통해 인간의 무사유와 그 위험성을 고민했지만, 동시에 그 재판 자체도 비판적으로 바라봤어. 왜냐하면 이 재판이 단지 아이히만 개인의 범죄 책임을 묻는 자리에 머무르지 않고, 이스라엘 국가와 유대 민족 전체의 고통을 드러내는 상징적인 무대처럼 진행된다고 느꼈기 때문이야. 나는 이런 점에서 이 재판이 순수한 사법 절차라기보다 정치적 의미가 강하게 부여된 자리라고 보았어. 그래서 보편적 정의를 세우기보다는 국가적·민족적 목적이 앞에 놓인 것은 아닌지 문제를 제기했지.

어때? 내가 왜 같은 유대인들로부터 비난을 받으면서도 이 재판을 비판할 수밖에 없었는지, 이제는 조금 이해가 되니?

"전체주의의 위험을 넘어, 건강한 정치가 이뤄지려면 무엇이 필요할까?"

전체주의가 위험한 이유는 우리 각자의 생각과 표현을 억압하기 때문이야. 그래서 가장 먼저 필요한 건, 사람들이 자유롭게 의견을 나눌 수 있는 공적 공간을 만드는 거야. 이 공적 공간은 서로 다른 생각을 말하고, 토론하고, 함께 문제를 고민하며 해결책을 찾는 장소야. 정치란 바로 이런 공간에서 시작돼.

여기서 중요한 개념이 바로 '행위'야. 행위란 단순히 누군가 시켜서 움직이는 행동이 아니야. 나와 다른 사람의 생각을 듣고, 대화하고, 함께 세상을 바꾸려는 노력 그 자체를 말하지. 우리는 명령에 따라 움직이는 존재가 아니라, 스스로 생각하고 판단해서 행동할 수 있는 사람이기 때문이야.

또 하나 중요한 건 '난간 없이 사유하기'야. 이 말은 기존의 권위나 익숙한 생각에 무조건 기대지 말고, 스스로 질문하며 생각해 보라는 뜻이야. 남들이 다 그렇게 말한다고 해서 그대로 받아들이는 게 아니라 그것이 정말 옳은지 끝까지 따져 보는 태도가 필요해.

우리가 생각하는 일을 멈추지 않고, 서로 의견을 나누며 함께 행동할 때 비로소 전체주의를 넘어설 수 있어. 나는 그런 과정을 통해 만들어지는 사회야말로 더 자유롭고 더 건강한 사회라고 믿어.

한나 아렌트의 교육철학 심화 탐구 [독서 탐구보고서]

[탐구 주제] '한나 아렌트 정치철학의 교육적 함의'
추천 도서: 『교육의 위기』 - 한나 아렌트

1. 왜 교육은 정치적인 문제일까?

탐구 배경: 최근 시사적인 주제로 '교사의 정치적 중립 의무'가 자주 언급된다. 또한 우리나라에서는 교육과 정치를 분리하려는 분위기가 강하게 자리 잡고 있다는 사실도 알게 되었다. 그러나 한나 아렌트의 『교육의 위기』를 읽으면서 오히려 '교육은 왜 정치적인가?'라는 의문이 제기되었다. 교육은 단순히 교실에서 지식을 전달하는 활동에 그치지 않고, 미래 사회의 구성원을 형성하는 과정이기 때문에 정치와 전혀 무관할 수 없다는 생각이 들었기 때문이다. 이에 따라 우리 사회가 교육을 정치와 분리하려는 이유는 무엇인지, 그리고 아렌트가 말하는 교육의 정치적 의미는 무엇인지 탐구해 보고자 한다.

- 아렌트가 교육을 사회 전체의 책임으로 본 이유
- 교육과 공동 세계(정치)의 연결
- 교육의 실패가 민주주의에 미치는 영향

2. 한 아이는 어떻게 '정치적 존재'가 되는가?

- 탄생성과 인간의 조건 개념 정리
- 제1의 탄생(생물학적) → 제2의 탄생(정치적)의 과정
- 학교와 교사의 역할

3. 학교는 어떤 세계를 보여 주어야 할까?

- **학교의 기능:** 보호 공간이자 세계의 입구
- 교사의 권위와 책임은 왜 중요한가
- 권위가 사라질 때 발생하는 문제

4. 나는 이 교육철학에 어떻게 응답할 수 있을까?

• 공감하는 점 / 비판적으로 보는 점

• 나의 학교 경험과 연결

• 나에게 교육이란 어떤 의미인가?

<세특 예시>

『한나 아렌트의 교육의 위기를 말하다』를 읽고 '교육은 왜 정치적인가?'라는 문제의식을 탐구함. 교육이 지식 전달을 넘어 미래 사회 구성원 형성과 연결된다는 아렌트의 관점을 정리함. 탄생성 개념을 통해 정치적 존재로 성장하는 과정과 교사의 역할을 분석하고 교육 실패가 민주주의에 미치는 영향을 검토하며 현대 사회 사례와 비교함. 더불어 학교에서의 경험을 토대로 교육의 본질과 공동체적 책임에 대한 성찰함.

시장 경제는 어떻게 작동할까

애덤 스미스

근대 자본주의가 시작되던 18세기 산업혁명 시기, 애덤 스미스Adam Smith는 『국부론』을 통해 국가의 진정한 부는 국민 개개인의 생산 활동에서 나온다고 주장하며, 현대 경제학의 토대를 마련했다. 그는 개인이 자신의 이익을 추구하는 과정에서 마치 '보이지 않는 손'에 이끌리듯 자원이 효율적으로 배분되고, 그 결과 국부와 소비자 후생이 함께 증대된다고 보았다.

또한 '핀 공장'의 비유를 통해 분업이 생산성을 크게 높인다는 점을 설명하며 노동의 전문화와 효율성을 강조했다. 스미스는 이러한 시장의 자율적 조정 능력을 존중해 정부의 최소한의 개입을 주장하는 자유방임주의를 제시했으며, 이는 중상주의를 비판하고 자유시장 경제의 원리를 체계화하는 데 중요한 역할을 했다. 물론 그의 이론은 시장의 한계와 빈부격차 문제에 대한 비판도 받지만, 오늘날에도 시장 경제를 이해하는 기본 출발점으로 여전히 중요한 의미를 지닌다.

일상 속에 숨어 있는 시장 경제의 법칙

지수는 아침 일찍 집을 나섰다. 오후에 중요한 경제 수업 발표가 있어 서둘러 나오느라 동네 빵집에 들러 갓 구운 빵으로 아침을 대신했다. 고소한 냄새에 이끌려 진열대 앞에 선 지수는 문득 이런 생각이 들었다.

'빵집 사장님은 왜 이렇게 이른 시간부터 빵을 만들까? 나를 위해서

일까?'

잠시 생각하던 지수는 고개를 저었다. '아니지. 빵을 팔아 돈을 벌기 위해서겠지.' 그런데 곰곰이 따져 보니 사장님은 돈을 벌고 지수는 빵을 얻었다. 각자 자신을 위해 행동했을 뿐인데, 결과는 둘 다 만족스러웠다.

오전 내내 발표 준비에 몰두한 지수는 점심시간이 되자 심한 허기를 느꼈다. 그때 친구 민준이가 말을 걸었다.

"지수야, 학교 앞에 새로 생긴 '5인의 수제 장인 피자' 가게 가 봤어? 수제 피자 맛집이라는데, 도우를 만드는 것부터 굽는 과정까지 직접 볼 수 있어서 기다리는 시간도 지루하지 않대."

지수는 아침에 빵을 먹어서인지 피자가 그다지 당기지 않았다.

"수제 피자면 시간이 꽤 걸리지 않을까? 점심시간이 짧은데 괜찮겠어?"

지수의 걱정에 민준은 고개를 저으며 자신 있게 말했다.

"걱정 마. 수제 피자인데도 10분이면 나온대. 오늘은 내가 쏜다."

가게 앞에 도착하니 예상대로 긴 줄이 늘어서 있었다. 역시 맛집은 다르다는 생각이 들었다. 피자 가게 안을 들여다보니 흥미로운 장면이 펼쳐지고 있었다. 유리로 된 작업대 안에서 다섯 명의 장인이 각자 맡은 자리에서 피자를 만들고 있었는데, 마치 하나의 큰 기계처럼 정확하고 빠르게 움직이고 있었다.

첫 번째 장인은 밀가루 반죽을 치대고 있었고, 옆 사람은 숙성된 도우를 넓게 펴 소스를 바르고 있었다. 다른 사람은 그 위에 여러 가지 토핑과 치즈를 올렸다. 다음 사람은 화덕을 관리하며 앞에서 준비한 피자를 넣었고, 잘 구워진 피자를 꺼내면 마지막 장인은 그것을 커팅해 포장하거나 먹기 좋게 접시에 올렸다.

각자 한 가지 작업에만 집중하고 있었지만, 피자를 만드는 과정은 놀랄 만큼 빠르고 자연스럽게 이어지고 있었다. 지수와 민준은 10분도 채 지나지 않아 따끈한 피자를 받아 들 수 있었다.

"와, 정말 신기하다. 수제 피자인데도 정말 빨리 나오네! 다섯 명이 손으로 직접 만드는데 이렇게 효율적일 수 있다니."

지수는 갓 구운 피자를 한 입 베어 물며 감탄했다. 민준도 고개를 끄덕이며 말했다.

"피자가 맛도 좋은데 이렇게 빨리 만들 수 있는 비결이 뭘까?"

바로 그때였다. 지수와 민준이 앉아 있던 테이블 건너편에서 한 중년의 신사가 온화한 미소를 지으며 말을 걸었다.

"학생들, 자네들의 얼굴에 호기심이 가득하구먼. 세상이 왜 이렇게 돌아가는지 궁금해하는 표정이 역력하네." 지수와 민준이는 깜짝 놀라 고개를 들었다.

"누구⋯ 시죠?"

"나는 애덤 스미스일세. 자네가 아침에 빵을 사며 했던 생각과, 방금 이 피자 가게에서 본 장면은 내가 오래 연구했던 경제 원리를 잘 보여 주고 있지."

애덤 스미스는 지수를 향해서 앉으며 설명을 시작했다.

"자네가 아침에 빵을 살 때 빵집 주인이 자네를 위해 빵을 구웠다고 생각하는가? 그렇지 않네. 그는 자신의 이익, 즉 돈을 벌기 위해 빵을 만들었을 뿐일세. 하지만 그 결과 자네는 빵을 얻고, 주인은 소득을 얻었지. 결국 서로에게 이익이 되었지 않은가?"

"이것이 바로 내가 '보이지 않는 손Invisible Hand'이라고 부른 '시장의 원리'일세. 사람들은 각자 자신의 이기적인 목적을 추구하며 상품을 생산하고 소비하지만, 마치 보이지 않는 손에 이끌린 듯 사회 전체의 필요가 충족되고 부가 증진되는 결과를 낳게 되는 것이지."

지수는 설명을 들으며 고개를 끄덕였다.

"아, 그럼 제가 빵을 살 수 있었던 것도, 사장님이 빵을 만든 것도 모두 보이지 않는 손 때문이라는 말씀이군요."

"그렇다네. 시장은 개인들이 자유롭게 경제 활동을 할 때 스스로 질서를 만들어내고, 효율성을 높이려는 경향이 있지. 정부가 개입하지 않아도 수요와 공급에 따라 가격이 정해지고, 자원이 비교적 효율적으로 배분되는 것, 그것이 자유시장 경제의 핵심일세."

"그리고 자네들이 방금 본 이 장면은 '분업'의 힘을 잘 보여 주는 사례라네. 만약 한 사람이 피자를 만드는 모든 과정을 혼자 맡는다면 시간이 오래 걸리고, 맛과 품질도 일정하게 유지하기 어려울 걸세. 하지만 이곳처럼 다섯 명이 반죽, 도우 준비, 토핑 올리기, 오븐 관리, 포장을 각각 맡아 한 가지 작업에 집중한다면 어떤 결과가 나오겠는가?"

"생산 속도가 훨씬 빨라지고, 피자 하나하나의 품질도 더 일정해질 것 같아요."

"아주 잘 이해했네. 각자가 한 가지 일에 익숙해지고 능숙해질수록 생산성은 크게 높아지지. 이것이 바로 분업이 가져오는 효과일세. 분업을 통해 더 많은 상품을 더 빠르고 더 낮은 비용으로 만들 수 있고, 그 결과 사회 전체의 부도 커지게 되는 것이지."

지수와 민준은 눈을 반짝이며 애덤 스미스의 말을 들었다. '보이지 않는 손'과 '분업'이라는 개념이 머릿속에서 조금씩 연결되기 시작했다. 개인이 자신의 이익을 추구하는 '이기심Self-interest'이 결과적으로 사회 전체에 긍정적인 영향을 줄 수 있고, 생산 과정을 나누는 '분업'이 놀라운 효율성을 만들어낸다는 사실이 이해되기 시작한 것이다.

"그럼 피자 가게 주인도, 빵집 주인도 모두 자신의 이익을 위해 일했지만, 그 덕분에 우리가 필요한 피자와 빵을 얻을 수 있었던 거네요. 그리고 피자 장인들이 각자 맡은 일을 전문적으로 하니까 이렇게 빠르고 맛있게 만들 수 있었던 거고요."

"바로 그걸세. 개인들이 자유롭게 '교환Exchange'하는 시장이 있어야 이런 일이 가능해지지. 사람들은 각자 필요한 것을 얻기 위해 서로 거래하고, 그 과정에서 사회 전체의 부가 만들어지고 늘어나게 되는 것이네. 자네들은 오늘 내가 말하고자 했던 '국부'가 어떻게 형성되고 커지는지 그 실마리를 발견한 셈일세."

애덤 스미스는 만족스러운 미소를 지으며 두 사람을 바라보았다. 그의 모습은 서서히 희미해졌지만, 그가 남긴 이야기는 지수의 머릿속에 또렷하게 정리되어 있었다.

스미스의 눈으로 보는 시장과 분업

나는 열네 살에 글래스고 대학교에 입학했다네. 그곳에서 나의 스승이자 뛰어난 도덕 철학자였던 프랜시스 허치슨Francis Hutcheson 교수에게 깊은 영향을 받았지. 인간의 도덕과 감정에 대해 본격적으로 고민하게 된 것도 그때였네. 이후에는 옥스퍼드 대학교에서 여러 학문을 공부했다네. 학업을 마친 뒤에는 다시 글래스고 대학교로 돌아와 논리학 교수를 거쳐 윤리 철학 교수로 재직했지. 그 시절 나의 주된 관심사는 인간의 본성과 사회를 지탱하는 도덕적 토대가 무엇인지 탐구하는 일이었다네.

이런 철학적 사유를 담아 1759년에 『도덕감정론』을 출간했다네. 이 책에서 나는 인간이 이기적인 존재이면서도, 동시에 다른 사람의 감정에 공감하고 동정심을 느낄 수 있는 존재라는 점을 강조했지. 이 『도덕감정론』은 훗날 내가 말한 '보이지 않는 손' 개념의 중요한 윤리적 바탕이 되었다네. 시장은 단순한 이기심만으로 움직이는 곳이 아니지. 도덕적 감정이 함께 작용할 때에야 비로소 제대로 기능할 수 있다는 생각을 이 책에 담았던 걸세.

그 이후 나는 프랑스로 건너가 계몽주의 사상가들과 교류하며 많은 것을 배웠다네. 특히 프랑스의 중농주의Physiocracy 학자들과의 만남은 나의 경제적 사고를 한층 더 깊게 만드는 계기가 되었지.

당시 유럽을 지배하던 경제사상은 '중상주의Mercantilism'였네. 중상주의자들은 국가의 부를 금과 은의 축적으로 보았고, 이를 위해 정부가 무역을 강하게 통제하고 보호무역 정책을 펼쳐야 한다고 주장했지. 하지만 나는 그런 통제가 오히려 국가의 진정한 부를 해치고 비효율을 낳는다고 생각했네. 상인들의 이익을 위해 농업과 제조업이 희생되고, 자유로운 교환이 가로막히는 현실을 보며 다른 해법이 필요하다고 확신했지.

그래서 1776년, 나의 대표작이자 평생의 고민을 담은 『국부의 본질과 원인에 관한 연구An Inquiry into the Nature and Causes of the Wealth of Nations』, 흔히 『국부론』이라 불리는 책을 발표했다네. 이 책에서 나는 국가의 진정한 부가 무엇인지, 그리고 어떻게 해야 국가가 더 부유해질 수 있는지를 탐구했지. 마침 그 무렵 영국에서는 제임스 와트James Watt의 증기기관 발명으로 상징되는 산업혁명이 막 시작되고 있었네. 나는 이 거대한 변화의 흐름 속에서 새로운 경제 질서가 어떤 원리로 작동해야 하는지 제시하고자 했다네.

내가 말해 온 경제 이론의 핵심은 겉으로 보면 복잡해 보일지 모르지만, 사실은 지극히 상식적인 원리에 기반을 두고 있다네. 자유시장 경제, 그리고 그 안에서 작동하는 '보이지 않는 손'과 '분업'의 원리가 바로 그것이지.

자유시장 경제와 '보이지 않는 손'의 원리

"자네들은 시장에서 물건을 살 때, 생산자가 자네들을 위해 그 물건을 만들었다고 생각하나? 나는 『국부론』에서 이렇게 설명했네. "우리가 저녁 식사를 할 수 있는 것은 푸줏간 주인, 양조장 주인, 빵집 주인의 자비심 덕분이 아니라, 그들이 자신의 이익을 추구하기 때문이다. 우리는 그들의 인간성에 호소하지 않고, 그들의 이기심에 호소한다. 우리는 그들에게 우리의 필요를 이야기하지 않고, 그들의 이득을 이야기한다." 즉,

빵집 주인은 자신의 돈을 벌기 위해 빵을 굽고, 농부는 더 많은 소득을 위해 농작물을 경작한다는 것이네.

이처럼 경제활동에 참여하는 사람들은 저마다 자신의 이익을 극대화하려는 이기심을 바탕으로 움직인다네. 그런데 흥미로운 점은 각자가 자기의 이익에 따른 행동을 했을 뿐인데도 시장이라는 큰 틀 안에서는 마치 '보이지 않는 손'에 이끌린 것처럼 사회 전체의 이익이 함께 커진다는 사실일세. 바로 이 '보이지 않는 손'이 자유시장 경제를 움직이는 중요한 원리라 할 수 있지. 그 구조는 다음과 같네."

경쟁과 가격 조절: 시장 경제 시스템에 참여하는 수많은 생산자는 더 많은 이윤을 얻기 위해 서로 경쟁한다. 이러한 경쟁은 상품의 품질을 높이고 가격을 낮추는 효과를 가져온다. 소비자는 가장 저렴하고 품질이 좋은 상품을 선택하게 되며, 이 과정에서 비효율적인 생산자는 도태되고 효율적인 생산자만 살아남게 된다.

수요와 공급의 조화: 소비자의 필요인 수요와 생산자의 생산인 공급은 시장 가격을 통해 조절된다. 어떤 물건에 대한 수요가 늘어나면 가격이 오르고, 이는 생산자들에게 더 많은 이윤을 얻을 기회를 제공한다. 이에 따라 더 많은 생산자가 해당 물건을 생산하게 되어 공급이 늘어나고, 결국 수요가 충족된다. 반대로 공급이 과도해지면 가격이 떨어져 생산을 줄이도록 유도된다.

자원의 효율적 배분: 이러한 가격 메커니즘은 사회의 희소한 자원인 노동, 자본, 토지 등이 가장 효율적인 곳으로 배분되도록 이끈다. 소비자가 원하는 분야로 자본과 노동이 흘러 들어가고, 원하지 않는 분야에서는 자연스럽게 빠져나오게 된다.

"그래서 나는 정부가 경제에 지나치게 개입해서는 안 된다고 보았네. 정부의 역할은 분명하다고 생각했지. 먼저 국방을 통해 외부의 침략으로부터 사회를 지키고, 공정한 사법 제도를 마련해 개인의 재산과 계약을 보호하는 일이라네. 그리고 더불어 시장이 스스로 해결하기 어려운 일부 공공사업, 이를테면 도로와 다리, 교육 같은 영역만 담당하면 된다고 보았지.

이런 국가의 모습을 흔히 '야경 국가Night-watchman State'라고 부른다네. 나는 자유로운 경쟁과 시장의 자율적인 작동이야말로 국가의 부를 키우는 가장 강력한 힘이라고 믿었지."

〈분업의 원리와 생산성 증대〉

생산성을 높이는 핵심 원리 가운데 하나는 바로 '분업Division of Labor'이라네. 나는 『국부론』의 첫 장에서 핀 공장의 사례를 들어 분업이 얼마나 큰 효과를 내는지 설명했지.

핀 제조는 분업 덕분에 노동자의 숙련도를 크게 높이고, 시간을 절약하며, 기계의 발명에도 중요한 역할을 한다네. 한 사람이 핀을 만들려고 하면 하루에 몇 개도 만들기 어렵지만, 열 명이 분업을 통해 각자 다른 작업을 맡으면 하루에 수만 개의 핀을 생산할 수 있지.

즉, 핀을 만드는 모든 과정을 한 사람이 혼자 처리하는 대신, 철사를 펴고 자르고, 끝을 뾰족하게 만들고, 머리를 붙이는 과정을 여러 단계로 나누어 각기 다른 작업자가 전담하게 한 것이네.

내가 관찰한 바로는 분업은 세 가지 방식으로 생산성을 높인다네. 첫째, 한 가지 일만 반복하다 보니 작업자의 숙련도가 크게 향상되지. 둘째, 여러 작업 사이를 오가며 시간을 낭비할 필요가 없어져 시간이 절약된다네. 셋째, 단순하고 반복적인 작업은 새로운 기계의 발명을 촉진해 생산 효율을 더욱 끌어올리지.

이렇게 분업을 통해 더 많은 상품을 더 싸고 빠르게 만들 수 있게 되고, 이는 결국 사회 전체의 국부Wealth of Nations를 증진시키는 강력한 동력이 된다네.

〈데이비드 리카도David Ricardo의 '비교우위론'과 분업의 확장〉

여기서 잠시 나의 분업 이론을 한 단계 더 발전시킨 후대 경제학자 데이비드 리카도의 이야기를 해 보겠네. 리카도는『정치경제학과 조세의 원리』에서 '비교우위론'을 제시했지. 내가 설명한 분업이 한 나라 안에서 생산 과정을 나누고 전문화하는 데 초점을 두었다면, 리카도의 비교우위론은 국가 간 무역에서 각국이 모든 면에서 절대적으로 유리하지 않더라도, 상대적으로 더 효율적인 생산 분야에 특화하여 교역하면 모든 국가가 이득을 얻을 수 있다는 생각이지.

이 이론은 국제 분업과 자유무역이 왜 중요한지를 더욱 분명하게 보여 주는 근거가 되었네.

애덤 스미스 경제 이론의 경제사적 의미와 한계

내가『국부론』을 발표한 1776년은 미국이 독립을 선언한 해이기도 하네. 그만큼 그 시대는 정치와 경제 질서가 크게 흔들리기 시작한 시기였지. 나는 이 책을 통해 당시 유럽을 지배하던 중상주의의 부의 개념과 비효율적인 정책을 강하게 비판했네. 금과 은을 많이 쌓아 두는 것이 부라고 여겼던 생각 대신에 노동과 생산 활동이야말로 진정한 부의 원천이라고 주장했지.

또한 국가는 시장에 지나치게 간섭해서는 안 되며, 개인의 자유로운 경제활동과 자유무역이 더 큰 번영을 가져온다고 보았네. 이런 주장은 이후 근대 경제학의 출발점이 되었고, 서구 사회에 자유주의 사상이 확산하는 데에도 적지 않은 영향을 주었지.

아울러 『국부론』은 영국에서 시작된 산업혁명의 중요한 이론적 토대가 되었네. 분업을 통해 생산성을 높일 수 있다는 나의 주장은 실제 공장 체제에 적용되었고, 대량 생산 시대를 여는 데 힘을 보탰지. 나는 개인의 이기적인 행동이 어떻게 사회 전체의 부로 이어지는지, 그리고 시장이라는 장치가 자원을 어떻게 효율적으로 배분하는지를 하나의 원리로 설명하고자 했다네. 그래서 나는 경제를 단순히 숫자의 증감만을 다루는 학문으로 보지 않았고, 인간의 본성과 사회 질서를 함께 탐구하는 분야로 이해하려 했네.

물론 나의 이론에도 한계는 있었지. 나는 시장이 '보이지 않는 손'에 의해 완벽하게 작동할 것이라 믿었지만, 현실에서는 시장이 제대로 기능하지 못하는 이른바 '시장의 실패'가 나타날 수 있다네. 예를 들어, 독점이나 과점처럼 소수 기업이 시장을 지배하는 문제, 국방이나 치안처럼 시장이 자율적으로 공급하기 어려운 공공재, 환경 오염과 같은 외부효과는 내가 충분히 다루지 못한 영역이었지. 이런 문제들은 이후 경제학자들의 중요한 연구 주제가 되었고, 일정한 정부 개입이 필요하다는 주장으로 이어지기도 했네.

그리고 나는 자유로운 경쟁 과정에서 나타날 수 있는 소득 불균형과 빈부 격차에 대해 뚜렷한 해결책을 제시하지 못했다는 비판도 받았네. 시장의 효율성을 강조하는 데 집중하다 보니 분배의 형평성 문제를 충분히 다루지 못했다는 지적이지.

또한 1929년 대공황과 같은 심각한 경기 침체에 대해서도 내 이론은 체계적인 설명을 제공하지 못했네. 나는 시장이 스스로 균형을 회복하는 힘이 있다고 보았지만, 장기간의 불황과 대량 실업이 실제로 발생할 수 있다는 점을 깊이 있게 분석하지는 못했지.

이러한 한계는 훗날 존 메이너드 케인스John Maynard Keynes와 같은 경제학자들이 등장해 내 이론을 비판하고, 새로운 관점에서 경제 문제를 해결하는 계기가 되었네. 또한 내가 제시했던 노동가치설 역시 후대의 경제학자들이 새롭게 발전시키기도 했지.

애덤 스미스 경제 이론의 현재

그럼에도 나의 사상은 오늘날에도 현대 경제학의 중요한 토대로 남아 있다네. 특히 1980년대 이후 전 세계로 확산한 '신자유주의' 흐름은 내가 강조했던 자유시장 경제의 원리를 다시 부각하며 규제 완화, 민영화, 자유무역을 추진했지. 오늘날 많은 나라가 채택하고 있는 시장 경제 체제 역시 기본적으로 나의 이론에 뿌리를 두고 있다네. '보이지 않는 손'이라는 개념은 여전히 시장이 자원을 비교적 효율적으로 배분하는 메커니즘을 설명하는 데 활용되고 있지.

하지만 정부의 역할을 둘러싼 논쟁은 지금도 계속되고 있다네. 내가 말한 '작은 정부'와 달리 오늘날의 복지국가에서는 정부가 교육, 의료, 복지 등 여러 영역에 적극적으로 개입하고 있지. 이는 시장의 실패를 보완하고 사회적 형평성을 높이기 위한 선택이지만, 동시에 과도한 개입이 비효율을 낳는 이른바 '정부의 실패' 가능성도 함께 안고 있다네. 결국 시장의 자율성과 정부의 개입 사이에서 어떤 균형을 찾을 것인지는 오늘날 경제학자와 정책 입안자들에게 중요한 과제로 남아 있지.

또한 오늘날의 글로벌 분업 체제는 내가 강조했던 분업 이론이 국제적 차원에서 확대된 모습이라 할 수 있다네. 예를 들어, 스마트폰 하나를 떠올려 보게. 디자인은 한 나라에서 이루어지고, 핵심 부품은 여러 나라에서 생산되며, 최종 조립은 또 다른 나라에서 이루어지지. 이런 과정은 국제 분업과 교환의 결과이며, 세계 경제의 생산성을 높이는 중요한 동력이 되고 있다네. 자네들이 매일 사용하는 스마트폰, 자동차, 의류 같은 제품들도 이러한 전 세계적 분업의 산물이라 할 수 있지.

마지막으로 내가 『도덕감정론』에서 강조했던 윤리적 고려도 오늘날 다시 주목받고 있다네. 단순히 이윤만을 추구하는 데 그치지 않고, 기업의 사회적 책임이나 환경·사회·지배구조를 함께 고려하는 이른바 ESG 경영이 그 한 예라 할 수 있지. 이는 시장의 효율성뿐 아니라, 그 안에서 활동하는 인간의 도덕성과 사회적 가치가 얼마나 중요한지를 다시 생각하게 만든다네. 개인의 이기심도 도덕적 감정과 사회적 규범 안에서 작동해야 한다는 뜻이지.

나는 『국부론』을 통해 복잡해 보이는 시장 경제가 사실은 일정한 원리에 따라 움직인다는 점을 보여 주고자 했다네. 눈에 보이지 않는 힘이 어떻게 사회 전체의 부를 만들어내는지, 그리고 개인의 합리적인 선택이 어떻게 거대한 경제 체계를 형성하는지를 설명하고 싶었지.

내 생각이 오늘날 자네들이 세상을 이해하고, 더 나은 미래를 모색하는 데 작은 길잡이가 되기를 바라네.

가성비가 좋은 제품을 선택하는 사람은 반드시 현명한 소비자일까?
→ 스미스를 따라 생각해 보는 심화 탐구

[탐구 주제]
쿠팡 vs 알테쉬, 거인의 싸움 속에 '분업'의 효율성 경쟁이 숨어 있다?

[보고서 1. 서론] - 탐구 배경 및 목적:
최근 한국의 온라인 쇼핑 시장은 쿠팡을 비롯한 국내 기업들과 알리익스프레스, 테무, 쉬인(일명 '알테쉬')과 같은 해외 플랫폼 간의 치열한 경쟁으로 뜨겁습니다. 이들은 단순히 가격을 낮추는 것뿐만 아니라, 엄청난 속도로 상품을 배송하고 다양한 제품을 선보이며 소비자들을 사로잡고 있습니다. 이러한 경쟁의 이면에는 각 기업의 고도화된 시스템, 특히 '분업'의 효율성이 중요한 역할을 할 것이라고 생각합니다.
애덤 스미스가 이야기한 '분업'의 원리가 이 거대한 온라인 쇼핑 플랫폼들의 경쟁에서 어떻게 발휘되고 있는지, 그리고 더 나아가 데이비드 리카도의 '비교우위론'과 같은 국제적 분업 개념까지 확장해 '경제의 효율성'을 탐구하고자 합니다. 이를 통해 애덤 스미스의 분업 이론이 현대 비즈니스 모델에 어떻게 적용되는지 이해하고자 합니다. 또한 우리 생활과 밀접한 관계가 있는 온라인 쇼핑 시장이 운영되고 있는 복잡한 원리를 분석하고자 합니다.

(연구문제/가설) - 예상 결과 또는 현상에 대한 잠정적 답변:
알리익스프레스, 테무, 쉬인 등 해외 온라인 쇼핑 플랫폼의 가격 경쟁력과 빠른 배송이 가능한 이유는 국내외 공급망을 활용한 고도화된 '분업 시스템'과 '국제 분업' 전략에 기반을 두고 있습니다. 이는 '애덤 스미스'가 제시한 분업의 원리와 '데이비드 리카도'의 비교우위론이 현대 글로벌 전자상거래 환경에서 생산성 및 효율성을 극대화하는 핵심 동력임을 입증합니다. 이와 같은 효율성 경쟁은 소비자 후생을 증대시키지만, 동시에 국내 산업 생태계에는 새로운 형태의 위협 요소가 될 것으로 예상합니다.

[보고서 2. 이론적 배경(1)] - 관련 개념:
• **애덤 스미스의 분업 이론:** 『국부론』에서 제시된 분업의 세 가지 생산성 향상 요인(숙련도 향상, 시간 절약, 기계 발명 촉진)을 중심으로 개념을 이해합니다. 핀 공장 사례를 통해 분업의 원리를 파악합니다.

- **데이비드 리카도의 비교우위론**: 『정치경제학과 조세의 원리』에서 제시된 비교우위 개념을 통해 국가 간 무역이 모든 참여국에 이득이 되는 원리를 이해하고, 국제 분업의 중요성을 파악합니다.
- **생산성 및 효율성**: 투입 대비 산출의 비율인 생산성과 목표 달성 정도를 나타내는 효율성의 개념을 이해합니다.
- **공급망 관리(Supply Chain Management)**: 생산에서 소비까지 전 과정의 효율성을 극대화하는 시스템으로 분업과 직접적으로 연관된 현대 경영 기법입니다.

[이론적 배경(2)] - 선행연구

- 온라인 쇼핑 시장 경쟁, 크로스보더 이커머스(Cross-border E-commerce)의 성장, 물류 시스템 혁신 등에 관한 최신 경제 연구 논문이나 산업 보고서를 참고해 이론적 기반을 강화합니다.

[보고서 3. 연구 방법/설계] - 실험(조사) 설계, 변인 등:

- **문헌 연구**: 애덤 스미스의 『국부론』, 데이비드 리카도의 『정치경제학과 조세의 원리』 등 고전 원전 및 관련 해설서, 경제학 교과서 등을 통해 분업 및 국제 분업 이론에 대해 정리하고 이해합니다.
- **사례 분석**: 쿠팡, 알리익스프레스, 테무, 쉬인 등 주요 온라인 쇼핑 플랫폼의 비즈니스 모델(물류 시스템, 상품 소싱, 배송 방식, 고객 서비스 등)을 조사하여 각 플랫폼이 분업 및 국제 분업을 어떻게 활용하고 있는지 분석합니다. 특히, 보도 자료, 기업 보고서, 관련 언론 기사 등을 활용합니다.
- **데이터 분석**: 각 플랫폼의 시장 점유율, 배송 속도, 상품 가격 변화, 소비자 만족도 관련 데이터를 수집(예: 언론 보도, 소비자 리서치 기관 자료)하여 분업 효율성과 시장 성과 간의 상관관계를 분석합니다. (가능하다면 국내 택배 물동량, 해외 직구 거래액 통계 등 활용)
- **전문가 인터뷰 (선택 사항)**: 유통 및 물류 전문가, 전자상거래 업계 관계자와의 인터뷰를 통해 실제 현장에서의 분업 효율성 증대 노력과 애로사항을 파악합니다.

[보고서 4. 결과 및 분석] - 자료 정리 및 해석:

- 각 플랫폼의 운영 프로세스에서 분업이 구체적으로 어떤 형태로 나타나는지 도식화하고 설명합니다.
- 특히 알테쉬의 경우, 생산국(주로 중국)에서의 대량 생산 분업과 글로벌 운송 및 통관 과정에서의 국제 분업이 결합해 초저가를 실현하는 구조를 분석합니다.
- 쿠팡의 경우, 국내 물류센터 및 배송 인력의 고도화된 분업 시스템이 익일 배송 등 빠

른 배송 서비스를 가능하게 하는 과정을 분석합니다.

- 분업 효율성 증대가 소비자 구매 결정에 미치는 영향(예: 가격 민감도 변화)을 분석하고, 이는 소비자의 '이기심'과 어떻게 연결되는지 해석합니다.
- 이러한 경쟁이 국내 소상공인 및 제조업에 미치는 긍정적·부정적 영향을 양 측면에서 분석합니다.

[보고서 5. 결론 및 제언] - 결론, 한계점, 시사점:

- **결론:** 알테쉬와 쿠팡의 경쟁은 단순한 가격 경쟁을 넘어선 고도화된 '분업'과 '국제 분업'의 효율성 경쟁임을 확인합니다. 이는 애덤 스미스와 리카도의 이론이 현대 글로벌 온라인 시장을 이해하는 데 여전히 중요한 설명력을 가짐을 보여 줍니다.

- **한계점:** 본 탐구는 주로 공개된 자료에 기반하며, 기업의 내부적인 상세 데이터를 확보하기 어렵다는 한계가 있습니다. 또한 분업의 효율성을 정량적으로 측정하는 데 어려움이 있을 수 있습니다.

시사점:

(1) 소비자 관점: 효율적인 분업 시스템이 제공하는 편의성과 저렴한 가격의 이점을 누릴 수 있으나, 국내 산업에 미칠 영향도 고려하는 비판적 시각을 가져야 합니다.

(2) 기업 관점: 글로벌 경쟁 시대에 살아남기 위해서는 단순한 가격 경쟁을 넘어 생산과 유통 전 과정에서의 효율적인 분업 시스템 구축이 필수적입니다.

(3) 정부 관점: 국내 산업 보호와 소비자 후생 증진이라는 어긋나는 목표 사이에서 '보이지 않는 손'의 작동을 존중하되, '시장의 실패'(예: 불공정 경쟁, 지적 재산권 침해)에 대한 적절한 개입 방안을 모색해야 합니다.

참고 자료, 데이터 등:

애덤 스미스, 『국부론』(번역본); 데이비드 리카도, 『정치경제학과 조세의 원리』(발췌본); N. 그레고리 맨큐, 『맨큐의 경제학 원론』 또는 이원구, 『경제원론』(분업·국제 무역 부분); 통계청, 「온라인 쇼핑 동향 조사」 및 해외 직구 통계 자료; 각 플랫폼 기업의 사업 보고서·IR 자료·언론 보도 자료; 전자상거래·유통·물류 산업 관련 연구 보고서 및 학술 논문.

정부는 언제 시장에 개입해야 할까

존 메이너드 케인스

1929년 대공황은 전 세계 경제를 깊은 혼란에 빠뜨렸다. 이 시기 존 메이너드 케인스John Maynard Keynes는 기존 경제학과는 다른 해법을 제시했다. 그는 경제 불황의 핵심 원인을 사람들이 소비하고 싶어도 실제로 지출할 수 있는 소득이 부족한 상태, 곧 '유효 수요의 부족'에서 찾았다.

그는 이를 해결하기 위해 정부의 적극적인 역할이 필요하다고 보았다. 공공사업 확대나 세금 인하와 같은 재정 정책Fiscal Policy을 통해 사회 전체의 총수요를 늘려야 한다는 것이다. 그는 정부 지출이 국민소득을 더 많이 증가시킬 수 있다는 '승수 효과', 그리고 개인이 저축을 늘리면 오히려 경기 침체가 심화할 수 있다는 '절약의 역설'을 근거로 이러한 주장을 설명했다.

그의 이론은 미국 루스벨트 대통령의 뉴딜 정책에 영향을 주었고, 이후 여러 나라에서 정부가 시장을 조정하는 수정 자본주의 정책이 확산되는 계기가 되었다.

시장의 자율과 정부의 개입, 누가 경제를 살릴까

지수는 저녁을 먹으며 TV를 켰다. 경제 수업 과제로 최근 경기 침체에 대한 토론 프로그램을 시청한 뒤, 찬성과 반대 입장을 정해 그 이유를 정리해 오라는 과제가 있었기 때문이다. 마침 해당 채널에서는 토론이 한창이었다. 주제는 「경기 침체, 정부는 어디까지 개입해야 하는가?」였다. 한 패널이 힘주어 말했다.

“지금은 정부가 보조금과 지원금을 더 적극적으로 집행하고, 중앙은행도 금리를 내려 침체된 경기를 살려야 합니다.”

그러자 다른 패널이 곧바로 반박했다.

“그렇게 하면 자영업자들이 이자 부담을 덜 느끼고 빚을 늘려 사업을 확장할 수 있습니다. 그 결과 국가 전체의 부채가 커질 수 있습니다. 또 대출이 늘어나면서 부동산 가격이 과도하게 오를 위험도 있습니다.”

‘금리 인하’, ‘정부의 적극적 개입’, ‘재정 정책’….

지수는 핵심 단어를 빠짐없이 메모하며 토론을 지켜보았다. TV를 끄고 생각을 정리하려고 책상에 앉아 경제학 교과서를 펼쳤지만 머릿속에는 여전히 토론 내용이 맴돌았다. 과연 누구의 말이 더 설득력이 있을까? 경제를 시장에 맡기는 것이 나을까, 아니면 정부가 적극적으로 나서야 할까?

“정부는 어디까지 개입을 해야 할까?”

지수는 떠오르는 생각을 곱씹으며 혼잣말을 했다. 바로 그때였다.

그 질문에 대한 궁금함은 내가 조금 풀어줄 수 있겠군.”

낯선 목소리에 놀라 고개를 들자, 영국식 정장을 단정히 차려입은 중년 신사가 지수 앞에 서 있었다. 그는 점잖은 미소를 지으며 말했다.

“나는 존 메이너드 케인스라 하네. 방금 자네가 본 토론은 내 경제 이론의 핵심과 맞닿아 있지.”

“케인스 학파의 대부 그 케인스요?

케인스는 고개를 끄덕였다.

“그렇네. 1930년대 대공황 시절, 나는 불황의 핵심 원인을 ‘유효 수요의 부족'에서 찾았지. 그래서 시장이 언제나 스스로 문제를 해결할 수 있는 것은 아니라고 확신했기 때문에 나는 정부의 적극적인 개입이 필요하다고 주장했네."

"그럼 오늘 TV 토론에서 정부의 적극적 개입을 주장한 패널은 케인스 선생님의 이론을 따른 거네요?"

"그렇다네. 내 이론의 핵심은 '유효 수요'에 있지. 단순히 물건을 사고 싶다는 마음이 아니라, 실제로 돈을 지불할 수 있어 구매로 이어지는 수요를 뜻하네."

케인스는 차분히 설명을 이어갔다.

"불황기에는 사람들의 소비 심리가 위축되고, 기업도 투자를 꺼리게 되지. 그러면 소비와 투자가 함께 줄어들고, 일자리는 감소하며 실업이 늘어난다네. 소득이 줄어들면 소비는 다시 위축되고, 경제는 스스로 벗어나기 어려운 악순환에 빠지지. 이때 그 고리를 끊어 주는 역할을 정부가 맡아야 한다고 나는 보았네."

지수는 이해했다는 듯 고개를 끄덕였다.

"와, 이제 이해가 되는 것 같아요. 정부가 자영업자에게 보조금을 주거나 세금을 낮춰주고, 학교나 도로 같은 사회 간접자본에 투자해 지출을 늘리는 것도 모두 침체된 경기를 살리기 위한 거라면, 이것이 바로 '재정 정책'이군요."

"그렇다네."

케인스는 지수의 빠른 이해에 만족스러운 표정을 지었다.

지수는 잠시 생각에 잠겼다.

"그런데 부모님은 항상 돈은 아껴 써야 하고, 절약이 미덕이라고 말씀

하세요. 그건 어떻게 설명해야 할까요?"

케인스는 미소를 지으며 답했다.

"개인에게 절약은 분명 좋은 습관이라네. 하지만 모두가 동시에 지출을 줄이면 소비가 감소하고, 결국 경제 전체가 위축될 수 있지. 이것을 '절약의 역설'이라고 부르네."

그는 예를 들어 설명했다.

"경기가 나빠지면 사람들은 불안해져 소비를 줄이고 저축을 늘리게 되지. 개인 입장에서는 미래를 대비하는 합리적인 선택일 수 있네. 하지만 모든 사람이 돈을 쓰지 않고 저축만 한다면 어떻게 될까? 식당은 손님이 줄어 문을 닫고, 여행사는 예약이 취소되어 직원을 줄이게 되지. 그러면 더 많은 사람이 소득을 잃게 되고, 소비는 다시 줄어드는 악순환이 이어진다네."

케인스는 잠시 하던 말을 멈추고 지수에게 물었다.

"혹시 2020년 코로나19 팬데믹 상황을 기억하나?"

"네, 물론이죠. 온 세상이 멈춘 것 같았어요."

"그 당시 사람들의 경제 상황은 내 이론으로 설명할 수 있네. 사람들이 외출을 자제하고 소비를 줄이자 식당, 영화관, 여행업계가 큰 타격을 입었지. 하지만 그 업종들이 서비스를 제공할 능력이 없어서 어려워진 것은 아니었네. 사람들이 그 서비스를 이용할 의향이나 지출 여력이 줄어들었기 때문이지. 이런 상황이 바로 전형적인 '유효 수요의 부족'이라 할 수 있네."

"아, 그래서 정부가 재난지원금을 지급했을 때 소비가 잠시 늘어났던 거군요."

"잘 이해했네. 사람들의 구매력이 보강되자 소비가 살아났고, 그것이 기업의 매출 증가로 이어지면서 경제에 다시 활력이 돌기 시작한 것이지."

그는 마지막으로 지수의 어깨에 손을 얹으며 말했다.

"경제학은 단순한 이론이 아니라 사람들의 실제 삶과 맞닿아 있는 학문이라네. 애덤 스미스의 '보이지 않는 손'은 시장이 안정적으로 움직일 때는 잘 작동하지. 하지만 경제가 깊은 침체에 빠졌을 때는 그 기능이 충분히 발휘되지 않을 수 있네. 그럴 때는 '정부의 손'이 나서서 상황을 바로잡아야 한다는 것이 내 생각일세. 시장과 정부는 서로 경쟁하는 존재라기보다는 상황에 따라 서로를 보완하는 관계라는 점을 기억해 두게."

그의 모습은 서서히 흐려졌고, 지수는 다시 책상 앞에 혼자 남았다. 하지만 케인스의 말은 또렷하게 마음속에 남아 있었다. 시장과 정부, 개인과 사회의 관계를 바라보는 새로운 시각을 얻은 듯한 기분이었다. 지수는 노트를 펼쳐 케인스 경제 이론의 핵심 개념을 하나씩 정리해 나가기 시작했다.

유효 수요 Effective Demand: 단순한 욕망이 아닌, 실제 구매력이 뒷받침된 수요 (구매력: 돈을 지불하고 물건을 살 수 있는 능력).

재정 정책 Fiscal Policy: 정부가 경제 안정을 위해 세금과 정부 지출을 조절하는 정책.

승수 효과 Multiplier Effect: 정부 지출의 변화가 국민소득에 그 몇 배의 변화를 가져오는 현상.

절약의 역설 Paradox of Thrift: 경제 불황기에 모든 경제 주체가 저축을 늘리려 하면 총수요가 감소하여 오히려 경제가 더 위축되는 현상.

수정 자본주의 Mixed Economy**:** 시장 경제의 효율성과 정부의 개입을 결합하여 시장 실패를 보완하고 경제 안정을 도모하는 경제 체제.

케인스의 눈으로 보는 경제 안정화

내가 살던 시대는 정말 격동의 연속이었네. 1차 세계대전의 참혹함, 베르사유 조약의 갈등, 1929년 대공황의 절망, 그리고 2차 세계대전의 위기까지…. 이런 사건들은 내 경제학적 사고를 형성한 결정적인 경험이었지. 어릴 때 나는 케임브리지 대학에서 수학과 철학을 깊이 공부했네. 하지만 단순히 이론을 연구하는 학자로 남고 싶지는 않았어. 늘 이런 질문이 머릿속을 떠나지 않았거든.

'어떻게 하면 학문이 실제 사람들의 삶을 더 나아지게 할 수 있을까?'

1919년, 나는 서른여섯 살의 나이로 베르사유 조약 협상에 영국 재무부 대표로 참여했지. 전쟁이 끝난 뒤에 전후 처리를 논의하던 역사적인 자리였네. 그런데 그곳에서 나는 큰 충격을 받았어. 승전국들이 독일에 막대한 배상금을 부과하려 했기 때문이지. 나는 그 결정이 얼마나 위험한지 곧바로 느꼈네.

"이렇게 독일 경제를 무너뜨리면 유럽 전체가 흔들릴 수 있습니다. 경제는 서로 연결되어 있습니다. 한 나라가 무너지면 다른 나라에도 영향을 미칠 수밖에 없습니다."

나는 그렇게 경고했지. 하지만 젊은 경제학자의 말에 귀를 기울이는 사람은 많지 않았네.

결국 나는 협상단을 떠났고, 『평화의 경제적 결과』라는 책을 써서 조약의 문제점을 알렸지. 안타깝게도 내 예상은 빗나가지 않았어. 독일의 경제적 혼란은 결국 나치의 등장과 제2차 세계대전으로 이어지고 말았지. 그 경험을 통해 나는 분명히 깨달았네. 경제 정책은 단순한 숫자의 문제가 아니라, 사람들의 삶과 역사의 방향을 바꿀 수 있는 힘이라는 사실을 말이야.

1929년 10월 24일, 이른바 '검은 목요일'로 불렸던 뉴욕 주식시장 폭락은 전 세계를 깊은 불황으로 몰아넣었네. 미국의 실업률은 25%까지 치솟았고, 산업 생산은 이전의 3분의 1 수준으로 급감했지. 거리에는 일자리를 잃은 사람들이 넘쳐났고, 공장은 멈춰 섰네. 그런데도 당시 주류 경제학자들은 여전히 애덤 스미스의 '보이지 않는 손'을 믿고 있었지. '시장은 스스로 균형을 되찾을 것이다. 임금과 물가가 더 떨어지면 자연스럽게 회복될 것이다'라고 말했네.

하지만 나는 거리로 쏟아져 나온 실업자들과 텅 빈 공장들을 보며 전혀 다른 생각을 하게 되었지. '공장은 그대로 있고, 노동자들도 일할 의지가 있는데 왜 경제는 멈춰 있는가? 기계도 있고 원료도 있고 노동력도 충분한데 왜 생산이 이루어지지 않는가?' 나는 그 답을 이렇게 보았네. 문제는 공급이 아니라 수요에 있다고 말일세.

1936년, 나는 평생의 연구를 담은 『고용, 이자 및 화폐의 일반이론』을 발표했네. 그 책에서 제시한 '유효 수요 이론'은 당시 경제학의 상식을 뒤흔드는 주장이었지. 그전까지 고전파 경제학자들은 세이의 법칙, '공급이 스스로 수요를 만든다'는 생각을 믿고 있었네. 쉽게 말해 '만들어 놓으면 결국 팔린다'는 논리였지.

하지만 나는 정반대로 보았네. '수요가 있어야 공급이 이루어진다'고 말이야. 이것이 내가 말한 유효 수요 이론일세. 왜 이것이 중요할까? 기업은 자신이 만든 물건이 팔릴 것이라고 예상할 때만 생산을 늘리고, 새로운 직원을 고용하지. 그런데 사람들이 소득이 부족하거나 미래가 불안해 소비를 줄이고 저축만 한다면 어떻게 되겠는가? 기업은 판매가 줄어들 것을 걱정해 생산을 줄이고, 결국 직원을 해고하게 되지. 그러면 사람들의 소득이 더 줄고, 소비도 다시 감소하는 악순환이 이어진다네.

경제학 교과서에서 국민소득(Y)National Income을 설명할 때 자주 등장하는 개념이 바로 총수요(AD)Aggregate Demand라네. 총수요란 한 나라 경제 안에서 가계, 기업, 정부, 그리고 외국 부문까지의 모든 경제 주체에 의하여 생산된 최종 재화와 서비스를 사려고 하는 전체 지출의 합을 말하지. 쉽게 말해 경제 전체가 얼마만큼의 물건과 서비스를 '사려고 하는가'를 숫자로 나타낸 것이 총수요라 할 수 있네. 그래서 총수요는 곧 실질 GDP에 대한 총지출을 의미하지. 경제가 균형 상태에 있을 때는 이 총지출의 크기와 실제 생산된 실질 GDP가 서로 일치하게 된다네.

총수요 네 가지 구성 요소

소비(C) Consumption: 가계가 재화와 서비스를 이용하는 지출.

투자(I) Investment: 기업의 공장 건설, 설비 구매, 또는 가계의 주택 구입하는 지출.

정부 지출(G) Government Spending: 정부의 도로를 건설, 공무원 월급을 주는 지출.

순수출(NX) Net Export: 외국이 자국의 물건을 사는 것(수출, X)에서 자국인이 외국 물건을 사는 것(수입, M)을 뺀 것.

따라서 총수요는 보통 다음과 같은 공식으로 표현된다.

AD = 소비(C) + 투자(I) + 정부 지출(G) + 순수출(X-M)

이제 가장 중요한 부분을 설명하겠네. 총수요는 경제 전체에 존재하는 모든 잠재적인 지출 계획을 뜻하네. 가계는 소비하고 싶어 하고, 기업은 투자하고 싶어 하며, 정부도 지출 계획을 세우지. 이런 욕구를 모두 더한 것이 총수요라 할 수 있지. 하지만 이 모든 계획이 실제 생산과 고용으로 이어지는 것은 아니네. 아무리 사고 싶은 마음이 커도, 지갑에 돈이 없거나 미래가 불안해 지출을 미루게 되면, 그 수요는 실행되지 못한 채 잠재적인 상태로 남게 되지.

바로 여기에서 '유효 수요'가 등장하네. 유효 수요란 총수요 가운데 실제 구매력에 의해 뒷받침되어 기업이 생산을 늘리고 사람을 고용하도록 만드는 부분을 말하네. 나는 총수요 곡선과 총공급 곡선이 만나는 지점에서 유효 수요가 결정되고, 그 지점에서 실제 생산량과 고용 수준이 정해진다고 설명했지.

정리해 보면 총수요는 경제 주체들이 세운 모든 가능한 지출 계획을 의미하네. 반면, 유효 수요는 그중에서 실제로 돈이 지출되어 기업의 생산 결정을 끌어낸 부분을 뜻하지. 그래서 교과서에서 국민소득(Y)을 설명할 때 Y = C + I + G + NX라는 공식을 사용하는 것이네. 균형 상태에서 이 총지출(총수요)이 곧 유효 수요가 되기 때문이지. 이 식에서 총수요는 단순히 '원하는 것'이 아니라 '실제로 생산되고 팔린 것'을 의미하며, 이는 곧 기업들이 생산을 결정하게 만든 '유효한' 수요의 총합이라네.

국민소득(Y)은 네 가지 요소의 합으로 이루어져 있네. 바로 소비(C), 투자(I), 정부 지출(G), 그리고 순수출(X-M)이지. 다른 조건이 그대로라면, 이 가운데 어느 하나가 늘어나도 전체 합인 국민소득(Y)은 함께 증가하게 된다네.

나는 경제가 침체에 빠져 유효 수요가 부족해질 때, 정부가 적극적으로 나서 총수요를 늘려야 한다고 주장했네. 이런 정부의 역할을 '재정 정책'이라 부르지. 재정 정책은 단지 경기를 살리기 위한 수단만을 뜻하는 것은 아니네. 경기가 과열되었을 때 이를 식히기 위한 정책까지 함께 포함하지. 그리고 재정 정책은 크게 두 가지 방식으로 총수요에 영향을 줄 수 있네. 바로 정부 지출을 조정하는 방법과 세금을 조정하는 방법이지.

정부 지출(G) 직접 늘리기

정부가 대규모 사회간접자본[SOC] 사업(예: 고속도로 건설, 항만 확장, 새로운 지하철 노선 건설)을 시작하거나, 보건·교육·국방과 같은 공공 서비스에 대한 지출을 늘리는 것이다. 정부가 돈을 쓰면 그 돈은 건설 회사나 관련 기업의 매출이 되고, 기업은 다시 직원에게 임금을 지급하고 재료를 구입하는 데 사용한다. 이처럼 돈이 순환하면서 국민소득이 직접적으로 증가한다.

세금을 줄이거나 보조금을 지급해 소비(C)와 투자(I)를 촉진하기

소비(C) 촉진: 정부가 개인의 소득세나 소비세를 낮추면 사람들은 줄어든 세금만큼 여유 자금을 확보하게 된다. 이처럼 가처분 소득이 늘어나면 소비가 증가할 가능성이 커진다. 또한 특정 상품 구매 시 정부가 보조금을 지급해 소비를 유도할 수도 있다.

투자(I) 촉진: 기업이 부담하는 세금, 특히 법인세를 낮추면 기업은 더 많은 이윤을 남길 수 있다. 그 결과 기업은 새로운 공장을 짓거나 기술 개발에 투자하는 등 투자를 늘릴 유인을 갖게 된다. 정부가 특정 투자에 보조금을 지급하거나 세금을 감면해 주면, 기업은 부담을 덜고 더 적극적으로 투자하게 된다.

이렇게 정부 지출(G)을 직접 늘리거나, 소비(C)나 투자(I)를 촉진시키면, 총수요(AD)가 늘어나는 효과를 가져온다네. 총수요가 증가하면 기업은 더 많은 재화와 서비스를 생산하게 되고, 그에 따라 고용도 늘어나지. 그 결과 국민소득 역시 증가하게 되네.

케인스 경제학에서 중요한 개념 가운데 하나는 '승수 효과'라네. 정부가 100억 원을 지출하거나 소비가 100억 원 증가했다고 해서 국민소득이 단순히 100억 원만 늘어나는 것은 아니지. 실제로는 그보다 훨씬 더 큰 폭으로 증가할 수 있다는 원리라네.

예를 들어, 정부가 100억 원을 들여 새로운 다리를 건설한다고 가정해 보세. 건설 회사와 인부들은 100억 원의 소득을 얻게 되고, 인부들은 받은 임금의 일부를 식당에서 식사하거나 옷을 구입하는 데 사용하지. 그러면 식당 주인과 옷 가게 주인도 새로운 소득을 얻게 되고, 이들 역시 다시 소비하게 되네. 이러한 과정이 반복되면서 처음의 100억 원 정부 지출은 경제 전체를 순환하며 100억 원을 훨씬 넘는 규모의 국민소득 증가로 이어진다네.

바로 이러한 이유로 정부의 비교적 작은 지출 확대나 세금 인하도 경제 전반에 상당한 파급 효과를 가져올 수 있다는 것이지. 이것이 내가 재정 정책과 정부의 적극적인 역할을 강조한 중요한 근거 가운데 하나라네.

케인스 경제 이론의 경제사적 의미와 한계

1929년 대공황은 나의 경제 이론이 널리 주목받는 계기가 되었다네. 당시 미국의 루스벨트 대통령은 1933년 뉴딜 정책을 시행했지. 이는 내가 『고용, 이자 및 화폐의 일반이론』을 발표하기 이전의 일이었지. 초기 뉴딜 정책은 나의 이론을 직접적으로 반영한 것은 아니었지만, 공공 지출을 확대하고 일자리를 창출하려는 방향성은 결과적으로 나의 주장과 맞닿아 있었네.

1936년 『일반이론』에서 나는 총수요 부족이 실업의 근본 원인임을 설명하며, 정부의 재정 개입을 통해 경제를 회복시킬 수 있다고 주장했네. 이후 1938~39년에 추진된 제2차 뉴딜 정책은 점차 나의 경제 이론을 반영하기 시작했다네. 테네시강 유역 개발사업과 도로·댐 건설 같은 대규모 공공사업은 실업을 완화하고 소비를 회복하는 데 중요한 역할을 했지.

이러한 경험은 나의 이론이 단순한 학문적 주장에 머물지 않고, 현실 경제에 실제 영향을 미칠 수 있음을 보여 주었지. 제2차 세계대전을 거치면서 많은 나라는 시장의 자율을 인정하되, 필요할 경우 정부가 개입해 안정을 도모하는 수정 자본주의, 즉 혼합경제 체제를 채택하게 되었네. 이는 시장의 기능을 존중하면서도 정부가 시장의 실패를 보완해야 한다는 나의 관점이 세계 경제 질서의 중요한 기준으로 자리 잡았음을 의미한다네.

물론 나의 경제 이론이 완전한 해답을 제시하는 것은 아니네. 정부가 시장에 적극적으로 개입할 경우, 오히려 경제 주체들의 효율적인 자원 배분을 왜곡해 비효율을 초래하는 '정부의 실패'가 나타날 가능성도 존재하지.

특히 1970년대 석유 파동 이후 세계 경제는 높은 인플레이션과 실업이 동시에 발생하는 스태그플레이션^{Stagflation}을 경험했다네. 이러한 현상은 나의 이론만으로는 충분히 설명하거나 해결하기 어려운 새로운 과제가 출현했음을 의미하네. 그 결과 정부 개입의 한계를 지적하고 다시 시장의 자율성을 강조하는 '신자유주의' 경제학이 힘을 얻게 되었다네.

케인스 경제 이론의 현재

하지만 2008년 글로벌 금융위기와 2020년 코로나19 팬데믹처럼 대규모 경제 위기가 발생할 때마다 각국 정부는 케인스의 이론을 토대로 확장적 재정 정책과 경기부양책을 시행하고 있네. 이는 나의 경제학이 오늘날에도 여전히 중요한 이론적 기반으로 활용되고 있음을 보여 주는 것이지.

내가 일관되게 강조한 점은 경제학이 단순한 이론이나 수치 계산에 머무는 학문이 아니라, 실제 사람들의 삶과 밀접하게 연결된 학문이라는 사실이네. 나는 경제 위기 속에서 고통받는 사람들의 현실을 정책 논의의 중심에 두고자 했다네. 시장의 자율성을 절대화하는 입장도, 정부의 개입을 무조건 확대하는 입장도 모두 한계를 가지고 있지. 그래서 중요한 것은 상황에 맞는 균형 잡힌 접근이라네. 시장과 정부는 서로 대립하는 존재라기보다 상호 보완적인 역할을 수행하는 관계로 이해할 필요가 있다네.

여러분은 앞으로도 수많은 경제적 도전과 논쟁을 마주하게 될 걸세. 그때마다 시장의 자율성과 정부의 역할을 함께 고민하며, 최선의 해결책을 찾아가는 지혜를 발휘하길 바라네.

[탐구 주제]

2020년 코로나19 재난지원금은 케인스주의 정책인가?

[보고서 1. 서론] - 탐구 배경 및 목적:

2020년, 코로나19로 인한 경기 침체를 극복하기 위해 정부는 전 국민에게 긴급재난지원금을 지급했습니다. 당시 뉴스에서는 '정부가 돈을 푼다'는 표현이 자주 등장했고, 일부에서는 '케인스식 경기부양'이라는 표현도 사용되었습니다. 이 정책이 정말 케인스의 경제 이론에 기초한 것인지, 그리고 실제로 어떤 효과를 가져왔는지를 분석하고자 합니다. 이를 통해 경제 이론이 현실 정책에 어떻게 적용되는지, 그리고 정부의 경제 개입이 실제로 효과적인지를 검증해 보고자 합니다.

(연구문제/가설) - 예상 결과 또는 현상에 대한 잠정적 답변:

2020년 코로나19 재난지원금 지급은 케인스의 유효 수요 이론 및 승수 효과 원리에 기반한 확장적 재정 정책의 일환으로 지원금 지급 이후 국민들의 소비 심리 회복과 민간 소비 증진을 유발하여 단기적인 경기부양에 긍정적인 영향을 미쳤을 것이다.

[보고서 2. 이론적 배경(1)] - 관련 개념:

- **케인스의 유효 수요 이론:** 경기가 불황일 때 물건을 살 돈과 의향이 있는 '유효 수요'가 부족하여 생산과 고용이 줄어드는 현상을 설명한다.
- **재정 정책:** 정부가 경제 안정을 위해 세금과 정부 지출을 조절하여 총수요를 관리하는 정책이다.
- **승수 효과:** 정부 지출이나 투자의 초기 변화가 국민소득에 그 몇 배의 변화를 가져오는 현상을 의미한다. 이는 한계소비성향(소득 증가분 중 소비 증가분이 차지하는 비율)에 따라 파급 효과가 달라진다.
- **절약의 역설:** 개개인이 합리적으로 절약하려 할 때 오히려 총수요가 줄어들어 경제 전체가 위축되는 현상을 설명한다.

[이론적 배경(2)] - 선행연구:
- 2020년 재난지원금 효과에 대한 한국개발연구원(KDI), 한국조세재정연구원 등 국내 외 연구기관의 분석 보고서 및 관련 학술 논문을 참고하여 재난지원금의 실제 효과 와 한계에 대한 다양한 관점을 파악합니다.

[보고서 3. 연구 방법/설계] - 실험(조사) 설계, 변인 등:
1. **정책 내용 조사:** 2020년 한국 정부의 재난지원금 지급 내용, 시기, 금액 등을 구체적 으로 정리합니다. 지원금 재원 조달 방법(국채 발행, 추경 예산 등)과 당시 정부의 정책 목표를 파악합니다.
2. **경제지표 분석:** 재난지원금 지급 전후의 소비자심리지수, 민간소비 지표(카드 사용액, 소매 판매액 등), 실업률 등의 경제지표를 통계청, 한국은행 등 공신력 있는 기관의 데 이터를 통해 조사합니다.
3. **시계열 데이터 분석 및 시각화:** 수집된 경제지표를 시계열 데이터를 통해 분석하고 그래프로 시각화하여, 지원금 지급이 경제지표에 어떤 영향을 미쳤는지 직관적으로 파악합니다.
4. **효과 분석 및 승수 효과 추정:** 재난지원금이 국민들의 소비와 총수요 확대에 미친 영 향을 분석합니다. 실제 데이터와 케인스의 승수 효과 개념을 연결하여 지원금의 경 제적 파급 효과를 추정해 봅니다 (예: 1인당 소비 증가액이 얼마인지, 이것이 총소비에 어떤 영향을 미쳤는지).
5. **사회적 논의 및 해외 사례 비교:** 당시 정책에 대한 사회적 논의(찬반 입장, 언론 보도, 전 문가 의견 등)를 조사합니다. 해외 주요국의 유사 정책(예: 미국의 현금 지급, 일본의 상품권 지급)과 비교하여 장단점을 분석합니다.

[보고서 4. 결과 및 분석] - 자료 정리 및 해석:
- 재난지원금 지급 전후의 소비자심리지수 및 민간소비 지표 변화를 제시하고, 유효 수요 증대와의 연관성을 분석합니다.
- 실업률 변화 데이터를 통해 정책이 고용 시장에 미친 영향을 해석합니다.
- 실제 소비 데이터와 한계소비성향 등을 고려하여 재난지원금의 승수 효과를 추정하 고, 케인스 이론의 예측과 실제 결과 간의 유사점 및 차이점을 논의합니다.
- 재난지원금 정책에 대한 당시의 사회적 논의를 찬반 양측의 근거와 함께 정리하고, 이를 케인스 이론의 적용 맥락에서 분석합니다.

[보고서 5. 결론 및 제언] - 결론, 한계점, 시사점:

- **결론:** 재난지원금 지급은 단순한 복지정책이 아니라 경제 전반의 수요(총수요)를 끌어올려 고용과 생산을 확대하려는 케인스주의적 목적이 있었음을 확인합니다. 정책의 긍정적 효과(단기적 경기 부양, 소비 활성화)와 함께 발생할 수 있는 한계점(예: 인플레이션 압력, 정부 부채 증가)을 종합적으로 평가하여 결론을 도출합니다.

- **한계점:** 본 탐구는 주로 공개된 자료에 기반하며, 미시적인 가계 소비 패턴에 대한 상세 데이터 확보의 어려움 등 연구의 한계점을 명시합니다. 또한 코로나19라는 특수한 상황이 정책 효과에 미친 변수들을 완전히 통제하기 어려울 수 있다는 점을 언급합니다.

- **시사점:** 학생들은 본 탐구를 통해 경제 이론이 현실에서 어떻게 적용되고 논의되는지를 깊이 이해하고, 정부의 경제 정책에 대해 주체적으로 사고하고 비판적으로 평가하는 능력을 기를 수 있습니다. 나아가 미래의 경제 위기 상황에서 어떤 정책적 선택이 필요한지 스스로 고민해 볼 수 있는 계기가 될 것입니다.

참고 자료, 데이터 등:

존 메이너드 케인스, 『고용, 이자 및 화폐의 일반이론』(발췌본 또는 해설서); 『맨큐의 경제학 원론』 또는 『이준구의 경제학원론』(총수요, 승수 효과, 재정 정책 부분); 통계청 KOSIS 국가통계포털(소비자심리지수, 민간소비 지표, 실업률 등); 한국은행 경제통계시스템(통화량, 금리 등); 한국개발연구원(KDI), 한국조세재정연구원 등 연구기관의 재난지원금 효과 분석 보고서; 코로나19 팬데믹 시기 경제 관련 주요 언론 기사 및 시사 프로그램 자료.

권력을 나누는 이유

몽테스키외

프랑스의 사상가 몽테스키외 Montesquieu는 『법의 정신』을 통해 권력 분립과 자유의 본질, 법의 의미를 탐구했다. 절대왕정과 전제정치를 비판하며 출발한 그의 사상은 오늘날에도 민주주의와 법치주의의 핵심 원리로 중요한 의미를 지닌다.

몽테스키외는 입법, 행정, 사법의 삼권 분립을 통해 권력이 한 곳에 집중되는 것을 막고, 서로 견제하여, 시민의 자유를 보장하고자 했다. 그는 자유를 개인이 하고 싶은 대로 행동하는 상태가 아니라, 법의 테두리 안에서 보장되는 질서 있는 상태로 보았으며, 자유에는 책임이 따른다는 점을 강조했다.

또한 "법은 그 나라의 정신을 따라야 한다."라는 그의 생각은 법과 제도가 사회·역사·문화적 환경에 따라 달라질 수 있음을 뜻한다. 이는 다양한 가치가 공존하는 현대 사회에서도 여전히 되새겨 볼 만한 통찰을 제공한다.

날씨에서 시작된 민주주의 이야기

A(38) 씨는 얼마 전 특별한 이유 없이 공원 이용객을 폭행하고 주민들에게 술병을 던지며 욕설을 퍼부어 흉기 상해 혐의로 경찰서 신세를 지게 됐다.

B(52) 씨는 서울 영등포의 한 포장마차에서 별 이유 없이 옆 손님들에게 시비를 걸어 결국 무고한 시민을 때려 숨지게 해 최근 경찰에 구속됐다.

-출처:헤럴드 경제(2012). 더운 날씨에 그냥 기분 나빠서…'짜증 범죄' 기승.

날씨가 더워질수록 폭력 사건이 늘어난다는 사실을 들어본 적이 있을까? 특히 한여름인 8월에 폭력이나 살인 사건이 많이 발생하는 이유는 무엇일까. 더운 날씨는 사람을 쉽게 지치게 하고, 불쾌감과 짜증을 키운다. 그러다 보면 사소한 말다툼도 크게 번질 수 있고, 감정이 격해지면서 범죄로 이어지기도 한다.

실제로 미국의 28개 도시를 대상으로 범죄 자료와 기후 자료를 비교한 연구에서도 비슷한 결과가 나타났다. 날씨가 따뜻해질수록 강력범죄가 늘어나고, 기온이 낮아지면 감소하는 경향이 확인된 것이다. 이는 기온 변화가 사람들의 활동 방식과 감정 상태에 영향을 주고, 그 결과 범죄 발생에도 일정한 영향을 미칠 수 있음을 보여 준다.

이 이야기를 들으면 약 300년 전의 사상가, 몽테스키외를 떠올릴 수 있다. 그는 프랑스의 정치사상가로, 20여 년에 걸쳐 『법의 정신』을 집필하며 사회와 법의 관계를 깊이 탐구했다. 그는 이렇게 말했다.

"한 나라의 법과 제도는 그 나라의 기후, 종교, 인구, 토양, 문화 같은 여러 요소의 영향을 받는다."

그는 『법의 정신』에서 기후, 종교, 인구 규모, 토양의 성질처럼 다양한 환경 조건이 사회에 영향을 준다고 설명했다. 예를 들어 더운 지역과 추운 지역은 생활 방식이 다를 수밖에 없고, 그렇다면 그에 맞는 법과 제도도 달라질 수 있다고 본 것이다. 즉, 법은 책상 위에서만 만들어지는 규칙이 아니라, 사람들이 실제로 살아가는 환경과 문화까지 함께 고려해 만들어져야 한다는 뜻이다. 몽테스키외는 날씨와 같은 자연조건이 인간 사회에 어떤 영향을 미치는지를 구체적으로 살펴보는 방법을 통해, "어떤 제도가 인간의 자유를 가장 잘 지켜 줄 수 있을까?"라는 질문에 답하고자 했다.

『법의 정신』에서 몽테스키외가 말한 법은 단순한 규칙이 아니다. 법은 사람들의 자유를 지켜 주는 장치다. 그가 말한 진정한 자유란, 아무렇게나 행동하는 상태가 아니라 법이 보장하는 안전한 틀 안에서 자신의 삶을 누리는 것이다. 즉 자유란 '무엇이든 마음대로 하는 것'이 아니라, 법이 허용한 범위 안에서 두려움 없이 행동할 수 있는 권리를 뜻한다.

또한 그는 시민이 '안전하다고 느끼는 상태'를 매우 중요하게 여겼다. 여기서 안전이란 단지 생명과 재산을 보호받는 것만이 아니다. 억울하게 처벌받지 않을 것이라는 믿음, 권력이 함부로 나를 침해하지 않을 것이라는 신뢰까지 포함된다.

이처럼 법이 제대로 작동하는 나라에서는 개인의 자유가 보장된다. 사람들은 자신의 필요와 선택에 따라 살아갈 수 있고, 법은 모든 사람을 평등하게 보호한다. 이는 인간이 태어날 때부터 지닌 권리, 곧 천부 인권의 핵심인 평등권을 제도로 보장하는 모습이기도 하다.

몽테스키외는 이런 자유를 실현하려면 권력이 한곳에 모여서는 안 된다고 보았다. 그래서 제시한 것이 입법권, 행정권, 사법권을 나누는 '삼권 분립'이다. 정치 권력이 서로 나뉘어 견제와 균형을 이룰 때, 권력 남용을 막고 시민의 자유를 지킬 수 있다고 본 것이다.

삼권 분립은 『법의 정신』이 제시한 핵심 제도이며, 오늘날 민주주의 국가들이 따르고 있는 중요한 원리다.

몽테스키외의 눈으로 보는 균형과 법

"삼권 분립이란 무엇이고 왜 중요할까요?"

삼권 분립은 나라의 힘을 세 부분으로 나누는 제도야. 법을 만드는 곳, 법을 실행하는 곳, 법이 제대로 지켜졌는지 판단하는 곳으로 나누는 거지. 왜 이렇게 나눴을까? 한 사람이 또는 한 기관이 모든 힘을 가지면 자기 마음대로 결정할 수 있는 위험이 있기 때문이야. 힘이 한쪽에 몰리면 잘못된 선택을 해도 막기 어려워.

그래서 권력을 나누고 서로 지켜보게 만든 거야. 한쪽이 잘못하면 다른 쪽이 바로잡을 수 있도록 말이야. 이렇게 서로 견제하면 국민의 자유와 권리를 더 안전하게 지킬 수 있어. 나는 권력이 나뉘어 있을 때 사람들이 더 안심하고 살아갈 수 있다고 생각했단다.

"왜 권력을 나누어야 할까요?"

나, 몽테스키외 하면 삼권 분립과 '견제와 균형'을 떠올릴 수 있을 거야. 나는 삼권이 나뉘어 있는 영국의 군주 정치를 비교적 이상적인 모습으로 보았고, 정치적 자유가 가능하다고 생각했단다.

왜 그렇게 생각했을까? 한 사람이 모든 권력을 쥐게 되면, 그 힘을 자기 뜻대로 쓰게 될 가능성이 크다고 보았기 때문이야. 그렇게 되면 국민을 억압하거나 독재로 흐를 위험도 커지지. 그래서 나는 권력을 나누어 서로 감시하고 견제하게 해야 한다고 말했어. 그래야 권력의 균형이 이루어지고, 더 자유롭고 공정한 사회가 만들어질 수 있다고 보았단다.

내 생각은 당시 유럽에서 유행하던 자연권 사상이나 사회계약론과는 조금 달라. 사회계약론은 홉스와 로크 같은 사상가들이 주장한 것으로, 개인이 원래부터 생명과 안전, 재산에 대한 권리를 가지고 있고, 그 권리를 지키기 위해 국가를 만든다고 설명해. 그래서 국가의 정당성은 개인의 권리에서 시작된다고 보는 거지.

하지만 나는 권력의 집중이 개인의 자유를 위협할 수 있다고 보았어. 그래서 자유를 지키려면 국가의 기능을 나누어 권력이 함부로 쓰이지 않도록 해야 한다고 생각했단다. 여기서 말하는 권력 분립은 권력이 입법, 행정, 사법으로 분산되어 각 기관이 서로를 견제하고 균형을 이루게 함으로써 권력 남용을 막아야 한다고 생각했지. 이렇게 권력이 나뉘어 서로를 견제하고 균형을 이루면, 국가 권력은 적절히 분산되고 시민의 자유도 더 안전하게 지켜질 수 있다고 나는 믿었단다.

"'법의 정신'에서 말하고 싶은 법의 의미는 무엇인가요?"

내가 『법의 정신』에서 말하고 싶었던 법은 단순한 규칙이 아니란다. 법은 사람들의 자유를 지켜 주는 원칙이며, 시민의 자유를 보장하기 위한 제도야. 법이 가져야 할 가장 중요한 정신은 바로 자유지.

여기서 말하는 자유는 개인이 무엇이든 마음대로 할 수 있는 상태가 아니야. 법이 허용한 범위 안에서 시민이 행동할 수 있는 권리를 뜻하는 거지. 만약 누군가 법이 금지한 일을 한다면, 그 자유는 더 이상 지켜질 수 없지. 다른 시민의 자유도 함께 침해될 수 있기 때문이야. 그래서 내가 강조한 법은 '내가 제멋대로 행동할 자유'가 아니라, 나의 생명과 재산의 안전을 보장받을 수 있는 제도라는 뜻이란다.

또한 각 나라는 문화와 지리, 역사적 배경이 모두 다르단다. 그래서 그 나라의 현실에 맞는 법이 필요하다고 생각했어. 사람들은 자신이 살아가는 지역에서 무엇이 필요한지 잘 알고 있지. 그래서 입법 기관의 구성원도 각 지역의 주민이 직접 대표를 선출해야 한다고 보았단다.

민주적인 정당성을 갖추려면 권력은 나뉘어 있어야 하지. 그래야 법치주의가 제대로 실현될 수 있는 거야. 그리고 법은 누구에게나 공정해야 한단다. 권력을 가진 사람도 반드시 법을 따라야 한다고 나는 생각했단다.

현행 헌법의 권력 보장 조항

제40조 입법권은 국회에 속한다.

제66조 ④ 행정권은 대통령을 수반으로 하는 정부에 속한다.

제101조 ① 사법권은 법관으로 구성된 법원에 속한다.

이처럼 서로 다른 기관이 권력을 나누어 맡고, 서로를 감시하고 견제하도록 하면 권력이 한쪽으로 집중되는 일을 막을 수 있다. 그렇게 할 때 시민의 자유도 더 안전하게 지켜질 수 있단다.

나는 권력을 어떻게 바라보고 있을까?

→ 몽테스키외를 따라 생각해 보는 심화 탐구

계몽주의 시대의 사상가 몽테스키외의 이론은 우리나라뿐 아니라 오늘날에도 민주주의를 실현하려는 많은 국가에 큰 영향을 끼치고 있다. 이제 한국, 미국, 영국 등 여러 나라에서 삼권 분립이 어떻게 제도로 실현되고 있는지 살펴보며, 각국 정치 제도의 특징을 생각해 보고자 한다.

1. 한국의 삼권 분립

1) 입법부인 국회는 법률을 제정하는 기관이다. 국민이 선거를 통해 뽑은 국회의원들이 모여 국민을 대표하여 법안을 만들고, 이를 심의하고 통과시키는 역할을 한다.
2) 행정부는 대통령을 중심으로 국가의 정책을 실행하는 기관이다. 대통령은 국민의 직접 선거로 선출되며, 법률에 따라 정부를 운영한다.
3) 사법부는 법률을 해석하고 판단하여 사회의 갈등을 해결하는 기관이다. 법원은 정부나 국회로부터 영향을 받지 않도록 독립성이 보장된다.

이처럼 삼권 분립 제도는 권력이 한곳에 집중되지 않도록 하여 국민의 자유를 지키는 민주주의의 중요한 원리가 된다. 또한 헌법재판소의 위헌법률심판 제도는 헌법의 가치를 지키고, 권력 분립의 원칙을 유지하는 장치로 기능한다.

2. 미국의 삼권 분립

1) 미국의 의회는 상원과 하원으로 나뉘어 있으며, 이곳에서 법률을 제정한다. 상원은 주마다 두 명씩 선출되고, 하원은 각 주의 인구에 비례하여 의석이 배분되며 시민의 선거를 통해 선출된다.
2) 미국의 행정부는 대통령을 중심으로 구성된다. 미국의 대통령은 선거인단에 의해 선출되는 방식으로 뽑히는데, 우리는 이를 간접 선거라고 부르지만 미국에서는 직접 선거의 성격을 지닌 제도로 이해하기도 한다. 또한 대통령은 법을 집행하고 행정 명령을 내릴 수 있다.

   미국은 헌법 제정 당시부터 견제와 균형뿐 아니라 협력과 정부의 효율성도 권력 분립 원리의 중요한 요소로 논의하였다. 또한 삼권 분립 원칙과 관련하여 대통령의 면책 특권이 거론되기도 한다. 특히 대통령이 헌법에서 독점적으로 부여받은 권한에 따라 행동할 때는 삼권 분립 원칙 아래에서 의회가 이를 제한하기 어렵고 법원도 사법 심사를 하지 않는다는 논의가 있다.

3) 미국의 대법원은 헌법을 해석하고 법률이 헌법에 맞는지를 판단하는 기관이다. 대법원의 판결은 다른 기관을 구속하는 힘을 가진다. 의회가 법안을 통과시키더라도 대통령은 거부권을 행사할 수 있고, 대법원이 그 법이 헌법에 위반된다고 판단하면 무효가 된다.

3. 영국의 삼권 분립

1) 영국의 국회는 하원과 상원으로 나뉜다. 하원은 국민이 직접 선출한 의원들로 구성되고, 상원에는 임명된 귀족과 주교 등이 포함된다.

2) 영국은 의원내각제를 채택하고 있다. 행정부는 총리가 이끌며, 총리가 중심이 되어 내각을 구성한다. 총리는 국회에서 통과된 법률을 집행한다.

3) 영국의 사법부는 법률을 해석하고 범죄 사건을 다루는 역할을 한다. 2005년 헌법 개혁 법률에 따라 2009년에 설립된 영국의 대법원을 보면 법원의 독립성이 더욱 강조되고 있다. 그리고 법관의 독립을 보장하기 위해 집행부의 구성원이 법관을 공개적으로 비판하지 않는 관행이 자리 잡아 왔다.

몽테스키외가 말한 권력 분립 원리는 영국 헌법에서 절대적이거나 우월한 원칙으로 규정되어 있지는 않다. 그러나 오랜 헌법적 전통과 정치적 사고 속에 깊이 뿌리 내린 개념이라는 점에서 주목할 만하다.

이처럼 여러 나라는 각자의 방식으로 삼권 분립을 실현하고 있다. 이를 통해 권력을 분산시키고, 각 기관이 서로를 견제하게 하여 민주주의를 유지하고 있다.

◈ 더 생각해 보기

1. 대통령이 거부권을 행사하면, 입법부는 어떻게 할 수 있을까요? 또 거부권의 남용을 막는 방법은 무엇일까요?

입법부는 재적의원 3분의 2 이상의 찬성으로 다시 의결하여 법안을 통과시킬 수 있습니다. 이는 권력이 서로를 견제하도록 설계된 제도이며, 견제와 균형에 기초한 민주주의의 원리이기도 합니다.

2. 미국 대법관은 대통령이 지명하고 상원이 동의하는 구조로 이루어져 있습니다. 이

러한 구조가 사법부의 정치적 중립성을 헤치지는 않을까요?

대법관 개인도 정치적 성향이 있을 수 있습니다. 하지만 그들의 임기를 보장(종신)해 정치적인 압력에서 벗어나 자유로운 판단을 할 수 있도록 합니다.

3. 의원내각제를 채택하는 영국은 입법부와 행정부가 긴밀하게 협조하는 권력 융합적인 구조인데 삼권 분립이 제대로 실현될 수 있을까요?

영국은 '책임 정치'에 더 초점을 맞춘 정치구조로 내각 불신임 제도를 통해 국회가 정부를 해산시킬 수 있습니다.

4. 권력 분립을 제대로 운영하기 위해 보완하는 방법은 무엇이 있을까요?

직접민주주의의 요소인 국민소환, 국민 투표, 국민 발안 등의 제도로 현재의 제도를 보완할 수 있습니다.

5. 대중매체와 SNS 등 각종 매체가 발달한 현대 사회에서 국민이 직접 참여하여 민주주의를 실현하는 방법은 무엇이 있을까요?

공청회 등에 참여하거나 각종 언론기관에 투고하여 개인 의견을 표현할 수 있습니다. 또한, 정당의 후보자 공천 과정에서 국민 경선제 등으로 참여할 수 있고, 청원제도를 활용하여 국민의 의사를 표현할 수도 있습니다. 특히, 정당에 가입하여 권리당원이 되면 당의 원내대표나 당 대표를 선출할 때 국민의 의사 반영되는 제도가 있습니다.

<법의 정신>

몽테스키외의 저서 『법의 정신』은 그의 대표작으로, 정치와 법에 대한 깊이 있는 분석을 담고 있다. 이 책은 1748년에 출판되었으며, 이후 현대 정치사상과 제도의 형성에 큰 영향을 미쳤다.

몽테스키외는 법을 자연법과 사회법이 결합된 것으로 이해하였다. 그는 법이 인간의 자연적 권리를 보호하고 사회의 질서를 유지하는 역할을 한다고 보았다. 또한 정부의 권력을 입법, 행정, 사법의 세 기관으로 나누어 서로 견제하게 해야 한다고 주장하였다. 그렇게 해야 권력의 남용을 막고 자유를 보장할 수 있다고 믿었다. 그는 민주주의와 공화주의의 중요성도 강조하였다. 더 나아가 법은 각 사회의 문화와 환경에 맞게 달라져야 한다고 보았다. 『법의 정신』은 정치학, 법학, 사회학 등 여러 분야에 걸쳐 큰 영향을 주었으며, 현대 민주주의 제도의 기초를 형성하는 데 중요한 역할을 하였다. 몽테스키외의 사상은 지금까지도 의미를 지니고 있다.

법은 무엇으로 정당해질까

한스 켈젠

헌법은 국민의 기본권을 보장하고 국가 운영의 기준이 되는 최고 규범이다. 그러나 이러한 헌법이 훼손되거나 무력화될 때, 과연 '누가 이를 지키고 바로잡아야 하는가'라는 질문이 제기된다. 헌법은 단순한 문서가 아니라 민주 사회의 질서를 떠받치는 약속이기 때문이다.

이 문제의식 속에서 한스 켈젠Hans Kelsen은 헌법의 수호가 특정 권력자에게 독점되어서는 안 된다고 보았다. 그는 입법·행정·사법권 모두가 각자의 위치에서 헌법을 기준으로 책임을 져야 한다고 주장했다. 더 나아가 헌법을 만든 주권자인 국민들의 헌법 의식과 수호 의지가 헌법을 지키는 가장 근본적인 힘이라고 보았다. 즉, 헌법 수호는 국가 기관만의 과제가 아니라 민주 사회를 살아가는 시민 모두의 책임이라는 점에서 중요한 의미를 지닌다.

권력 위에 헌법이 있다

"주문, 피청구인 대통령 윤석열을 파면한다."

2025년 4월 4일, 우리는 또 한 차례 대통령에 대한 탄핵 심판이 헌법재판소에서 인용되는 장면을 지켜보았다. 어떤 이들은 대통령 탄핵이 반복되는 현실을 두고 우리 사회의 불행한 역사라고 말하기도 한다. 그러나 다른 한편으로 이는 국민이 주권자로서 행사한 권한의 결과이기도 하다. 대통령은 국민이 선출한 권력이지만, 그 권한은 위임된 것이다. 만약 그 권한이 남용되었다고 판단될 경우, 국민은 그 위임을 거둘 수 있다.

이러한 과정은 민주주의가 단순히 선거로 끝나는 제도가 아니라, 권력을 통제하고 책임을 묻는 체계임을 보여 준다. 탄핵 제도는 권력 분립과 법치주의를 실질적으로 작동하게 하는 장치이기도 하다. 헌법재판소는 다음과 같이 판단하였다.

"피청구인의 법 위반 행위가 헌법 질서에 미친 부정적 영향과 파급 효과가 중대하므로 피청구인을 파면함으로써 얻는 헌법 수호의 이익이 대통령 파면에 따르는 국가적 손실을 압도할 정도로 크다고 인정된다."

— 2024헌나8 대통령(윤석열) 탄핵

윤석열 대통령 탄핵 심판 선고문을 살펴보면 '헌법의 수호'라는 표현이 눈에 들어온다. 여기서 말하는 헌법의 수호란 헌법이 세워 놓은 법적·정치적 체계와 자유민주적 기본 질서를 지키고, 그것이 침해되거나 훼손되는 일을 막는 것을 뜻한다. 다시 말해 헌법의 규범력이 흔들리지 않도록 하여 헌법적 질서를 안정시키고 국민의 기본권을 보호하는 역할을 의미한다.

대한민국에서 대통령은 강력한 권한을 가지지만, 그 권한 역시 헌법 안에서 행사되어야 한다. 대통령이라 하더라도 헌법을 위반한 경우에는 그 권한이 회수될 수 있다는 점에서 이번 결정은 권력 위에 헌법이 있다는 원칙을 분명히 보여 준다.

한편 헌법재판소의 심판 과정이 100일 이상 이어지면서 탄핵을 둘러싼 찬성과 반대의 대립이 사회 안에서 더욱 격화된 점도 생각해 볼 문제다. 이러한 상황은 또 다른 사회적 갈등을 낳았기 때문이다. 이 과정에서 약 90년 전 독일에서 논쟁이 되었던 '헌법의 수호자'라는 개념도 다시 언급되었다.

'헌법의 수호자'라는 개념은 1931년 독일 바이마르공화국에서 본격적으로 논쟁이 되었다. 독일의 헌법학자 카를 슈미트^{Carl Schmitt}는 1929년 「헌법의 수호자」라는 글을 발표하였고, 이에 대해 오스트리아 출신의 헌법학자 한스 켈젠은 1931년 「누가 헌법의 수호자여야 하는가?」라는 논문을 발표하며 반박하였다.

당시 독일은 군주제를 폐지하고 바이마르공화국으로 새롭게 출범하였다. 이 체제는 대통령과 총리가 권한을 나누어 갖는 이원집정부제의 형태였다. 그러나 대통령에게는 총리가 제청한 장관의 임면권과 국회 해산권까지 부여되어 강한 권한이 집중되어 있었다.

한편, 독일은 심각한 인플레이션으로 많은 국민이 경제적 어려움을 겪고 있었고, 의회 정치는 제대로 작동하지 못하였다. 정치적 혼란 속에서 헌법 해석과 위헌 여부를 판단하던 국가재판소도 정쟁의 대상이 되었다. 이러한 상황은 민주주의에 대한 회의로 이어졌다.

이와 같은 배경에서 카를 슈미트는 헌법의 가치를 최종적으로 지켜야 할 책임이 대통령에게 있다고 주장하였다. 그는 국가가 처한 비정상적인 위기 상황에서는 대통령이 결단을 내려야 한다는 '결단주의 헌법 이론'을 제시하였다.

그러나 이러한 주장에 대해 한스 켈젠은 다른 입장을 제시하였다. 그는 '법실증주의'의 관점에서 헌법 수호를 바라보았다. 법실증주의란 법을 사람이 만든 규범으로 보고, 그것이 국가나 공식 기관에 의해 제정되었다면 도덕적 판단과는 별개로 법으로 인정해야 한다는 입장이다. 켈젠은 『순수법학』에서 법을 윤리나 정치와 분리하여 이해하였으며, 모든 규범은 상위 규범으로부터 그 효력을 부여받는다고 설명하였다.

이러한 관점에서 켈젠은 헌법 수호란 헌법에 위반되는 법률을 어떻게 통제할 것인가의 문제라고 보았다. 따라서 그는 특정 개인이나 한 기관만이 헌법의 수호자가 될 수 없다고 보았다. 대통령뿐 아니라 입법부와 사법부를 포함한 모든 국가 기관이 헌법을 지켜야 할 책임을 지닌다고 주장하였다.

예를 들어, 대통령은 위헌적이라고 판단되는 법률에 대해 거부권을 행사할 수 있고, 의회는 법률을 제정·개정·폐지할 권한을 가진다. 또한 당시 독일의 국가재판소는 국가 기관 사이의 분쟁을 조정할 수 있는 기능을 수행하였다. 이처럼 켈젠은 권력이 서로를 통제하는 구조에서 헌법이 보호되어야 한다고 보았다.

켈젠의 눈으로 보는 규범과 정당성

"헌법을 왜 지켜야 할까요?"

헌법은 나라가 어떻게 운영되어야 하는지, 그리고 국민의 기본권이 무엇인지를 정해 놓은 가장 근본적인 법이야. 나는 헌법을 모든 법 위에 놓이는 최고 규범이라고 보았단다. 다른 모든 법은 결국 헌법을 근거로 만들어지기 때문이지. 만약 누군가 헌법을 어기거나 헌법에 어긋나는 법을 만든다면 어떻게 될까? 국민의 권리는 쉽게 침해될 수 있을 거야. 그래서 이런 일을 막아 줄 장치가 꼭 필요하지. 나는 그 역할을 '헌법의 수호자'라고 설명했어. 즉, 헌법의 수호자란 헌법이 훼손되지 않도록 지키고, 헌법에 맞지 않는 행위를 바로잡는 존재를 뜻한단다. 헌법을 지키는 일은 곧 국민의 권리를 지키는 일이기 때문이야.

"헌법이 상위법인 이유는 무엇인가요?"

나는 법을 단순한 사실state of affairs이 아니라 '규범norm'이라고 보았단다. 규범이란 "~해야 한다", "~해서는 안 된다"처럼 우리의 행동을 이끄는 명령의 형식을 말하지. 법은 인간의 행위를 규제하는 하나의 체계라고 생각했어.

그런데 모든 규범이 저절로 생겨나는 것은 아니야. 각각의 규범은 더 높은 단계의 규범에 근거할 때 비로소 정당성을 얻는다. 예를 들어, 어

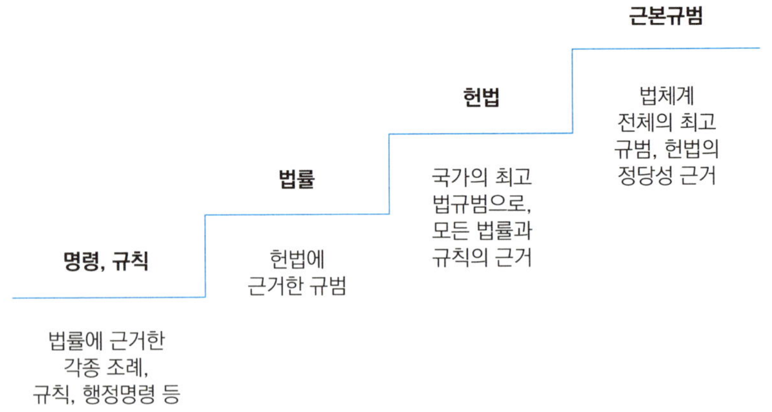

떤 법률도 그보다 상위에 있는 기준에 부합해야만 효력을 가질 수 있지. 그 최상위의 기준이 바로 헌법이란다. 헌법은 다른 모든 법의 정당성을 최종적으로 뒷받침하는 기초 규범이야. 그래서 헌법은 반드시 지켜져야 하며, 헌법에 어긋나는 법은 효력을 인정받을 수 없어. 나는 이러한 구조를 법이 위에서 아래로 이어지는 '계층적 체계'를 이룬다고 설명했단다.

나는 법체계를 이렇게 설명했어. 최상위에는 근본규범이 있고, 그 아래에 헌법이 있으며, 다시 그 아래에 법률·명령·규칙이 차례로 놓인다. 법은 이처럼 위에서 아래로 이어지는 구조를 가진단다. 각 규범은 반드시 그 위에 있는 규범에 근거해 만들어져야 해. 그리고 그 정당성 역시 상위 규범에서 비롯되지. 그래서 하위 규범은 상위 규범에 어긋나지 않을 때만 효력을 가질 수 있지. 이러한 위계 구조가 바로 법적 정당성을 판단하는 중요한 기준이란다.

예를 들어, 법률은 헌법 아래에 있는 규범이야. 만약 어떤 법률이 헌법에 어긋난다면, 그 합치 여부를 판단하는 역할은 헌법재판소가 맡게 되지. 헌법재판소는 위헌 심사를 통해 해당 법률이 헌법에 맞는지를 검토하고, 입법부가 자의적이거나 부당한 법을 제정하지 못하도록 통제하는 독립된 기관이란다.

"누가 헌법을 지켜야 할까요? 헌법의 수호자는 누구일까요?"

나는 이런 질문을 나 자신에게 던졌다. 대통령이나 국회 같은 국가 기관이 헌법을 지켜야 할까, 아니면 법을 해석하고 적용하는 독립적인 사법 기관이 그 역할을 맡아야 할까 하고 말이야. 고민 끝에 나는 이렇게 생각했어.

"헌법을 지키기 위한 최후의 수호자는 국가재판소이다!"

그 이유는 분명했지. 국가재판소는 법을 전문적으로 연구하고 판단하는 사람들이 모인 기관이기 때문이야. 헌법은 모든 법 위에 놓이는 최고 규범이므로 그 해석과 적용은 정치적 이해관계가 아니라 법적 절차에 따라 이루어져야 한다고 보았단다. 나는 대통령의 판단이 곧 헌법이 될 수는 없다고 생각했어. 정치인은 자기 입장이나 이해관계에 영향을 받을 수 있고, 국회나 대통령이 자신의 행위를 객관적으로 심사하기도 쉽지 않다고 보았지. 그래서 헌법의 수호를 정치 권력에만 맡기는 것은 위험하다고 판단했단다.

반면, 국가재판소는 다른 국가 기관의 행위를 헌법 기준에 따라 심사할 권한을 가진 기관이야. 법에 근거해 판단하고, 권력 행사에 법적 한계를 설정할 수 있는 구조를 갖추고 있다고 보았지. 이렇게 국가재판소는 권력의 행사에 대해 법적인 제한을 가할 수 있는 고도의 정치성을 가지고 있어서 헌법의 보장이 가능하단다. 그래서 나는 헌법의 해석과 최종적인 수호는 독립적인 사법 기관의 권한이어야 한다고 결론지었어. 정치적 힘이 아니라 법의 기준에 따라 판단할 수 있는 기관만이 헌법을 안정적으로 지킬 수 있다고 믿었기 때문이란다.

"헌법의 수호자는 대통령이다."

내가 이 논쟁에 참여하게 된 계기는 카를 슈미트의 주장 때문이었단다. 카를 슈미트는 헌법에 위기가 닥쳤을 때 국가의 안녕과 존속을 지키기 위해서는 강력한 결단을 내릴 수 있는 권력이 필요하다고 보았어. 그는 독일 헌법 제48조, 이른바 비상사태 조항을 근거로 들었단다. 전쟁이나 쿠데타처럼 평상시의 법질서가 제대로 작동하기 어려운 상황에서는 신속한 결단이 무엇보다 중요하다고 생각했지. 그래서 국가적 비상 상황에서는 대통령이 헌법을 실질적으로 수호할 권한과 책임을 진다고 주장했어.

그의 입장에 따르면 예외적인 상황에서는 복잡한 법적 절차를 기다리는 것보다 빠른 정치적 판단이 더 중요할 수 있지. 법원처럼 절차에 따라 판단하는 기관은 시간이 걸리기 때문에 권위 있는 지도자가 즉각적이고 강력한 결정을 내려야 헌법을 지킬 수 있다는 거야. 이처럼 그는 정치적 결단주의의 관점에서 헌법의 수호자를 대통령으로 보았단다.

하지만 나는 이런 주장에 강하게 반대했단다. 국가가 위기에 빠졌다는 이유로 대통령이 법을 넘어설 수 있다고 본다면, 그 권력은 결국 헌법 자체를 위협할 수 있다고 생각했기 때문이야. 대통령에게 법을 초월하는 권한을 주는 순간 그것은 독재로 이어질 위험이 크다고 보았어.

슈미트는 대통령이 국가가 처한 비정상적인 상황에서 '위기'를 선언할 수 있는 강한 권한을 가져야 한다고 주장했지만, 나는 바로 그 '위기'라는 말이 너무 쉽게 남용될 수 있다고 지적했어. 누가, 어떤 기준으로 위기를 판단할 수 있을까? 만약 명확한 실정법적 기준 없이 대통령이 자의적으로 위기 상황을 선언하고 권한을 확대한다면, 법치주의는 무너지고 권력자의 결단이 곧 법이 되는 상황이 벌어질 수 있단다.

나는 법은 정치인의 판단이 아니라 법에 따라 운영되는 기관이 해석해야 한다고 보았어. 위기일수록 절차와 규범은 더 중요해진다고 생각했지. 대통령은 정치적 입장을 가진 존재이기 때문에 완전히 중립적인 판단을 하기는 어렵다고 보았어. 오히려 정치적 목적을 위해 헌법을 이용할 위험도 있다고 생각했단다.

실제로 독일 헌법 제48조는 헌법을 지키는 장치라기보다 오히려 헌법을 약화시키는 수단으로 사용된 사례가 있었어. 히틀러는 긴급명령 권한을 이용해 의회를 무력화시키고 독재 체제를 구축했지. 결국 헌법을 지킨다는 명분이 헌법을 무너뜨리는 결과로 이어진 셈이야.

그렇다면 우리는 다시 생각해 보아야 해. 헌법을 진정으로 지킬 수 있는 존재는 누구일까? 이 질문을 천천히 정리해 보면서 이야기를 이어 가 보자.

	한스 켈젠	카를 슈미트
헌법 수호 입장	법적 규범 ⇒ 법적 수호	정치적 결단⇒ 정치적 수호
헌법 수호자	헌법재판소(또는 법원) :정치적 영향 없이 중립적인 판단 이 가능한 법 전문가	국가원수(예: 대통령) :정치 위기를 극복하고 결단할 수 있는 권력 주체
법과 정치의 관계	법과 정치 분리	법과 정치 결합
헌법 위반 판단 기준	법적 해석	헌법의 정체성(정치적 통일) 위협 여부
중심 가치	합법성	정치적 통일성과 안정
위기 상황에서 헌법 수호 방식	법적 절차와 재판	국가 원수의 결단

나는 어떤 법을 따르며 살고 있을까?
→ 켈젠을 따라 생각해 보는 심화 탐구

1. 민주적인 절차로 국민에게 위임된 정치 권력이 남용된다면 어떻게 해야 할까? 또 민주주의를 위협하는 세력이 등장했을 때 우리는 무엇으로 민주주의를 지킬 수 있을까?

먼저 우리 헌법은 이러한 상황에 대비한 장치를 마련해 두고 있다. 대한민국 헌법 제111조는 헌법재판소의 권한을 규정하고 있다. 위헌 법률 심판, 탄핵 심판, 정당 해산 심판, 권한쟁의 심판, 헌법소원 심판과 같은 제도는 입법·행정·사법 권력을 나누고 서로 견제하도록 설계된 장치다. 이를 통해 권력의 집중과 남용을 막고자 한다.

정부의 정책이나 법률이 헌법에 어긋날 경우, 헌법재판소는 법적 절차에 따라 이를 무효로 판단할 수 있다. 이렇게 독립된 사법 기관은 헌법의 기준에 따라 권력을 통제하고, 국민의 기본권이 침해되지 않도록 보호한다.

또한 국민은 선거를 통해 권력을 교체할 수 있다. 대통령 선거, 국회의원 선거, 지방자치단체장과 지방의회 의원 선거에 참여함으로써 정당이나 정치인을 바꿀 수 있다. 국민 투표를 통해 헌법을 개정하는 방법도 있다. 이는 법의 틀 자체를 수정하는 민주적 절차다.

비록 헌법 조문에 명시되어 있지는 않지만, 헌정 질서가 심각하게 침해될 경우 국민이 저항할 수 있는 저항권도 헌법 해석상 인정된다. 1987년 6월 민주항쟁이나 2016년 촛불 집회는 이러한 맥락에서 이해될 수 있다. 특히 1987년 민주화 운동은 군부 중심의 권위주의 체제를 국민의 힘으로 바꾸어 헌법을 개정한 사건으로, 국민 주권이 실질적으로 구현된 역사적 사례로 평가된다.

2. 하루가 다르게 변화하는 과학 기술과 다양한 가치가 공존하는 사회에서 법은 어떻게 현실을 반영해야 할까? 사회의 변화에 따라 법도 달라져야 할까?

· 자율주행차가 사고를 냈을 때 법적 책임 문제
· 기증받은 정자(또는 난자)로 수정하여 대리모에 의해 출생한 아기의 생물학적인 부모의 구별

인공지능의 발달, 빅데이터의 활용, 유전자 편집 기술, 자율주행차의 등장과 같은 시대의 변화는 기존 법으로는 충분히 다루기 어려운 새로운 윤리적·사회적 문제를 만들어

내고 있다. 그래서 법은 이러한 변화에 민감하게 반응해야 하며, 사회 구성원의 권리와 의무를 다시 정리할 기준을 마련해야 한다.

디지털 정보 사회에서는 개인정보 보호와 표현의 자유를 어떻게 조화시킬 것인지가 중요한 과제가 된다. 사이버 범죄, 온라인 사기, 가상자산과 같은 문제는 기존 법체계만으로 충분히 대응하기 어려운 경우도 있다. 이런 상황에서는 새로운 법을 제정하거나 기존 법을 개정할 필요가 있다.

또한 현대 사회는 다양한 가치관이 공존하는 공간이다. 그 안에서는 개인의 자유와 공동체의 이익이 충돌하기도 한다. 예를 들어, 공공장소의 CCTV 설치는 사생활 보호와 범죄 예방이라는 두 가치가 맞서는 사례다. 코로나19 시기에 공공장소에서 마스크 착용을 의무화한 것도 개인의 자유와 공공의 안전 사이의 조정을 보여 준다.

법은 이러한 갈등 속에서 중립적인 기준을 제시하고, 사회적 합의를 끌어내는 역할을 해야 한다. 기술이 발전하고 사회가 변화하더라도, 법은 인간의 존엄성과 기본권을 보호해야 한다. 동시에 시대의 변화에 맞게 조정되어야 한다. 현실과 동떨어진 법은 국민의 신뢰를 잃을 수 있다. 국민이 공감할 수 있을 때 법의 정당성과 권위가 유지되고, 그 위에서 사회 정의와 질서도 실현될 수 있다.

-출처: 윤재왕, 「한스 켈젠의 법 해석 이론」, 《고려법학》 제74호, 2014.

3. 사법부는 과연 공정하게 재판을 할 수 있을까?

1) 사법부는 완벽하게 중립적인가.

현대 한국 사회에서 헌법재판소와 대법원의 판결을 보면, 켈젠의 주장이 그대로 실현되고 있다고 단정하기는 어렵다. 켈젠은 헌법재판소가 정치적 중립성을 지니고, 법률적 전문성에 기초해 헌법을 수호할 수 있다고 보았다. 그러나 한국의 헌법재판소와 대법원 재판관은 대통령이 임명하고 국회의 동의를 받는 구조이기 때문에, 특정 정당의 정치적 입장이 판결에 영향을 미칠 가능성이 제기된다.

실제로 낙태죄, 검찰 개혁, 탄핵, 고위공직자범죄수사처와 같은 주요 헌법 사건에서 재판관들 사이의 이념적 성향 차이에 따라 판단이 나뉘는 경우가 있었다. 이러한 모습은 헌법 해석이 정치적 입장과 연결될 수 있다는 우려를 낳는다. 그 결과 국민은 헌법재판소가 과연 헌법의 수호자 역할을 충실히 수행하고 있는지 의문을 제기하게 된다.

켈젠은 사법 기관이 정치의 장과 분리된 '법의 수호자'로 기능할 수 있다는 점을 전제로 하였다. 그러나 정치적 영향력이 사법 영역까지 확장되는 현실에서는 이러한 전제가 그대로 적용되기 어렵다는 지적도 있다.

이와 같은 문제는 한국만의 사례가 아니다. 미국에서도 유사한 논란이 나타난다. 미국

연방대법원은 정치적 성향과 관련한 비판을 받아 왔다. 9명의 대법관은 대통령이 지명하는데, 그를 지명한 대통령이 어느 정당 소속인지에 따라 판결 성향이 달라진다는 평가가 존재한다. 최근 동성 결혼과 관련한 합헌 결정에서도 재판관들 사이에 뚜렷한 의견 차이가 나타났다.

-출처: 이대원, 「한스 켈젠의 법철학에서의 '근본규범(Grundnorm)'에 대한 연구」, 《연세 공공거버넌스와 법》 제12권 제1호, 2021.

2) 선출되지 않는 권력, 재판관

켈젠이 말한 헌법 수호는 전문성을 지닌 법률가, 곧 재판관의 판단에 맡기는 방식이다. 그러나 현대 한국 사회에서는 헌법재판소 결정의 정당성에 대해 의문이 제기되기도 한다. 그 이유는 국민이 직접 선출하지 않은 소수의 재판관이 국가의 중대한 사안을 결정하는 구조에 대한 문제 제기 때문이다.

예를 들어, 2004년 대통령 탄핵 기각 결정, 2004년 행정 수도 이전 위헌 결정, 통합진보당 해산 결정 등은 법률 해석의 문제를 넘어 정치적 영향이 작용한 것 아니냐는 논란을 낳았다. 이처럼 행정 수도 이전이나 정당 해산과 같은 국가적 중대 사안이 몇 명의 재판관 판단에 의해 결정되는 것이 과연 정당한가 하는 질문이 제기된다.

결국 국민이 직접 선출하지 않은 재판관의 판결이 전체 국민의 뜻과 일치한다고 볼 수 있는가 하는 문제로 이어진다. 이러한 지점에서 헌법재판소의 역할과 정당성에 대한 논의가 계속되고 있다.

3) 헌법 수호와 국민의 관계

진정한 헌법의 수호자는 특정한 정치적 결단을 내리는 대통령도, 헌법재판소도 아니라 국민이라는 견해도 있다. 헌법은 한 사람이나 한 기관이 아니라, 국민 모두가 함께 지켜야 할 규범이기 때문이다. 한스 켈젠이 말한 것처럼 헌법재판소는 중요한 역할을 수행하지만, 헌법이 제대로 지켜지고 국민의 기본권이 보호되기 위해서는 국민의 인식과 참여가 함께 이루어져야 한다.

다시 말해 헌법을 지키는 일은 헌법 재판관만의 책임이 아니다. 모든 국민이 헌법의 가치를 이해하고, 이를 존중하며 실천하려는 태도를 가져야 한다. 권위주의 시대가 끝났다고 평가되기도 하지만, 현실에서는 권력이 집중되거나 민주주의의 가치에 어긋나는 정치적 행위가 반복되기도 한다. 이러한 상황에서 헌정 질서를 어지럽히는 일이 발생한다면, 국민은 스스로가 주권자임을 자각할 필요가 있다.

헌법은 국민의 기본적인 권리와 자유를 보장하는 규범이다. 따라서 국민이 헌법의 의미를 이해하고 이를 지키려는 노력이 중요하다. 선거에 참여하거나 사회적 문제에 대해 의견을 표현하는 활동은 헌법을 수호하는 실천의 한 방식이 된다.

오늘날에는 합법적인 절차를 통해 권력을 위임받은 자가 그 권한을 남용할 가능성도 존재한다. 그렇기 때문에 헌법의 수호를 위해서는 법과 정치의 균형, 그리고 국민의 지속적인 관심과 참여가 필요하다. 더 나아가 국민의 주권 의지를 표현하고 행사할 수 있는 제도적 장치 역시 마련되어야 한다.

<탐구할 문제>

한국의 역대 대통령 탄핵 소추 판결문을 분석하여, 그 결정이 헌법 질서를 어떻게 해석하고 수호하려 했는지 살펴본다. 이를 통해 권력 분립과 법치주의, 국민 주권과 같은 민주주의의 기본 원리가 실제 사건에서 어떻게 적용되었는지 이해하고, 그 의미를 스스로 정리해 본다.

한국 대통령 탄핵 선고문 분석

Ⅰ. 서론

대한민국 헌정사에서 대통령 탄핵은 헌법 질서 수호와 민주주의의 작동 원리를 보여주는 중대한 사건이다. 노무현(2004), 박근혜(2016-2017), 윤석열(2024-2025) 대통령에 대한 헌법재판소의 탄핵 심판 선고문을 분석하여 각 사건의 법리, 주요쟁점, 판단 결과, 그리고 헌정사적 의미를 비교 정리하고자 한다.

Ⅱ. 본론

1. 노무현 대통령 탄핵(2004)

- **주요 탄핵 사유:** 선거 중립 의무 위반, 측근 비리 의혹, 국정 운영 불만.
- **헌재 판단:** 일부 발언이 선거 중립 의무 위반에 해당하나, 대통령 파면에 이를 정도의 중대성은 인정되지 않음.
- **결론:** 탄핵 기각, 대통령 직무 복귀.

2. 박근혜 대통령 탄핵 (2016-2017)

- **주요 탄핵 사유:** 최순실 등 사적 관계자의 국정 개입, 권력 남용 및 은폐, 세월호 참사 대응 부실.
- **헌재 판단:** 국민주권주의, 법치주의, 대의 민주주의 원칙 위반. 국민의 신임을 배반한 중대한 헌법·법률 위반.
- **결론:** 탄핵 인용, 대통령 파면(재판관전원일치).

3. 윤석열 대통령 탄핵 (2024-2025)

- **주요 탄핵 사유:** 비상계엄 선포 및 절차 위반, 국회 권한 침해, 의회 민주주의 원칙 훼손.
- **헌재 판단:** 헌법이 정한 절차와 국회의 권한을 침해한 중대한 위반으로, 국민 신임을 배반한 행위로 평가.
- **결론:** 탄핵 인용, 대통령 파면(재판관 전원일치)

4. 비교분석

① **공통점:** 모든 사건에서 헌법재판소는 헌법 및 법률 위반 여부, 위반의 중대성, 국민 신임 배반 여부를 핵심 기준으로 삼음.

② **차이점:** 노무현 사건은 위반의 중대성이 부족하다고 판단되어 기각되었으나, 박근혜·윤석열 사건은 중대성이 인정되어 파면이 결정됨.

Ⅲ. 결론

대통령 탄핵 사건은 단순히 정치적 처분을 넘어 헌법 질서를 수호하고 권력 남용을 견제하는 제도로 기능하였다. 특히 박근혜와 윤석열 사건은 헌재가 국민 신임 배반과 헌법 질서 침해를 중대한 위반으로 판단하여 파면을 결정한 사례이다. 반면, 노무현 사건은 위반의 중대성이 부족하다고 판단하여 탄핵을 기각함으로써, 헌법재판소가 정치적 갈등 속에서도 법리에 따른 신중한 결정을 내렸음을 보여 준다. 이 세 사건을 통해 헌법재판소는 대한민국 민주주의와 법치주의의 최종수호자로서 중요한 역할을 수행하고 있음을 알 수 있다.

인물별, 교과서 연계 탐구

쾨펜

관련 교과	대단원	중단원
통합사회 1	III. 자연환경과 인간	1. 자연환경과 인간 생활
세계시민과 지리	II. 모자이크 세계, 세계의 다양한 자연환경과 문화	1. 세계의 기후와 인간 생활
기후변화와 지속가능한 세계	I. 인간과 기후변화	1. 기후변화와 지구촌의 위기

* 주요 개념: 기후 구분, 열대 기후, 건조 기후, 온대 기후, 냉대 기후, 한대 기후, 기후변화

루스 글래스

관련 교과	대단원	중단원
통합사회 1	V. 생활공간과 사회	1. 산업화·도시화에 따른 변화
도시의 미래 탐구	III. 도시 문제와 공간 정의	2. 부동산과 도시 주거 문제
한국지리 탐구	II. 생활 속 지리 탐구	2. 장소의 소비와 장소 마케팅

* 주요 개념: 젠트리피케이션, 둥지 내몰림, 지역 정체성, 지대

노자

관련 교과	대단원	중단원
윤리와 사상	I. 동양 윤리 사상	2. 진정한 평과, 영원한 자유와 평등은 어떻게 실현될 수 있는가?

* 주요 개념: 도, 무위자연, 허정, 상선약수, 무위지치, 소국과민

소크라테스

관련 교과	대단원	중단원
통합사회 1	Ⅱ. 인간, 사회, 환경과 행복	2. 행복한 삶을 실현하기 위한 다양한 조건
현대사회와 윤리	Ⅳ. 민주시민과 윤리	3. 사회 정의와 윤리
윤리 문제 탐구	Ⅰ. 윤리 문제 탐구의 이해	1. 윤리 문제는 무엇이며, 윤리 문제 해결에 필요한 기준은 무엇인가?

* 주요 개념: 양심, 도덕적 실천, 정의, 올바름

아리스토텔레스

관련 교과	대단원	중단원
통합사회 1	Ⅱ. 인간, 사회, 환경과 행복	1. 행복의 기준과 의미
현대사회와 윤리	Ⅰ. 현대 생활과 윤리	2. 현대 윤리 문제에 대한 접근

* 주요 개념: 행복, 이성, 중용

에피쿠로스

관련 교과	대단원	중단원
통합사회 1	Ⅱ. 인간, 사회, 환경과 행복	2. 행복한 삶을 실현하기 위한 다양한 조건
윤리와 사상	Ⅲ. 서양 윤리 사상	2. 진정한 행복은 어떻게 달성할 수 있는가

* 주요 개념: 쾌락, 욕망, 아타락시아, 행복

칸트

관련 교과	대단원	중단원
통합사회 2	Ⅱ. 사회 정의와 불평등	1. 정의의 의미와 실질적 기준
현대사회와 윤리	Ⅰ. 현대 생활과 윤리	2. 현대 윤리 문제에 대한 접근
윤리 문제 탐구	Ⅰ. 윤리 문제 탐구의 이해	1. 윤리문제는 무엇이며, 윤리 문제 해결에 필요한 기준은 무엇인가?
	Ⅳ. 생태학적 삶과 윤리적 탐구	1. 인간과 동물이 조화롭게 살 수 있는 방안은 무엇인가?

* 주요 개념: 선의지, 의무, 도덕 법칙, 자율, 응보적 정의, 정치, 목적의 왕국

존 롤스

관련 교과	대단원	중단원
통합사회 2	Ⅱ. 사회 정의와 불평등	2. 자유주의와 공동체주의 정의관
현대사회와 윤리	Ⅳ. 민주시민과 윤리	2. 국가와 시민의 윤리
윤리와 사상	Ⅳ. 사회사상	2. 시민은 어떤 존재이어야 하는가?

* 주요 개념: 공정으로서의 정의, 무지의 베일, 원초적 입장, 평등한 자유의 원칙, 차등의 원칙, 최소수혜자

에드워드 버넷

관련 교과	대단원	중단원
통합사회 1	Ⅳ. 문화와 다양성	1. 세계의 다양한 문화권 3. 문화 상대주의와 보편 윤리
사회와 문화	Ⅲ. 일상 문화와 문화 변동	1. 대중문화를 바라보는 관점과 대중문화의 영향 3. 하위문화와 문화 다양성

* 주요 개념: 문화, 문화진화론, 문화적 잔존물, 애니미즘

막스 베버

관련 교과	대단원	중단원
통합사회 2	III. 시장 경제와 지속가능발전	1. 자본주의의 전개 과정과 경제 체제 2. 경제 주체의 합리적 선택과 역할
경제	I. 경제학과 경제 문제	2. 경제 문제와 경제 체제 3. 경제학적 사고

* 주요 개념: 합리화, 프로테스탄트 윤리, 지배의 정당성, 관료제, 쇠 감옥, 탈주술화

장 자크 루소

관련 교과	대단원	중단원
통합사회 1	II. 인간, 사회, 환경과 행복	2. 행복한 삶을 실현하기 위한 다양한 조건
통합사회 2	I. 인권 보장과 헌법	2. 인권 보장을 위한 헌법의 역할과 시민 참여
정치	I. 시민 생활과 정치	2. 민주주의 이념과 다양한 모델 4. 일상생활과 민주주의

* 주요 개념: 자유, 일반의지, 직접민주주의, 시민 참여, 사회계약설

한나 아렌트

관련 교과	대단원	중단원
통합사회 2	I. 인권 보장과 헌법	2. 인권 보장을 위한 헌법의 역할과 시민 참여
정치	II. 정치 과정과 참여	1. 정치 과정과 시민의 정치 참여

* 주요 개념: 사유, 전체주의, 행위, 악의 평범성

애덤 스미스

관련 교과	대단원	중단원
통합사회 2	III. 시장 경제와 지속가능발전	1. 자본주의 역사적 전개와 시장과 정부의 관계
		2. 경제 주체의 합리적 선택과 역할
경제	I. 경제학과 경제 문제	2. 경제 문제와 경제 체제
	II. 미시경제	1. 시장의 수요와 공급
		3. 자원 배분의 효율성과 형평성
	IV. 국제경제	2. 무역 원리와 무역 정책

* 주요 개념: 보이지 않는 손, 시장 경제, 분업, 교환, 이기심

존 메이너드 케인스

관련 교과	대단원	중단원
통합사회 2	III. 시장 경제와 지속가능발전	1. 자본주의 역사적 전개와 시장과 정부의 관계
		2. 경제 주체의 합리적 선택과 역할
경제	I. 경제학과 경제 문제	1. 경제학과 경제의 기본 문제
	II. 미시경제	3. 자원 배분의 효율성과 형평성

* 주요 개념: 유효 수요, 재정 정책, 승수 효과, 절약의 역설, 수정 자본주의

몽테스키외

관련 교과	대단원	중단원
통합사회 2	I. 인권 보장과 헌법	2. 인권 보장을 위한 헌법의 역할과 시민 참여
법과 사회	II. 국가 생활과 법	1. 민주주의와 법치주의
		2. 우리나라 헌법

* 주요 개념: 법의 정신, 권력 분립, 법치주의, 삼권 분립

한스 켈젠

관련 교과	대단원	중단원
통합사회 2	I. 인권 보장과 헌법	2. 인권 보장을 위한 헌법의 역할과 시민 참여
법과 사회	II. 국가 생활과 법	4. 법원과 헌법재판소

* 주요 개념: 헌법, 기본권, 헌법의 수호

참고 문헌

1. 블라디미르 쾨펜

국립기상연구소. (2011). 『IPCC 제5차 평가보고서 대응을 위한 기후변화 시나리오 보고서』. 국립기상연구소.

한국지구과학회. (2009). 『지구과학사전』.

김민지·신상희·백희정·조천호. (2012). 「지구온난화에 따른 쾨펜 기후구분의 변화」. 《한국기상학회 학술대회 논문집》. 대구.

이광률. (2023). 『원리로 이해하는 기후학』. 가디언북.

이승호. (2007). 『기후학』. 푸른길.

Wikipedia. (2025). "Wladimir Köppen".

https://de.wikipedia.org/wiki/Wladimir_Köppen

Wikipedia. (2025). "Wladimir Köppen".

https://en.wikipedia.org/wiki/Wladimir_Köppen

Wikipedia. (2025). "International Festival of the Sahara".

https://en.wikipedia.org/wiki/International_Festival_of_the_Sahara

2. 루스 글래스

김승수. (2016). 「젠트리피케이션의 도시정치와 공간정의」. 《공간과 사회》, 26호.

김은정 외. (2015). 『도시의 얼굴들』. 문학과지성사.

김재완 외. (2016). 『젠트리피케이션, 서울을 걷다』. 나무연필.

박배균. (2017). 『공간으로 읽는 현대 사회비판 이론』. 한울아카데미.

박배균 외. (2017). 『비판적 지역연구의 흐름과 쟁점』. 푸른길.

이영범 외. (2018). 『도시와 젠트리피케이션』. 나무연필.

서울연구원. (2015). 「서울형 젠트리피케이션 대응방안 연구」.

서울연구원. (2016). 『젠트리피케이션, 서울의 경고』. 도시연구총서.

신한나. (2017). 「서울 도시한옥지역의 젠트리피케이션 현상과 서촌 한옥변화에 관한 연구」. 영남대학교 석사학위 논문.

전상인. (2017). 『도시의 반란: 젠트리피케이션과 공간 정의』. 나남출판.

허자연·정연주·정창무. (2015). 「상업공간의 젠트리피케이션 과정 및 사업자 변화에 관한 연구: 경리단길 사례」. 《서울도시연구》. 16(2)· 19-33.

홍성태. (2018). 「루스 글래스와 젠트리피케이션의 비판적 도시사회학」. 《도시연구》, 제24호.

한국경제. (2025). "상가 '젠트리피케이션' 막는다…서울시, 장기안심상가 100곳 조성".
한국경제. 홍석천 "14년 운영 식당, 문 닫아" 이태원 젠트리피케이션 비극.
https://www.hankyung.com/article/201912067407H
머니투데이. 이태원 뜨는 미군, 발길 뜸해진 상권.
https://n.news.naver.com/mnews/article/008/0003821461
Wikipedia. (2025). "Ruth Glass". https://en.wikipedia.org/wiki/Ruth_Glass
Wikipedia. (2025). "Neil Smith (geographer)". https://en.wikipedia.org/wiki/Neil_Smith_
(geographer).
Glass, R. (1964). Aspects of Change. In Centre for Urban Studies (Ed.), London:
Aspects of Change. MacGibbon & Kee.

3. 노자

박삼수 역. (2022). 『도덕경』 문예출판사.

4. 소크라테스

로버트 L. 애링턴. 김성호 역. (2003). 『서양 윤리학사』 서광사.
플라톤. 박문재 역. (2019). 『소크라테스의 변명·크리톤·파이돈·향연』 현대지성.
최성민. (2016). 『나의 멘토 소크라테스』 시간여행.

5. 아리스토텔레스

안광복. (2017). 『처음 읽는 서양 철학사』 어크로스.
아리스토텔레스. 천병희 역. (2022). 『니코마코스 윤리학』 현대지성.

6. 에피쿠로스

로버트 L. 애링턴. 김성호 역. (2003). 『서양 윤리학사』 서광사.
에피쿠로스. 박문재 역. (2022). 『에피쿠로스 쾌락』 현대지성.
오희천. (2011). 『한 권으로 읽는 서양철학사』 종문화사.

7. 임마누엘 킨드

로버트 L. 애링턴. 김성호 역. (2003). 『서양 윤리학사』 서광사.
칸트. (2019). 김종국, 김석수 역. 『도덕형이상학 정초 실천이성비판』 한길사.
칸트. 백종현 역. (2023). 『영원한 평화』 아카넷.
박찬구. (2014). 『개념과 주제로 본 우리들의 윤리학 [개정판]』 서광사.

정창우 외. (2022). 『현대사회와 윤리』. 미래엔.
권수현 외. (2022). 『윤리문제 탐구』. 천재교육.
박윤경 외. (2022). 『통합사회 2』. 천재교육.
박찬구·양일모·최유진·정원섭·박지운·안인선. (2022). 『40 주제로 이해하는 윤리와 사상 개념 사전』. 씨마스.

8. 존 롤스

존 롤스. (2003). 『정의론』. 이학사.
존 롤스. 장동진 역. (2016). 『정치적 자유주의』. 동명사.
김만권. (2001). 『자유주의에 대한 짧은 에세이』. 동명사.

9. 에드워드 버넷 타일러

에드워드 타일러. (2018). 『원시문화 1, 2』. 아카넷.
『브리태니커 백과사전』. (1911). "Tylor, Edward Burnett".
https://en.wikisource.org/wiki/1911_Encyclop%C3%A6dia_Britannica/Tylor,_Edward_Burnett

10. 막스 베버

마리안네 베버. 조기준 역. (2010). 『막스 베버』. 소이연.
막스 베버. 박성수 역. (2023). 『프로테스탄트 윤리와 자본주의 정신』. 문예출판사.
막스 베버. 박문재 역. (2024). 『직업으로서의 정치·직업으로서의 학문』. 현대지성.
전성우. (2013). 『막스 베버 사회학』. 나남출판.

11. 장 자크 루소

고명섭. (2024). 『광기와 천재』. 교양인.
김용민, 임금희 외 3명. (2017). 『루소, 정치를 논하다』. 이학사.
이용철. (2011). 『루소, 인간 불평등의 발견자』. 교양인.
오근창. (2018). 『일반의지의 두 조건은 상충하는가』. 대한철학회.
김남국. (2012). 『루소의 일반의지 개념과 대의민주주의의 관계』. 정치사상연구 제19권 2호.
김성은. (2002). 『참여민주주의를 위한 루소의 역설』. 정치사상연구 8권 2호.
이병훈. (2015). 『루소의 직접민주주의 이념에 관한 비판적 고찰』

12. 한나 아렌트

한국일보. (2025).《"악은 평범하지 않다"... 한나 아렌트는 아이히만에 속았다.》

백승준. (2024).《인공지능 시대, 교육의 본질은 무엇인가? - 한나 아렌트의 '교육의 위기'를 중심으로.》철학논집, 79, 153-176.

13 애덤 스미스

애덤 스미스. 김수행 역. (2007).『국부론』비봉출판사.

애덤 스미스. 박세일 역. (2009).『도덕감정론』비봉출판사.

박주헌. (2011).『애덤 스미스가 들려주는 시장 경제 이야기』자음과 모음.

박주헌. (2011).『애덤 스미스가 들려주는 국부론 이야기』자음과 모음.

김민주. (2023).『세계를 이끈 경제사상 강의』PARK&JEONG.

토드 부크홀츠. 류현 역. (2023).『죽은 경제학자의 살아있는 아이디어』김영사.

14. 존 메이너드 케인스

이준구·이창용. (2025).『경제학원론』문우사.

조순·정운찬 외. (2024).『경제학원론』율곡출판사.

그레고리 맨큐. 이병락 역. (2025).『맨큐의 경제학』경문사.

유지후. (2011).『케인스가 들려주는 수정 자본주의 이야기』자음과 모음.

요술피리. (2018).『거꾸로 경제학자들의 바로 경제학』빈빈책방.

김민주. (2023).『세계를 이끈 경제사상 강의』PARK&JEONG.

토드 부크홀츠. 류현 역. (2023).『죽은 경제학자의 살아있는 아이디어』김영사.

존 메이너드 케인스. 박만섭 역. (2007).『고용, 이자 및 화폐의 일반이론』비봉출판사.

15. 몽테스키외

몽테스키외. 이재형 역. (2024).『법의 정신』문예출판사.

홍태영. (2022).『몽테스키외 & 토크빌』김영사.

이현아. (2013).「몽테스키외와 삼권 분립」

김용민. (2001)「몽테스키외의 정치사상《법의 정신》을 중심으로」

홍태영. (2007).「몽테스키외의『법의 정신』에 대한 정치적 독해」

이재홍. (2023).「권력 분립원리와 법률 변화의 효율성 - 위헌법률심판의 피드백 기능을 중심으로」

김병록. (2009).「미국헌법 제정 시기의 권력 분립론」

공영호. (2025).「미국 대통령의 공식적 행위에 대한 면책특권의 범위와 정당성」

석인선. (2002). 「영국 헌법상 권력 분립원리의 의미」.
헤럴드 경제. (2012). 더운 날씨에 그냥 기분 나빠서…'짜증 범죄' 기승.
https://biz.heraldcorp.com/article/10244518
서울경제. (2024). '불쾌지수' 넘어 '폭력 지수' 끌어올린 폭염… 여름철 폭력 범죄 최다.
https://v.daum.net/v/20240907093327323
경향신문. (2025). 8월 스토킹 가해자 '전자발찌' 신청, 1~7월보다 7배 늘었다.
https://www.khan.co.kr/article/202509242036025
일요시사. (2024). 기후는 범죄에 영향을 미칠까?,
https://www.ilyosisa.co.kr/news/article.html?no=246611
한국일보. (2016). 몽테스키외 태어나다.
https://www.hankookilbo.com/News/Read/201601180477022070

16 한스 켈젠

한스 켈젠. 윤재왕 역. (2018). 『순수법학』 박영사.
한스 켈젠. 김성룡 역. (2016). 『규범의 일반이론』 아카넷.
한스 켈젠. 김효전 역. (1990). 「누가 헌법의 수호자이어야 하는가」.
윤재왕. (2014). 「한스 켈젠의 법 해석 이론」.
이대원. (2021). 「한스 켈젠의 법철학에서의 '근본규범(Grundnorm)'에 대한 연구」.
권경휘. (2012). 「켈젠의 근본규범 이론」.